RECUERDOS DE UN OPERADOR

DE ACCIONES EN LA BOLSA

EDWIN LEFEVRE

I

EMPECÉ A TRABAJAR cuando salí del colegio. Conseguí trabajo como chico encargado del tablero de cotizaciones en una oficina de corretaje. Era despierto para los números. En el colegio hice tres años de aritmética en uno. Era bueno, especialmente con la aritmética mental. Como encargado del tablón de cotizaciones, mi labor consistía en enviar los números al gran panel que había en la sala de los clientes. Uno de estos clientes solía sentarse al lado de la cinta y decir en voz alta los precios. Nunca los decía demasiado deprisa. Siempre he recordado los números sin problemas de ningún tipo. Había muchos otros empleados en esa oficina. Me hice amigo, por supuesto, de los otros tipos, pero el trabajo que yo hacía, cuando el mercado era activo, me mantenía lo suficientemente ocupado desde las 10 de la mañana hasta las tres de la tarde como para permitirme pasar mucho tiempo hablando. De todas formas, esto no me preocupaba especialmente durante las horas de trabajo.

Sin embargo, lo que no me impedía pensar en el trabajo era el mercado ajetreado. Esas cotizaciones, tal cantidad de dólares por participación, no representaban, para mí, precios de acciones. Eran números. Significaban algo, por supuesto. Siempre estaban cambiando. Los cambios, eso era todo lo que debía interesarme. ¿Por qué cambiaban? No lo sabía. No me preocupaba. No pensaba acerca de ello. Veía simplemente que cambiaban. Eso era todo lo que debía pensar unas cinco horas al día y dos, los sábados: que estos estaban siempre cambiando.

Así es como llegué a interesarme por el comportamiento de los precios. Tenía muy buena memoria para los números. Podía recordar, con todo detalle, cómo habían actuado los precios el día anterior, justo antes de que subieran o bajaran. Mi afición a la aritmética mental me fue muy útil.

Observé que, en los avances, al igual que en los descensos, los precios eran propensos a mostrar ciertos hábitos, por así decirlo. Los casos paralelos no tenían fin y éstos fueron los precedentes que me guiaron. Yo tenía sólo catorce años, pero después de haber guardado en mi mente cientos de observaciones, me encontré probando su exactitud, comparando el comportamiento de las acciones de hoy con las de otros días. No transcurrió mucho tiempo antes de que fuera capaz de anticipar movimientos en los precios. Tal como he dicho, mi única guía eran sus actuaciones pasadas. Llevaba en mi mente las "hojas de informes". Esperaba que los precios de las acciones tomaran forma. Los había registrado. Ya sabes lo que quiero decir. Se puede determinar, por ejemplo, el lugar en el cual la compra es algo mejor que la venta. Se desarrolla una batalla en el mercado de valores y la cinta es tu telescopio. Puedes depender de ella, siete de cada diez veces.

Otra lección que aprendí pronto es que no existe nada nuevo en Wall Street. No puede haberlo porque la especulación es tan vieja como las montañas. Cualquier cosa que suceda en el mercado hoy, ha sucedido antes y sucederá otra vez. Nunca he olvidado esto. Supongo que me las ingenié para recordar cuándo y cómo ocurrió. El que lo recuerde así se debe a mi forma de capitalizar la experiencia.

Me llegó a interesar tanto mi juego y fue tal mi ansia por anticipar avances y descensos, en todas las acciones activas, que me compré un pequeño cuaderno. Anoté en él mis observaciones. No se trataba de un registro de transacciones imaginarias como el que mucha gente lleva únicamente para ganar o perder millones de dólares sin calentarse la cabeza y sin tener que ir al asilo de los pobres. Se trataba, más bien, de una especie de registro de mis aciertos y errores y, junto a la determinación de posibles movimientos, estaba muy interesado en verificar si había observado correctamente; en otras palabras, si estaba en lo cierto.

Digamos que después de estudiar cada una de las fluctuaciones del día, en una acción activa, yo llegaba a la conclusión de que se estaba comportando como ya lo había hecho antes de romper ocho o diez puntos. Bien, yo anotaba la acción y el precio del lunes y, recordando las actuaciones pasadas, escribiría lo que debería hacer el martes y el miércoles. Más tarde, lo comprobaba con transcripciones reales de la cinta.

Así es como me interesé por primera vez por el mensaje de la cinta. Las fluctuaciones las asocié en mi mente, desde el primer momento, con movimientos hacia arriba y hacia abajo. Por supuesto que las fluctuaciones siempre tienen una explicación, pero la cinta no se preocupa de su por qué. No se mete en explicaciones. No le pregunté a la cinta por qué, cuando tenía catorce años y tampoco se le pregunto hoy día, a mis cuarenta. La razón de que una acción haga lo que hace hoy puede que no se conozca hasta que no pasen dos o tres días, o incluso semanas o meses. ¿Pero, qué importancia tiene eso? Su preocupación por la cinta concierne al hoy, no al mañana. La razón puede esperar. Debes actuar inmediatamente o quedarte al margen. Una y otra vez, veo que esto sucede. Recuerdas que la Hollow Tube bajó tres puntos el otro día mientras que el resto del mercado se recuperó bruscamente. El lunes siguiente ves que los directores bajaron el dividendo. Ésa fue la razón. Sabían lo que iban a hacer y, aunque ellos mismos no vendieron la acción, al menos no la compraron. No hubo venta de interior; no hubo razón alguna por la cual no debiera romper.

Llevé mi pequeño cuaderno de apuntes durante, quizá, seis meses. En vez de irme a casa cuando acababa mi trabajo, me dedicaba a anotar las cifras que quería y estudiaba los cambios, buscando siempre las repeticiones y paralelismos de comportamiento. Aprendiendo a leer la cinta, aunque no fuese consciente de ello en su momento.

Un día, uno de los chicos de la oficina, que era mayor que yo, se acercó a mí mientras comía y me preguntó, si tenía algo de dinero. "¿Por qué quieres saberlo?" Dije.

"Bueno," dijo él, "me ha llegado un soplo sobre la Burlington. Voy a jugarlo si encuentro a alguien que vaya conmigo." "¿Qué quieres decir con jugarlo?" pregunté. Para mí los únicos que jugaban, o podían jugar, con pronósticos eran los clientes. Viejos chismes con montones de pasta. Cuesta cientos, e incluso miles de dólares meterse en ese juego. Era como poseer coche de caballos y tener un cochero que llevara sombrero de seda.

"Eso es lo que quiero decir; ¡juégalo!", dijo él. "¿Cuánto tienes?"

"¿Cuánto necesitas?"

"Bueno, puedo operar en cinco participaciones poniendo 5 dólares." "¿Cómo vas a jugarlo?"

"Voy a comprar todo el Burlington que la bucket shop me deje llevarme con el dinero que le dé de margen," dijo. "Seguro que sube. Es como recoger dinero. Doblaremos el nuestro rápidamente." "¡Sujétalo! Le dije, y saqué mi pequeño cuaderno de notas.

Yo no estaba interesado en doblar mi dinero, a no ser porque dijo que la Burlington estaba subiendo. Si así era, mi cuaderno de notas tendría que mostrarlo. Lo miré. Con toda seguridad, la Burlington, de acuerdo con mis cifras, estaba actuando como solía hacerlo antes de que subiera. Nunca había comprado o vendido nada en mi vida, y nunca aposté con los otros chicos. Pero lo que sí sabía es que ésta era una fabulosa oportunidad de probar la exactitud de mi trabajo, o de mi afición. Se me ocurrió de repente pensar que si mis informes no funcionaban en la práctica, no había nada en la teoría de éstos que pudiera interesar a nadie. Así que le di todo lo que tenía y con nuestros recursos de consorcio él se marchó a una de las bucket shops (1) cercanas y compró algo de Burlington. Dos días más tarde vimos los resultados. Yo hice un beneficio de 3,12 dólares.

Tras esa primera operación, me aficioné a especular con mi propio anzuelo en las buckets shops. Iba durante la comida y compraba o vendía. Me era indiferente. Estaba jugando un sistema y no una acción favorita o respaldando opiniones. De hecho, mi forma de operar en una bucket shop era la ideal, ya que en ésta todo lo que hace un operador es apostar en las fluctuaciones a medida que quedan impresas en la cinta de cotizaciones.

No transcurrió mucho tiempo antes de que sacara mucho dinero de las bucket shops y dejara mi trabajo en la oficina de corretaje. Así que dejé mi puesto. Mis colegas pusieron pegas, pero no pudieron hablar mucho cuando vieron lo que estaba haciendo. Yo era sólo un niño, y el sueldo de un chico de oficina no era muy alto. Saqué un provecho muy bueno con mi primer anzuelo.

(1) Las Bucket-shop (Tiendas de Bolsa) eran oficinas de pseudo-corretaje, cuyos operadores negociaban con los clientes partiendo estrictamente de las fluctuaciones de precios.

Tenía quince años cuando gané mis primeros mil dólares y puse el dinero delante de mi madre. Todo ello conseguido en las bucket shops en unos cuantos meses, además de lo que había llevado a casa. Mi madre tramaba algo horrible. Quería que los guardara en el banco para alejarme de la tentación. Me decía que era más dinero del que jamás hubiera tenido un chico de quince años, empezando desde la nada. No se creía que fuera dinero de verdad. Solía preocuparse e inquietarse. Pero yo no podía pensar en otra cosa que no fuera probar que mis cifras eran las acertadas. Ésa es toda la diversión que se saca de ello. Tener razón usando tu cabeza. Si yo estaba en lo cierto cuando probé mis convicciones con diez participaciones, tendría aún más razón si operaba con cien participaciones. Esto era todo lo que significaba para mí tener más margen. Yo estaba en lo cierto de forma más enfática. ¿Más coraje? ¡No, no había ninguna diferencia! Si todo mi capital son diez dólares y los arriesgo, mi valor es mayor que si arriesgo un millón cuando tengo otro desperdigado.

De todas formas, a los quince años, me estaba ganando bien la vida gracias al mercado de valores. Empecé en las bucket shops más pequeñas, en las cuales se sospechaba que el hombre que operaba en veinte participaciones de golpe era John W. Gates, disfrazado, o J.P. Morgan viajando de incógnito. Las bucket shops en aquellos días rara vez engañaban a sus clientes. No tenían por qué hacerlo. Existían otras formas de despojar a los clientes de su dinero, aunque ellos acertaran en sus adivinaciones. El negocio era tremendamente rentable. Cuando se llevaba de forma legítima, me refiero de forma directa, en lo que se refería a la bucket shop. Las fluctuaciones solían ser pequeñas. No necesita una reacción muy grande para sacudir un margen de sólo tres cuartos de punto. Ningún impostor podría volver al juego. No hubiera tenido ninguna operación. No tenía partidarios. El negocio me lo reservaba para mí. Se trataba del negocio de una sola persona, de todas formas. Se trataba de mi cabeza, ¿o no? Los precios se movían de la forma en que yo los tracé, sin ayuda de amigos o colegas, o se movían de la otra, y nadie podía detenerlos por compasión hacia mí. No creía tener necesidad de hablar de mi negocio con nadie. Tengo amigos, como es lógico, pero mi negocio siempre ha sido igual: un asunto de un sólo hombre. Por esto es por lo que siempre he jugado solo.

No pasó mucho tiempo antes de que las bucket shops se ofendieran conmigo por batirlas. Yo entraba y dejaba caer mi reserva, pero ellos lo miraban sin hacer ningún movimiento para recogerlo. Me dijeron que no valía la pena hacer nada. Ahí fue cuando empezaron a llamarme el "Chico de las apuestas." Tenía que cambiar de corredores constantemente, yendo de una bucket shop a otra. Esto llegó a tal extremo que tuve que dar un nombre ficticio. Comencé con poco, quince o veinte participaciones, únicamente. A veces, cuando sospechaban, perdía a propósito y después los azotaba. Por supuesto, pasado un tiempo, vieron que yo les resultaba demasiado caro y me dijeron que me fuera con mi negocio a otro sitio y que interfiriera en los dividendos de los propietarios.

Una vez, cuando la gran preocupación por la que había estado operando durante meses se agotó, me decidí a quitarles algo más de dinero. Esa bucket shop tenía sucursales por toda la ciudad, en vestíbulos de hoteles y en ciudades cercanas. Fui a uno de los hoteles e hice varias preguntas al gerente y me aficioné a operar. Pero tan pronto como jugué una acción activa a mi manera, le empezaron a llegar mensajes de la oficina central preguntándole por la identidad del que operaba de aquella manera. El gerente me contó lo que le dijeron y yo le dije que me llamaba Edward Robinson, de Cambridge. Él comunicó, entonces, la buena noticia al jefe. Pero éste quería saber que aspecto tenía yo. Cuando el gerente me lo dijo, le dije yo a su vez:"¡Dígale que soy bajo, gordo y de pelo oscuro y que mi barba es poblada!", pero él hizo la verdadera descripción mía, y escuchó después y su cara enrojeció y colgó.

"¿Qué le dijeron?", le pregunté respetuosamente.

"Dijeron: Tonto, ¿no te dijimos que no aceptaras negocios de Larry Livingston? ¡Y tú, deliberadamente, dejas que nos despoje de 700 dólares!" No me dijo qué más le dijeron. Probé con las otras sucursales una detrás de la otra, pero llegaron a conocerme y mi dinero no tenía valor alguno en ninguna de sus oficinas. No podía, siquiera, mirar las cotizaciones sin que algunos de los empleados me tomaran el pelo. Intenté que me dejaran operar a intervalos largos, dividiendo mis visitas entre todos ellos. Pero no dio resultado.

Por último, sólo me quedaba una y ésa era la mayor y más rica: la "Cosmopolitan Stock Brockerage Company". Tenía sucursales en cada ciudad manufacturera de Nueva Inglaterra. Aceptaron de buen grado mi operación. Compré y vendí acciones y gané y perdí dinero durante algunos meses, pero, al final, pasó con ellos lo de siempre. No rechazaron mi negocio rotundamente, como habían hecho las compañías pequeñas. No porque no se tratara de deportividad, sino porque sabían que sería una bofetada para ellos publicar la noticia de que no aceptaban el negocio de un tipo sólo porque ganaba poco dinero. Pero hicieron algo peor que eso. Esto es, me hicieron poner un margen de tres puntos, y me obligaron a pagar, al principio, una prima de medio punto; después de un punto y, por último, de punto y medio. Algunos estorbaron esto. ¿Cómo?, ¡muy fácil! Supongamos que el acero se estaba vendiendo a 90 dólares y que Vd. lo comprara. Su ticket rezaría: *"Compró diez aceros a 90 118."* Si pusiera un margen de un punto significaría que si rompiera a 89 1/4, Vd. quedaría liquidado automáticamente. En una bucket shop, el cliente no es importunado para poner más margen, ni puesto en la dolorosa necesidad de decirle a su agente que venda para conseguir lo que pueda.

Pero cuando la Cosmopolitan se pegó a esa prima, se estaba dando un golpe bajo. Esto significaba que si el precio era 90 cuando yo la compré, en vez de figuraren mi ticket: *"Compró aceros a 90118,"* rezaría: *"Compró aceros a 91118."* Esa acción podría haber subido un punto y cuarto después de haberla comprado y perdería todavía dinero si cerrara la operación. Y al insistir también en que habían puesto un margen de tres puntos al principio, redujeron mi capacidad de operación en dos tercios. A pesar de todo, esa era la única bucket shop en la que aceptaban mi negocio, y debía aceptar sus términos o abandonar la operación.

Por supuesto, tuve mis buenas y malas rachas, pero fui, en términos generales, un ganador. Sin embargo, la gente de la Cosmopolitan no estaba satisfecha con el desagradable obstáculo que me habían puesto, el cual, por otro lado, debería haber sido suficiente para acabar con cualquiera. Intentaron tenderme una trampa, pero no me cogieron. Escapé gracias a una de mis sospechas. La Cosmopolitan, como ya he dicho, era mi último recurso. Era la bucket shop más rica de Nueva Inglaterra y, como norma, no ponían límite alguno a ninguna operación. Creo que era el operador individual más fuerte, es decir, de los clientes fuertes de cada día. Tenían una bonita oficina y el mayor y más completo tablón de cotizaciones que haya visto jamás. Ocupaba, a lo largo, toda la sala y se cotizaba todo lo imaginable. Me refiero a acciones comercializadas en las Bolsas de Nueva York y Chicago, algodón, trigo, abastecimientos, metales, es decir, todo lo que se compraba y vendía en Nueva York, Chicago, Boston y Liverpool.

Ya sabe cómo se opera en las bucket shops. Das tu dinero a un empleado y le dices lo que deseas comprar o vender. Este empleado mira la cinta o el tablón de cotizaciones y toma de allí el precio; el último, por supuesto. Anota también la hora en el boleto de forma que reza casi como el informe regular de un corredor de Bolsa, es decir, figura lo que habían comprado o vendido para ti, osea, tantas participaciones de tal acción a tal precio en el día y hora que corresponda, y la cantidad de dinero que recibieron de ti. Cuando deseabas cerrar tu operación te dirigías al empleado-el mismo u otro, dependía de la bucket shop-y se lo comunicabas. Éste tomaba el último precio o, en caso de que la acción no hubiera sido activa, esperaba la siguiente cotización que saliera de la cinta. Anotaba ese precio y la hora en el boleto, le daba el visto bueno y te lo devolvía e ibas después al cajero y cogías la liquidación. Por supuesto, cuando el mercado se volvía contra ti y el precio iba más allá del límite establecido por tu margen, tu operación se cerraba automáticamente y tu boleto se convertía, simplemente, en un trozo de papel.

En las bucket shops más humildes, en las cuales se permitía a la gente operar en cantidades tan pequeñas como puedan ser cinco participaciones, los boletos eran pequeñas papeletas-con diferentes colores para compra y venta-y, en ocasiones, como por ejemplo, en mercados alcistas en ebullición, se asestaba un duro golpe a las bucket shops ya que todos los clientes eran alcistas y resultaba que tenían razón. La bucket shop deducía, después, las comisiones de compra y venta y si comprabas una acción a 20 en el boleto aparecería 201/4. Así, obtenías sólo un recorrido de 3/4 de punto por tu dinero.

Pero la Cosmopolitan era la mejor de Nueva Inglaterra. Tenía miles de patrones y creo realmente que yo era el único hombre al que temían. Ni la prima abrumadora, ni el margen de tres puntos que me hicieron poner redujeron mucho mi operación. Seguí comprando o vendiendo tanto como me permitieron. En ocasiones, tuve una línea de 5000 participaciones.

Bien, el día en que sucedió lo que voy a narrarle, estaba al descubierto con tres mil quinientas participaciones de la Sugar. Tenía siete grandes boletos de quinientas participaciones cada uno. La Cosmopolitan usaba papeletas grandes con un espacio en blanco en el cual podían anotar el

margen adicional. Las bucket shops, por supuesto, nunca pedían más margen. Cuanto más estrecho era el "margen", mejor era para ellos, ya que sus beneficios radican en que te quedes liquidado. En las tiendas más pequeñas, si querías poner aún más margen en tu operación, hacían un boleto nuevo, para poderte gravar, de esa manera, con una comisión de compra y darte sólo 3/4 de punto por cada punto de descenso, ya que ellos concebían la comisión de compra exactamente igual que si se tratara de una nueva operación.

Recuerdo que ese día gane más de 10.000 dólares.

Yo tenía 20 años cuando junté por primer vez 10.000 dólares en efectivo. ¡Y tendrías que haber oído a mi madre! Pensarías que diez mil dólares en efectivo era más de lo que cualquier persona pudiera llevar encima excepto el viejo John D., y ella solía decirme que me conformara con ellos y entrara en algún negocio regular. Lo pasé mal intentando convencerla de que no apostaba, sino que ganaba dinero calculando. Pero todo lo que veía ella era que diez mil dólares era mucho dinero y todo lo que veía yo era más margen.

Saqué mis 3.500 participaciones de la Sugar a 105 1/4. Había otro tipo en la sala, Henry Williams, que estaba al descubierto, como yo, con 2.500 participaciones. Solía sentarme al lado del reloj y decir en voz alta las cotizaciones al chico encargado del tablón. El precio se comportaba como yo pensaba que lo haría. Pronto bajó un par de puntos y se detuvo un momento para tomar oxígeno antes de sumergirse otra vez. El mercado general era bastante suave y todo parecía prometedor. Entonces, de golpe, me dejó de gustar la forma en la que la Sugar dudaba. Empecé a sentirme incómodo. Pensé que debía salirme del mercado. Vendí, después, a 103, mínimo del día, pero en vez de sentirme más confiado me sentí más incierto. Sabía que algo iba mal en algún sitio, pero no sabía exactamente dónde. Pero si algo iba a suceder y yo no sabía de donde vendría, lo mejor que podía hacer era salirme del mercado.

No hago las cosas a ciegas. No me gusta. Nunca lo hice. Aun siendo niño, tenía que saber por qué debía hacer ciertas cosas. Pero esta vez no tenía una respuesta definitiva para darme a mí mismo, aunque me encontraba tan incómodo que no podía resistirlo. Llamé a un tipo que conocía, Dave Wyman, y le dije: "Dave, ocupa mi puesto aquí. Quiero que hagas algo por mí. Espera un poco antes de decir en voz alta el precio siguiente de la Sugar, ¿de acuerdo?

Dijo que asi lo haría, y yo me levanté y le cedí mi puesto al lado del reloj para que pudiera gritar los precios para el chico. Saqué mis siete boletos de la Sugar de mi bolsillo y me fui hasta el mostrador en el que se encontraba el empleado que marcaba los boletos cuando cerrabas tus operaciones. Pero yo no entendía, en realidad, por qué debía salirme del mercado, así que allí me quedé, apoyado en el mostrador y con los boletos en la mano para que no pudiera verlos el empleado. Muy pronto oí el ruido de un instrumento telegráfico y vi a Tom Burnham, el empleado, volver su cabeza rápidamente y escuchar. Presentí que se estaba cociendo algo nada limpio, y decidí no esperar más. Justo entonces Dave Wyman, al lado del reloj, empezó a decir: "Su-" y, rápido como una centella, solté mis boletos en el mostrador delante del empleado gritando, "¡se cierra la Sugar!", antes de que Dave acabara de gritar el precio. La casa, por supuesto, tuvo que cerrar mi Sugar con la última cotización. Lo que Dave gritó resultó ser de nuevo 103.

De acuerdo con mis informes, la Sugar debería haber roto el 103 en ese momento. El motor no estaba dando golpes certeros. Tenía el presentimiento de que había una trampa en el vecindario. En cualquier caso, el instrumento telegráfico parecía haberse vuelto loco y me di cuenta de que Tom Burnham, el empleado, había dejado mis boletos sin marcar en el mismo sitio en que los dejé, y estaba escuchando los golpecitos como si estuviera esperando que sucediera algo. Así que le dije a voz en grito: "¡Tom, ¿qué es lo que esperas? ¡Marca el precio en esos boletos-103! ¡Muévete!

Todos en la sala me oyeron y empezaron a mirar hacia donde estábamos nosotros y a preguntar qué ocurría, porque, ya ves, mientras la Cosmopolitan nunca se había rendido, no hubo argumentos, y una carrera en una bucket shop puede comenzar igual que una carrera en un banco. Si un cliente sospecha, el resto le seguiría. Tom parecía malhumorado, pero se acercó y marcó mis boletos "Cerrada en 103" y empujó hacia mí las siete. Con toda seguridad su cara mostraba un gesto agrio. La distancia que había entre el lugar en que estaba Tom y la jaula del cajero era sólo de unos metros. Pero no había llegado yo todavía al cajero, para coger mi dinero, cuando Dave Wyman, que se encontraba al lado del reloj, gritó alterado: ¡cielos! la ¡Sugar, 108!" Pero era demasiado tarde; así que me reí y llamé a Tom: "no dio resultado, ¿verdad, viejo?

üc naiu, por supucaiu, uc una cosa picpaiaua. nc^ny v vnnaius y yo estábamos al descubierto con seis mil participaciones de la Sugar. Esa bucket shop tenía mi margen y el de Henry, y debía haber muchos otros descubiertos de la Sugar en la oficina; posiblemente, ocho o diez mil participaciones en total. Supongamos que tuvieran 20.000 dólares en márgenes de la Sugar. Esto era suficiente para pagar la bucket shop una comisión en la Bolsa de Nueva York y liquidarnos. Antiguamente, cuando una bucket shop se encontraba cargada de muchos alcistas en una cierta acción, era una práctica común coger a algún Agente de Bolsa para que lavara el precio de esa acción concreta lo bastante como para liquidar a todos los clientes que estuvieran a largo. Esto casi nunca cuesta a la bucket shop más de un par de puntos en unos cuantos cientos de participaciones, y ellos ganaron miles de dólares.

Eso es lo que hizo la Cosmopolitan para cogerme a mí, a Harry Williams y a otros descubiertos de la Sugar. Sus agentes de bolsa en Nueva York subieron el precio hasta 108. Por supuesto, cayó inmediatamente, pero Henry y muchos otros fueron liquidados. Siempre que se producía una brusca caída inexplicable, seguida de una recuperación instantánea, los periódicos de aquellos días solían llamarlo "avance de la bucket shop".

Y lo más gracioso de todo ello era que, no más de diez días antes de que la gente de la Cosmopolitan intentara engañarme, un operador de Nueva York los estafó en más de setenta mil dólares. Este hombre, que fue un factor importante del mercado en su día y miembro de la Bolsa de Nueva York, consiguió un gran prestigio como bajista durante el pánico Bryan del 96. Siempre fue en contra de las reglas de la Bolsa que le impedían llevar a cabo sus planes a costa de sus miembros colegas. Un día se imaginó que no habría quejas de la Bolsa o de las autoridades policiales si él mismo se llevaba de las bucket shops parte de las ganancias mal conseguidas. En el ejemplo del que hablo, envió treinta y cinco hombres para que actuaran de clientes. Fueron a la oficina principal y a las sucursales más grandes. Cierto día, y a una hora fijada, todos los agentes compraron de una determinada acción tanto como los gerentes les permitieron.

Tenían instrucciones de meterse furtivamente en cierto beneficio. Por supuesto, lo que él hizo fue distribuir pronósticos alcistas sobre esa acción entre sus colegas y después entró en la Bolsa y pujó por el precio, ayudado por los operadores de la sala, que lo creían divertido. Teniendo cuidado en recoger la acción adecuada para ese trabajo, no hubo problemas a la hora de subir el precio en tres o cuatro puntos. Sus agentes de la bucket shop se aprovecharon de ello como ya se había establecido.

Un colega me dijo que el inventor sacó setenta mil dólares netos, y sus agentes hicieron sus gastos y pago, además. Él jugó ese juego varias veces por todo el país, castigando a las bucket shops más grandes de Nueva York, Boston, Filadelfia, Chicago, Cincinnati y S. Luis. Una de mis acciones favoritas era la Western Unión, porque era muy fácil subir o bajar unos cuantos puntos una acción semiactiva como ésa. Sus agentes la compraron a cierto precio, la vendieron a un beneficio de dos puntos, se quedaron al descubierto y tomaron tres puntos más. A propósito, leí el otro día que ese hombre murió, pobre y oscuro. Si hubiera muerto en 1896, todos los periódicos de Nueva York le habrían dedicado, al menos, una columna en primera página. Por el contrario, sólo tuvo dos líneas en la quinta.

ENTRE EL DESCUBRIMIENTO de que la Cosmopolitan Stock Broc- kerage Company estaba preparada para atacarme de forma sucia, si la abrumadora carga del margen de tres puntos y la prima de un punto y medio no lo conseguían, y las sospechas de que no les interesaba mi negocio, me decidí pronto a ir a Nueva York donde podría operar en la oficina de algún miembro de la Bolsa de Nueva York. No quería ninguna sucursal de Boston, donde debían telegrafiarse las cotizaciones. Quería estar cerca de la fuente original. Llegué a Nueva York a la edad de 21 años, trayendo conmigo todo lo que tenía, dos mil quinientos dólares.

Ya dije que tenía diez mil dólares cuando tenía veinte años y mi margen, en esa transacción de la Sugar, superaba los diez mil. Pero no siempre gané. Mi plan de operación era lo bastante sólido y gané con más frecuencia de lo que perdí. Si me hubiera adherido a él, habría estado en lo cierto siete de cada diez veces. *De hecho, gané dinero siempre que estuve seguro de que estaba en lo cierto antes de comenzar. Lo que me venció fue no tener el cerebro suficiente para adherirme a mi propio juego, es decir, para jugar en el mercado sólo cuando me satisfacían los precedentes que favorecían mi juego.* Y esto es precisamente lo que vence a tantos hombres en Wall Street que están lejos de ser la clase que más se aprovecha. Existe el simple loco, que hace siempre, y en todas partes, lo que no debe hacer, pero existe también el loco de Wall Street, que cree que debe negociar todo el tiempo. Nadie puede tener siempre razones adecuadas para la compra o venta diarias de acciones, o el conocimiento suficiente para hacer de su juego un juego inteligente.

Yo mismo lo comprobé. Siempre que leí la cinta a la luz de la experiencia gané dinero, pero cuando hice un simple juego de locos, perdí. No fue una excepción, ¿verdad? Allí estaba el enorme tablón de cotizaciones mirándome a los ojos, el reloj moviéndose, la gente negociando y viendo como sus boletos se convertían en efectivo o en papel de desecho. Dejé, por supuesto, que el ansia de emoción obtuviera los mejores resultados de mi juicio. En una bucket shop, en la que tu margen sea pequeño, no juegas para conseguir tirones largos. Quedas liquidado de forma fácil y rápida. El deseo de acción constante, sin consideración a las condiciones subyacentes, es responsable de muchas pérdidas en Wall Street, incluso entre los profesionales, que creen que deben llevar dinero a casa todos los días, como si trabajaran para conseguir un salario regular. Recuerden que yo era sólo un crío. [No sabía entonces lo que aprendí después, lo que me hizo, quince años más tarde, esperar dos largas semanas y ver que una acción en la que yo era muy alcista subía treinta puntos antes de darme cuenta de que era seguro comprarla. Me arruiné e intentaba recuperarme, pero no podía permitirme el lujo de jugar temerariamente. Tenía que estar en lo cierto y por eso esperé]. Eso ocurrió en 1915. Es una larga historia. Os la contaré después en su lugar adecuado. Continuemos ahora con el momento en que, tras años de práctica en ganarlos, dejé que las bucket shops se llevaran la mayor parte de mis ahorros.

¡Y además con los ojos muy abiertos! Y no fue el único período de mi vida en que lo hice. Un operador de acciones tiene que luchar con muchos enemigos que están dentro de sí mismo. De todas formas, llegué a Nueva York con dos mil quinientos dólares. No había bucket shops en las que alguien pudiera confiar. La Bolsa y la policía habían logrado cerrarlas fuertemente. Además, yo quería encontrar un lugar en el cual el único límite a mi operación fuera el tamaño de mi apuesta. No era muy grande, pero esperaba que algún día lo fuera. Lo primero que debía hacer era encontrar un lugar donde no tuviera que preocuparme de lograr una transacción justa. Así que me dirigí a una firma de la Bolsa de Nueva York que tenía una sucursal en mi ciudad donde yo conocía a algunos de los empleados. Habían dejado los negocios hacía bastante. No estuve allí mucho tiempo, no me gustó uno de los colegas, y me fui a A.R. Fullerton & Co. Alguien debía haberles contado algo de mi experiencia anterior, porque no tardaron mucho en llamarme el "niño operador."

Siempre he parecido joven. Fue una desventaja en muchos sentidos, pero me obligó a luchar por mis derechos cuando muchos intentaban aprovecharse de mi juventud. Los tipos de las bucket shops, viendo lo niño que era, pensaron siempre que estaba loco por la suerte y esa era la única razón para que los venciera tan a menudo.

No transcurrieron seis meses antes de que me arruinara. Era un operador muy activo y tenía una especie de reputación de ganador. Se me antoja que mis comisiones ascendían a algo. Subí mi cuenta un poco, pero, por supuesto, perdí al final. Jugué con cuidado; pero tuve que perder. Os diré por qué: ¡por mi éxito notable en las bucket shops!

Podía ganar el juego a mi manera sólo en una bucket shop, donde apostaba con fluctuaciones. Mi lectura de la cinta sólo se preocupaba de eso. Cada vez que compraba, el precio estaba en el tablón de cotizaciones, delante de mí. Aun antes de que comprara, sabía exactamente el precio que debería pagar por mi acción. Y siempre podía vender en el momento. Podía actuar con éxito, porque me movía como las centellas [podía seguir mi suerte o cortar mi pérdida en un momento]. A veces, por ejemplo, estaba seguro de que una acción se movería, al menos, un punto. Bueno, no tuve que acapararlo, podía subir un margen de un punto y doblar mi dinero en un periquete; o tomar medio punto. Con cien o doscientas participaciones al día, eso no estaría mal al final del mes.

El problema práctico con ese arreglo, por supuesto, radicaba en que, aun cuando la bucket shop tuviera los recursos suficientes para soportar una pérdida grande, no lo haría. No tendrían a un cliente que tuviera el mal gusto de ganar todo el tiempo.

En cualquier caso, lo que era un sistema perfecto de operación en las bucket shops no funcionaba en la oficina de Fullerton. Allí estaba vendiendo y comprando realmente acciones. El precio de la Sugar en la cinta podría ser 105 y yo pude ver que se acercaba una caída de tres puntos. De hecho, en el mismo momento en que el ticket imprimía 105 en la cinta, el precio real en el parqué de la Bolsa podría ser de 104 o 103. En el momento en que mi orden de vender mil participaciones llegó a los hombres de Fullerton para ser ejecutada, el precio podría ser incluso más bajo. No pude precisar a qué precio había sacado mis mil participaciones hasta que obtuve un informe del empleado. Cuando hubiera ganado tres mil con la misma transacción en una bucket shop, podría no ganar un centavo en una firma de la Bolsa. Lógicamente, me he situado en un caso

extremo, pero lo cierto es que en la oficina de A.R. Fullerton la cinta me hablaba siempre de historia antigua, en lo que concernía a mi sistema de operación, y no fui consciente de ello.

Y, después, si mi orden era lo bastante grande, mi propia venta tendería a bajar más el precio. En la bucket shop, yo no necesitaba hacer cálculos a efectos de mi propia operación. Perdí en Nueva York porque el juego era diferente. No fue el jugar de forma legítima lo que me hizo perder, sino el hecho de jugar de forma ignorante. Me han dicho que soy un buen lector de la cinta. Pero el leer la cinta como un experto no me salvó. Podría haber hecho un negocio mucho mejor si yo mismo hubiera estado en el parqué, si hubiera sido un operador de la sala. Dentro de una multitud concreta, quizá hubiera adaptado mi sistema a las condiciones que se encontraban ante mí. Pero, por descontado, si me hubiera dedicado a operar de la misma forma en que lo hago ahora, por ejemplo, el sistema me hubiera fallado igualmente, debido al efecto de mi propia operación en los precios.

En resumen, no conocía el juego de la especulación de acciones. Conocía una parte de él, una parte bastante importante, que me ha sido siempre muy valiosa. Pero, si con todo lo que tenía, seguía perdiendo, ¿qué posibilidad tiene el desconocido de ganar o, mejor, de sacar beneficios?

No tardé mucho en darme cuenta de que había algo que no funcionaba en mi juego, pero no pude precisar el problema exacto. Había veces en que mi sistema funcionaba a la perfección y después, de golpe, me aplastaban una y otra vez. Recuerden que sólo tenía veintidós años; no es que fuera tan empecinado que no quisiera saber dónde estaba mi propio fallo, sino que a esa edad nadie sabe mucho y la juventud no es experiencia.

La gente de la oficina se portó muy bien conmigo. No pude apostar al máximo debido a las exigencias de margen, pero el viejo A. R. Fullerton y el resto de la firma fueron tan amables conmigo que, tras seis meses de operación activa, no sólo perdí todo lo que había traído y todo lo que había ganado, sino que incluso debía a la empresa unos cuantos cientos de dólares.

Ahí estaba yo arruinado, un niño, prácticamente, que nunca había salido de casa; pero sabía que el fallo no estaba en

mí, sólo en mi juego. No sé si he sido claro, pero nunca pierdo los estribos por el mercado de valores. Nunca discuto con la cinta. Exasperarse en el mercado no conduce a ninguna parte.
Tenía tantas ganas de reanudar la operación que no perdí ni un minuto, yendo a ver al viejo Fullerton y diciéndole: " A.R., présteme quinientos dólares." "¿Para qué?", dijo él. "Tengo que disponer de algo de dinero." "¿Para qué?, preguntó otra vez. "Para margen, por supuesto," dije yo.
"¿Quinientos dólares?", dijo frunciendo el ceño. "Ya sabes que esperan que mantengas un margen del 10 por ciento, y eso significa mil dólares sobre cien participaciones. Sería mucho mejor darte un crédito------"
"No," dije. "No quiero un crédito aquí. Ya debo algo a la empresa. Lo que quiero es que Vd. me preste quinientos dólares para salir, conseguir un capital y volver." "¿Cómo vas a hacer eso?", preguntó el viejo A. R. "Operaré en una bucket shop," le dije. "Opera aquí," dijo él.

"No," respondí. "No estoy seguro de poder ganar el juego en esta oficina, pero estoy seguro de que puedo sacar dinero de las bucket shops. Conozco el juego. Tengo una ligera noción de saber en lo que me equivoqué aquí.

Me lo prestó y salí de esa oficina en la cual el "terror de las bucket shops," como me llamaban, había perdido su fortuna. No podía regresar a casa porque las shops que allí había no aceptarían mi negocio. Nueva York era imposible; no se hacían negocios en ese momento. Me dicen que en los años 90, Broad Street y New Street estaban llenas de ellos. Pero no había ninguno cuando los necesité. Así que, después de pensarlo, durante un tiempo, decidí irme a S. Luis. Había oído hablar de dos compañías que hicieron un gran negocio en todo el Middle West. Sus beneficios deben haber sido enormes. Tenían sucursales en docenas de ciudades. De hecho, oí decir que no había compañías en el Este que se pudieran comparar con ellas en lo que a volumen de negocios se refiere. Administraban libremente y la mejor gente operaba allí sin ningún escrúpulo. Un tipo me dijo, incluso, que el propietario de una de esas compañías era vicepresidente de la Cámara de Comercio, pero que
no pudo haberlo sido en S. Luis. En cualquier caso, ahí es donde fui con mis quinientos dólares a devolver una apuesta para usar como margen en la oficina de A. R. Fullerton & Co., miembros de la Bolsa de Nueva York.

Cuando llegué a S. Luis me fui al hotel, me duché y salí a buscar las bucket shops. Una era la compañía J. G. Dolan, y la otra era la H.S. Teller & Co. Sabía que podía ganarlas. Iba a jugar muy seguro, con cuidado y de forma conservadora. Mi único temor era el de que alguien pudiera reconocerme y traicionarme, ya que todas las bucket shops del país habían oído hablar del "niño operador." Son como casas de juegos que se enteran del cotilleo de los profesionales.

La compañía Dolan estaba más cerca que la Teller, y allí fui en primer lugar. Esperaba que se me permitiera hacer negocios unos cuantos días antes de decirme que me fuera con mi operación a otra parte. Entré. Era un sitio grande y ruidoso y debía haber, por lo menos, unas doscientas personas mirando fijamente las cotizaciones. Me alegré, porque entre tal multitud tenía más posibilidades de pasar desapercibido. Me quedé de pie y observé el panel y las miré despacio hasta que elegí la acción para mi juego inicial.

Miré a mi alrededor y vi al empleado de las órdenes en la ventanilla donde pones tu dinero y coges tu boleto. Me estaba mirando, así que fui hacia donde estaba él y le pregunté, "¿es aquí donde se comercia con algodón y trigo?"

"Sí, hijo," dijo él.

" ¿Puedo comprar yo también acciones?"

"Puedes, si dispones de dinero," me contestó.

"Eso lo tengo," dije como un chico jactancioso.

"Lo tienes, ¿verdad?", dijo con una sonrisa.

"¿Cuántas acciones puedo comprar con cien dólares?", pregunté cómo ofendido.

"Cien; si tienes los cien."

"Tengo los cien. Sí; ¡y también doscientos!", le contesté.

"¡Caramba!", dijo él.

"Cómpreme doscientas participaciones," dije bruscamente.

"¿Doscientas qué?" preguntó, mostrándose serio ahora. Se trataba de negocios.

Miré otra vez el tablón como para acertar y le dije: "Doscientas Omaha."

"¡De acuerdo!", dijo. Cogió mi dinero, lo contó y escribió el boleto.

"¿Cómo te llamas?", me preguntó, y yo respondí: "Horace Kent."

Me dio el boleto y me fui a sentarme entre los clientes esperando a que creciera la lista. Emprendí una rápida acción y operé varias veces ese día y también al día siguiente. En dos días gané dos mil ochocientos dólares, y esperaba que me dejaran acabar la semana. A la velocidad que iba, no estaría tan mal. Después me dedicaría a la otra shop y, si tenía una suerte parecida, regresaría a Nueva York con un fajo con el que podría hacer algo. La mañana del tercer día, cuando fui a la ventanilla, para comprar quinientas B.R.T. el empleado me dijo: "Sr. Kent, el jefe desea verle."

"Sabía que se había acabado el juego. Pero le pregunté, "¿Para qué desea verme?"

"No lo sé."

"¿Dónde está?"

"En su oficina privada. Está en esa dirección." Y señaló hacia una
puerta.

Entré. Dolan estaba sentado junto a su mesa. Se volvió bruscamente y dijo, "Siéntate, Livingston."

Me indicó una silla. Mi última esperanza se desvaneció. No sé cómo me descubrió; quizá en el registro del hotel.

"¿Para qué quiere verme?", le pregunté.

"Escucha, muchacho. No tengo nada contra ti; nada absolutamente, ¿comprendes?"

"No, no comprendo," contesté yo.

Se levantó de su silla giratoria. Era un tipo enorme. Me dijo, "Ven aquí, Livingston," y fue hacia la puerta. La abrió y me señaló a los clientes en la gran sala.

"¿Los ves?", me preguntó.

"¿Ver qué?"

"Esos tipos. Míralos, muchacho. ¡Hay trescientos! ¡Trescientos chupones! Me alimentan a mí y a mi familia. ¿Lo ves?¡Trescientos chupones! Luego llegas y en dos días ganas más de lo que yo saco de los trescientos en dos semanas. ¡Eso no son negocios, chico-no para mí! No tengo nada contra ti. ¡Coge lo que tienes, porque no hay nada más para ti aquí!"

"¿Por qué, yo?"

"Es todo. Sé que llegaste anteayer, y no me gustó tu aspecto. En serio, no me gustó. Te reconocí como un experto. Llamé al tipo ese de ahí'-señaló al empleado culpable-"y pregunté qué habías hecho; y cuando me lo dijo, le dije a él: No me gusta ese tipo. ¡Es un experto!" Y ese cabeza hueco dice: ¡Qué dice, jefe! Se llama Horace Kent y es un chico que juega a acostumbrarse a los pantalones largos. ¡Es buen chico! Bueno, le dejaré seguir su camino. Ese tonto me cuesta dos mil ochocientos dólares. No te guardo rencor por eso, chico, pero la caja fuerte está cerrada para ti a cal y canto."

"Mire" empecé a decir.

"Miratú, Livingston," Dijo él. "Sé todo sobre ti. Yo gano mi dinero cogiendo las apuestas de los aprovechados, y tú no pintas nada aquí. Voy a portarme bien y tú te vas a ir con todo lo que has fisgoneado de nosotros. Pero si te permito más, eso haría de mí también un tonto, ahora que ya sé quién eres. ¡Así que, márchate, hijo!

Dejé la oficina de Dolan con mi beneficio de dos mil ochocientos dólares. La de Teller se encontraba en el mismo bloque. Yo había averiguado que Teller era un hombre muy rico que dirigía también muchas salas de consorcios. Decidí ir a su bucket shop. Me preguntaba si sería prudente empezar de forma moderada y llegar hasta mil dólares, o empezar con una apuesta máxima, basándome en el hecho de que podría no ser capaz de operar más de un día. Ellos se volvían muy prudentes cuando perdían, y yo quería comprar mil B.R.T. Estaba seguro de que podría sacar cuatro o cinco puntos de ella. Pero si sospechaban o si muchos clientes tenían esa acción a crédito, pudiera ser que no me dejaran operar. Pensé que sería mejor difuminar mis operaciones al principio y comenzar con poco.

El lugar no era tan grande como el de Dolan, pero las instalaciones eran mejores y, evidentemente, la multitud era de mejor clase. Esto me vino de perilla y decidí comprar mis mil B.R.T. Así que fui hacia la ventanilla correcta y dije al empleado, "Me gustaría comprar algunas B.R.T. ¿Cuál es el límite?"

"No hay límite," dijo el empleado. "Puede comprar todo lo que desee, siempre que tenga dinero."

"Compre quince mil participaciones," dije, y me lleve la mano al bolsillo mientras el empleado empezaba a escribir el boleto.

En ese instante vi a un hombre pelirrojo que apartó, con un empujón, al empleado del mostrador. Se apoyó allí y me dijo, "Livings- ton, vuelve a donde está Dolan. No nos interesan tus negocios."

"Espera a que consiga mi boleto," dije yo. "He comprado unas cuantas B.R.T."

"No vas a tener ningún boleto aquí," contestó él. En ese momento, vi que otros empleados se colocaban detrás de él y me miraban. "No se te ocurra venir por aquí a operar. No aceptamos tu negocio. ¿Entiendes?"

No tenía sentido volverse loco o intentar discutir, así que regresé al hotel, pagué mi factura y cogí el primer tren que volvía a Nueva York. Era duro. Quería llevarme algo de dinero y ese Teller no me dejaba hacer siquiera una operación.

Regresé a Nueva York, pagué a Fullerton sus quinientos, y empecé a operar otra vez con el dinero de S. Luis. Tuve buenas y malas rachas, pero me iba bastante bien. Después de todo, no había mucho que debiera olvidar; sólo comprender el hecho de que el juego de la especulación de acciones encerraba más de lo que yo creía antes de ir a operar a la oficina de Fullerton. Yo era como uno de esos aficionados a los crucigramas que hacía los del suplemento dominical. No está satisfecho hasta que no lo logra. Lógicamente, deseaba encontrar la respuesta a mi crucigrama. Creí que estaba acabado para la operación en las bucket shops. Pero estaba equivocado.

Un par de meses después de regresar a Nueva York, un viejo chismoso llegó a la oficina de Fullerton. Conocía a A.R. Alguien dijo que en tiempos poseían, ambos, una reata de caballos. Se veía claramente que había vivido tiempos mejores. Me presentaron al viejo McDevitt. Estaba contando a la multitud algo acerca de un puñado de ladrones de hipódromos del Oeste que acababan de ganar un juego de pieles en S. Luis. El cabecilla, dijo él, era propietario de una sala de consorcios, de nombre Teller.

"¿Qué Teller?", le pregunté.

"Teller; H.S. Teller."

"Conozco a ese pájaro," dije yo.

"No sirve para nada," dijo McDevitt.

"Peor aún," contesté yo, "y yo tengo un pequeño asunto que tratar con él."

"¿A qué se refiere?"

"La única forma de poder golpear a cualquiera de los perdedores a corto es a través de su bolsillo. No puedo tocarlo ahora mismo en S. Luis, pero algún día lo haré." Y le hablé a McDevitt de mis quejas.

"Bien," dijo el viejo Mac, "él intentó conectar aquí en Nueva York, pero no pudo hacerlo, así que ha abierto un sitio en Hoboken. Se ha corrido la voz de que no existe límite para el juego y que su capital ha hecho que la roca de Gibraltar se desvaneciera hasta convertirse en pulga".

"¿Qué tipo de sitio es ése?" Pensé que se refería a la sala de consorcios.

"Una bucket shop," dijo McDevitt.

"¿Está seguro de que está abierta?"

"Sí; he visto a varios tipos que me han hablado de ello."

"Eso son sólo rumores," dije yo. "¿Podrías averiguar positivamente si funciona, y también hasta cuánto permiten a alguien operar?"

"Claro, hijo", dijo McDevitt. "Iré mañana por la mañana y te lo diré." Así lo hizo. Parece que Teller estaba haciendo un negocio redondo y tomaría todo lo que pudiera conseguir. Esto ocurrió un viernes. El mercado había estado subiendo esa semana-recuerde que esto sucedió hace veinte años, y era cosa segura que la cuenta bancaria mostrara el sábado un gran descenso en la reserva de excedentes. Esto sería la excusa convencional que haría que los operadores de la sala saltaran al mercado e intentaran sacudirse de algunas de las débiles cuentas de comisiones. Se producirían las lógicas reacciones en la segunda media hora de la operación, especialmente en aquellas acciones en las que el público había sido muy activo. Ésas, por supuesto, serían también las acciones en las que los clientes de Teller estarían más a largo, y la bucket shop podía alegrarse si viera alguna venta al descubierto. No hay nada tan agradable como coger por ambos lados a los aprovechados; y nada tan fácil, con márgenes de un punto.

Ese sábado por la mañana me precipité hacia Hoboken para ir al local de Teller. Habían acondicionado una gran sala para los clientes con una elegante plantilla encargada de las cotizaciones y un grupo completo de empleados y un policía especial vestido de gris. Había alrededor de veinticinco empleados.

Me puse a hablar con el gerente. Me preguntó qué podía hacer por mí y le dije que nada; que un tipo podía ganar mucho más dinero en la

pista debido a las posibilidades y la libertad de apostar todo tu capital y ganar mil en cuestión de minutos, en lugar de pellizcar alimento para pollos en acciones y debiendo esperar días, quizá. Empezó a contarme en qué medida era más seguro el juego del mercado de valores, y cuánto ganaban algunos de sus clientes-habrías pensado que era un operador corriente el que había comprado y vendido tus acciones en la Bolsa-y cómo, si un hombre sólo opera fuertemente podría ganar lo suficiente como para satisfacer a cualquiera. Él debía haber pensado que yo estaba a la cabeza de alguna sala de consorcios y quería una parte de mi lista antes de que los caballos se la comieran, ya que él dijo que yo debería darme prisa porque el mercado cerraba a las doce los sábados. Esto me permitiría disponer de las tardes completas para dedicarme a otros asuntos. Podría tener una lista mayor para llevarme a la pista, si yo elegía las acciones adecuadas.

Lo miré como si no lo hubiera creído, y él siguió llamándome. Yo estaba observando el reloj. A las 11:15 dije, "de acuerdo," y empecé a darle órdenes de venta para varias acciones. Puse dos mil dólares en efectivo, y él se alegró mucho de obtenerlos. Me dijo que esperaba que ganara mucho dinero y esperaba que fuera a menudo.

Sucedió tal como pensaba. *Los operadores declararon insolventes las acciones en las que creían que descubrirían la mayor parte de stops y, con toda seguridad, los precios resbalaron. Yo cerré mis operaciones justo antes de que se produjera la recuperación de los cinco últimos minutos sobre el cubrimiento normal de los operadores.*

Venían hacia mí cinco mil cien dólares. Fui a hacerlos efectivos. "Me alegro de haber venido," dije al gerente, y le di mis boletos.

"Mira," me dijo, "No te puedo dar todo. No esperaba esto. Te lo traeré al lunes por la mañana, seguro."

"De acuerdo. Pero primero me llevaré todo lo que tienes en la casa," le contesté.

"Debes dejarme que pague a los pequeños," dijo él. "Te devolveré lo que pusiste, y todo lo que quede". Espera a que haga efectivos los otros boletos. Así que esperé hasta que pagó a los ganadores. Sabía que mi dinero estaba a salvo. Teller no estafaría a la oficina haciendo tan buen negocio. Y si así lo hiciera, ¿qué podía hacer yo aparte de tomar todo lo que él tenía en ese momento? Conseguí mis propios dos mil dólares junto con unos ochocientos, además, que era todo lo que tenía en la oficina. Le dije que estaría allí el lunes por la mañana. Me juró que el dinero me estaría esperando.

Llegué a Hoboken el lunes, poco antes de las doce. Vi a un tipo hablando con el gerente al que había visto en la oficina de S. Luis el día que Teller me dijo que regresara a Dolían. Supe inmediatamente que el gerente había telegrafiado a la oficina central y éstos enviaron a uno de sus hombres para que investigara la historia. Los estafadores no confían en nadie.

"Vengo a por mi dinero," dije al gerente.

"¿Es éste el hombre?", preguntó el tipo de S. Luis.

"Sí," dijo el gerente, y sacó de su bolsillo un puñado de billetes amarillos.

"¡Quieto! "le dijo el tipo de S. Luis y después se volvió hacia mí, Livingston, ¿no te dijimos que no nos interesaban tus negocios?"

"Deme primero mi dinero," le dije al gerente, y éste desembolsó más de dos mil, cuatro de quinientos y tres de cien.

"¿Qué has dicho?" le dije al de S. Luis. "Te hemos dicho que no queremos que operes aquí."

"Sí," dije yo; "por eso vine."

"Bien, no vengas más. ¡vete! me dijo gruñendo. El policía de gris se acercó, como por casualidad. El de S. Luis agitó su puño contra el gerente y gritó: "deberías haberlo sabido mejor, bobo, y no dejar que se metiera contigo. Es Livingston. Tenías órdenes."

"Escucha," dije al hombre de S.Luis. "Esto no es S.Luis. No puedes hacer trucos aquí, como hizo tu jefe con el chico de Belfast."

"¡Aléjate de esta oficina! ¡No puedes operar aquí!", gritó.

"Si no puedo operar aquí, nadie lo va a hacer," le dije. "Aquí no puedes escaparte con eso."

El de S. Luis cambió de soniquete inmediatamente.

"Mira, viejo," dijo, todo preocupado. "Haznos un favor. ¡Sé razonable! Sabes que no podemos aguantar esto todos los días. El viejo va a darse contra las paredes cuando sepa quién era. ¡Ten un poco de compasión, Livingston!

"Me portaré mejor," prometí.

"¡Razona! Por el amor de Dios, ¡márchate! Danos la oportunidad de empezar bien. Somos nuevos aquí."

"No quiero tener nada que ver con este negocio todopoderoso la próxima vez que venga," dije, y le dejé hablando con el gerente a una

velocidad de un millón por minuto. Les quité algo de dinero por la forma en que me trataron en S. Luis. No tenía sentido acalorarme o intentar cerrarlos. Regresé a la oficina de Fullerton y conté a McDevitt lo que había sucedido. Entonces le dije que si le parecía bien me gustaría que fuera al local de Teller y comenzara a operar en lotes de veinte o treinta participaciones, para que se fueran acostumbrando a él. Así, a la menor posibilidad que viera de limpiar, le llamaría por teléfono y él podría apostar al máximo.

Le di a McDevitt mil dólares y fue a Hoboken e hizo lo que le ordené. Llegó a ser uno de los fijos allí. Así, un día cuando vi que se aproximaba una ruptura, se lo comuniqué a Mac y vendió todo lo que le permitieron. Gané dos mil ochocientos dólares ese día, después de darle a Mac su tajada y pagar los gastos, y sospecho que Mac hizo también, por su cuenta, una pequeña apuesta. En menos de un mes, Teller cerró su sucursal de Hoboken. La policía tuvo trabajo. Y, de cualquier forma, no valió la pena, aun cuando yo operara sólo dos veces. Nos metimos en un loco mercado alcista cuando las acciones no reaccionaron lo suficiente como para sacudir incluso los márgenes de un punto y, por supuesto, todos los clientes eran alcistas y estaban ganando y haciendo una pirámide. Muchas tiendas quebraron por todo el país.

Su juego había cambiado. La operación en las bucket shops anticuadas tenía ventajas claras sobre la especulación en la oficina de un agente acreditado. Por una razón, el cierre automático de tu operación, cuando el margen alcanzaba el punto de agotamiento, era el mejor tipo de orden de stop. No te podían clavar más de lo que habías puesto y no había peligro alguno de que se produjeran ejecuciones corrompidas de las órdenes, y todo lo demás. En Nueva York las bucket shops no eran nunca tan liberales con sus patrones como en el Oeste. Aquí solían limitar el posible beneficio sobre ciertas acciones hasta dos puntos. Entre éstas se encontraban la Sugar y Tenessee Coal & Iron. No importa que se movieran diez puntos en diez minutos; sólo podías hacer dos en un boleto. Ellos pensaban que, de lo contrario, el cliente conseguía demasiadas ventajas; estaba alerta a perder un dólar y ganar diez. Y hubo después una época en la que las bucket shops, incluyendo las más grandes, se negaron a aceptar órdenes sobre ciertas acciones. En 1900, el día anterior al de las elecciones, cuando era inevitable el triunfo de McKínley, ni una bucket shop del país permitió a sus clientes comprar acciones. La elección favorecía por 3 a
1 a McKinley. Comprando acciones el lunes, ganabas de tres a seis puntos o más. Un hombre podía apostar por Bryan y comprar acciones asegurándose dinero. Las bucket shops rechazaron órdenes todo ese día.

Si no hubiera sido por su rechazo a aceptar mi negocio, nunca habría dejado de operar con ellos. Y, en ese caso, nunca hubiera aprendido que el juego de la especulación encierra un mayor significado que el jugar por fluctuaciones de unos cuantos puntos.

III

UNO TARDA MUCHO TIEMPO en aprender las lecciones de todos sus errores. Dicen que todo tiene dos lados. Pero el mercado de valores sólo tiene uno; y no se trata del lado alcista o bajista, sino del lado correcto. Me costó más retener ese principio general firmemente en mi mente que la mayoría de frases más técnicas del juego de la especulación de acciones.

He oído hablar de gente que se divierte haciendo operaciones imaginarias en el mercado de valores para demostrar, con dólares imaginarios, que están en lo cierto. A veces estos jugadores fantasmas ganan millones. Es muy fácil apostar así. Es como la vieja historia del hombre que iba a batirse en duelo al día siguiente.

Su oponente le preguntó: "¿Eres un buen tirador?"

"Bueno," dijo el duelista: "Puedo darle al pie de una copa de vino a veinte pasos," y presentaba aspecto de modesto.

"Eso está muy bien," dijo el oponente impasible. "Pero, ¿puedes romper el pie cuando la copa de vino te apunta directamente al corazón con una pistola cargada?"

En mí caso, debo fundar mis opiniones en mi dinero. Mis pérdidas me han enseñado a no avanzar hasta estar seguro de que tendré que retroceder. Pero, si no avanzo, no me moveré. No quiero decir con esto que un hombre no debe limitar sus pérdidas cuando no está en lo cierto. Debe hacerlo, por el contrario. Pero esto no alimentaría la indecisión. He cometido errores toda mi vida, pero al perder dinero he ganado experiencia y he acumulado muchos "Noes" valiosos. He estado sin un céntimo varias veces, pero mi pérdida nunca ha sido completa. De lo contrario, no
estaría ahora aquí. Siempre he sabido que tendría una segunda oportunidad y que no cometería dos veces el mismo error. Creía en mí.

Un hombre debe creer en sí mismo y en su juicio si piensa ganarse la vida en este juego. Por eso es por lo que no creo en las advertencias. Si compro acciones según un pronóstico de Smith, debo venderlas por la misma razón. Dependo de él. Pero, ¿qué ocurre si Smith está de vacaciones cuando llega la época de la venta? No, señor, nadie puede ganar mucho dinero con lo que le dice otra persona. Sé, por experiencia, que nadie puede darme un pronóstico, o una serie de ellos, que me hagan ganar más dinero que el que ganaría con mi propia opinión. Tardé cinco años en aprender a jugar deforma lo bastante inteligente como para ganar mucho cuando yo tenía razón.

No tuve tantas experiencias interesantes como Vd. probablemente piensa. Es decir, el proceso de aprender a especular no parece tan dramático visto a esta distancia. Me quedé sin un duro varias veces, y esto nunca es agradable, pero mi forma de perder dinero es la misma que la de gente que pierde dinero y lo pierde en Wall Street. La especulación es un negocio duro, y un especulador debe estar siempre trabajando o, de lo contrario, no tendrá trabajo que hacer.

Mi tarea, como debía haber aprendido después de mis primeras reservas en Fullerton, era muy simple: ver la especulación desde otro ángulo. Pero no sabía que el juego encerraba mucho más de lo que pude aprender en las bucket shops. Allí creí estar batiendo al juego cuando, en realidad, a lo único que batía era a la bucket shop. Al mismo tiempo, me ha sido muy valiosa la habilidad para leer la cinta, que las bucket shops hicieron que se desarrollara en mí, y la formación de mi memoria. No me costó trabajo adquirir ambas cosas. Les debo a ellas, y no a mi cerebro o inteligencia, mis primeros éxitos como operador, ya que mi mente no estaba ejercitada y mi ignorancia era colosal. El juego me enseñó el juego. Y no excusó la vara mientras lo hacía.

Recuerdo mi primer día en Nueva York. Ya os dije cómo las bucket shops, negándose a aceptar mi dinero, me llevaron a buscar una casa de comisiones acreditada. Uno de los muchachos de la oficina en la que encontré mi primer trabajo, trabajaba para los Harding Brothers, miembros de la Bolsa de Nueva York. Llegué a esta ciudad por la mañana, y antes de la una en punto había abierto ya una cuenta con la firma y estaba listo para operar.

No he explicado lo natural que me resultaba operar exactamente como lo había hecho en las bucket shops, donde todo lo que hacía era apostar en las fluctuaciones y coger pequeños, pero seguros, cambios en los precios. Nadie se ofreció para señalar las diferencias esenciales o ponerme en lo cierto. Si alguien me hubiera dicho que mi método no funcionaba, yo hubiera intentado asegurarme por mí mismo, porque cuando no tengo razón sólo una cosa me convence de ello, y es el perder dinero. Eso es especular.

Hubo momentos muy animados por aquellos días y el mercado fue muy activo. Esto siempre alegra a un tipo. Me sentí inmediatamente como en casa. El viejo y familiar tablero de cotizaciones estaba delante de mí, hablando en una lengua que yo había aprendido antes de cumplir los quince años. Había un muchacho haciendo exactamente lo mismo que yo solía hacer en la primera oficina en la que trabajé. Allí estaban los clientes- el mismo grupo de siempre-mirando al tablero o de pie al lado del boleto gritando los precios y hablando del mercado. La maquinaria era, al parecer, la misma a la que estaba acostumbrado. El ambiente era el mismo que había respirado desde que gané, por primera vez, mi dinero en el mercado de valores-3,12$ en Burlington. El mismo tipo de ticker y el mismo tipo de operadores y, por tanto, el mismo juego. Y, recuerden, sólo tenía veintidós años. Supongo que creía conocer el juego de la A a la Z. ¿Y por qué no había de ser así? Observé el tablero y vi algo que me pareció bueno. Se estaba comportando de la forma adecuada. Compré cien a 84. Me salía85enmenos de una hora. Entonces vi otra cosa que me gustó también e hice lo mismo; tomé tres cuartos de punto netos en un espacio de tiempo muy breve. Empecé bien, ¿no es así?

Presten atención a esto: en mi primer día como cliente de una Bolsa acreditada, y en sólo dos horas, operé en mil cien participaciones de una acción, saltando hacia dentro y hacia fuera. Y el resultado neto de las operaciones del día fue una pérdida de, exactamente, mil cien dólares. O lo que es lo mismo, en mi primer intento casi la mitad de mi apuesta se esfumó. Recuerde que algunas de las operaciones mostraron beneficios. Pero yo me dejé mil cien dólares ese día.

No me preocupaba, porque no pensé que el error pudiera estar en mí. Mis movimientos eran, también, lo bastante correctos, y si hubiera estado operando en la vieja Cosmopolitan hubiera resultado aún mejor que a la par. Mis mil cien dólares desvanecidos me dijeron que la

máquina no era como debiera ser. Pero mientras el maquinista estuviera bien, no había necesidad de pasar apuros. La ignorancia a los veintidós años no es un defecto estructural.

Pasados unos cuantos días, me dije a mí mismo: "no puedo operar aquí de esta manera. ¡El ticker no ayuda como debiera!" Pero dejé que se moviera sin quedarme sin nada. Lo mantuve arriba y tuve buenos y malos días, hasta que me quedé limpio. Fui a ver al viejo Fullerton y le hice que apostara por mí quinientos dólares. Y regresé de S. Luis, como ya dije, con el dinero que saqué de las bucket shops-juego al que siempre podía ganar.

Jugué con más cuidado y obtuve mejores resultados durante un tiempo. Tan pronto como mis circunstancias mejoraron, comencé a vivir bastante bien. Hice amistades y me divertí mucho. Todavía no había cumplido los veintitrés; completamente sólo en Nueva York con dinero fácil en los bolsillos y la creencia de que estaba empezando a comprender la nueva máquina.

Estaba haciendo concesiones para la ejecución real de mis órdenes en el parqué de la Bolsa y moviéndome con más cuidado. Pero seguía adhiriéndome a la cinta, esto es, ignoraba todavía los principios generales; y mientras así lo hiciera, no podría saber lo que fallaba en mi operación.

Nos adentramos en el gran boom de 1901 y gané mucho dinero, es decir, para un niño. ¿Recuerdan esa época? La prosperidad del país no tenía precedentes. No sólo nos adentramos en una era de consolidaciones industriales y combinaciones de capital que batieron todo lo que habíamos tenido hasta ese momento, sino que además el público se volvió loco por las acciones. He oído decir que en épocas anteriores de abundancia, Wall Street solía jactarse de doscientas cincuenta mil participaciones al día, cuando las acciones de un valor de veinticinco millones de dólares a la par cambiaban de manos. Pero en 1901 tuvimos un día de tres millones de participaciones. Todo el mundo estaba ganando dinero. La multitud del acero llegó a la ciudad, una horda de millonarios con no más aprecio del dinero que los marineros ebrios. El único juego que les satisfacía era el del mercado de valores. Tuvimos algunos de los mayores "capitalistas" que jamás tuvo la "calle." John W. Gates, con fama de "te apuesto un millón," y sus amigos, como John A. Drake, Loyal Smith, y demás; la multitud de Reids-Leeds-Moore, que vendió parte de sus valores en cartera de los aceros y con las ganancias compró en el mercado abierto la mayoría real de las acciones del gran sistema de Rock Island; y Schab y Frick y Phillips y la camarilla de Pittsburg; por no nombrar a las veintenas de hombres que quedaron apartados pero que en cualquier otro momento hubieran sido llamados grandes apostadores. Un tipo podía comprar y vender todas las acciones que había. Keene hizo mercado para las participaciones de la U.S. Steel. Un corredor vendió, en cuestión de minutos, cien mil participaciones, ¡fue un momento maravilloso! Y hubo también triunfos maravillosos. ¡Y no había que pagar impuestos por las ventas de las acciones! Y no se calculaba a ojo.

Por supuesto, después de un tiempo, oí que se gritaron muchas calamidades y los viejos actores dijeron que todos-excepto ellos-se habían vuelto locos. Yo sabía, por supuesto, que debía haber un límite a los avances y un final a la compra loca de "Cualquier cosa vieja", y me hice bajista. Pero cada vez que vendí, perdí dinero, y si no fuera porque corrí muy deprisa, habría perdido mucho más. Busqué una ruptura, pero jugaba seguro-ganando dinero cuando compré y perdiendo cuando vendí al descubierto-de forma que no estaba beneficiándome tanto del boom como pensaríais si consideráis lo fuertemente que solía operar, aun siendo niño.

Había una acción en la que no estaba al descubierto, la Northern Pacific. Mi lectura de la cinta me vino muy bien. Creía que la mayoría de las acciones se habían comprado en un punto muerto, pero Little Nipper se comportó como si fueran a subir aún más. Sabemos ahora que las comunes y las preferentes estaban siendo fuertemente absorbidas por la combinación Kuhn-Loeb-Harriman. Yo estaba a crédito de mil participaciones de las comunes de la Northern Pacific y las mantuve a pesar de tener en contra a toda la oficina. Cuando llegó al 110, aproximadamente, tuve un beneficio de treinta puntos, y lo agarré. Esto hizo que mi balance en la oficina de mi agente de Bolsa fuera de casi cincuenta mil dólares, la mayor cantidad de dólares que fui capaz de acumular hasta ese momento. No estaba tan mal para un tipo que había perdido todos sus centavos operando en esa misma oficina unos pocos meses antes.

Si recuerdan, la multitud de Harriman informó a Morgan y Hill de su intención de estar representada en la combinación Burlington-Great Northern-Pacific, y la gente de Morgan ordenó a Keene comprar cincuenta mil participaciones de la N.P. para mantener el control de sus posesiones. He oído que Keene le pidió a Robert Bacon que hiciera el encargo de ciento cincuenta mil participaciones y los banqueros así lo hicieron. En cualquier caso, Keene envió a uno de sus agentes de Bolsa, Eddie Norton, a la multitud de la N.P. y compró cien mil participaciones. Ésta vino seguida de otra orden, creo que de cincuenta mil participaciones adicionales, y siguió el famoso rincón. Tras el cierre del mercado el 8 de mayo de 1901 el mundo entero sabía que se estaba desarrollando una batalla de gigantes financieros. Nunca se habían enfrentado en este país dos combinaciones tales de capital. Harriman frente a Morgan; una fuerza irresistible enfrentándose a un objetivo inamovible.

Allí estaba yo la mañana del nueve de mayo con casi cincuenta mil dólares en efectivo y ninguna acción. Como ya les conté, yo había sido muy bajista durante algunos días y aquí se me presentaba, por fin, mi oportunidad. Sabía lo que ocurriría-una ruptura desagradable y después algunas gangas maravillosas. Habría una rápida recuperación y grandes beneficios-para aquéllos que habían cogido las gangas. No hacía falta ser un Sherlock Holmes para averiguarlo. íbamos a tener oportunidad de cogerlas, no sólo para conseguir mucho dinero, sino también para obtener dinero seguro.

Todo sucedió como yo había previsto. Estaba completamente en lo cierto- ¡perdí cada centavo que poseía! Fui liquidado por algo poco frecuente. Si lo inesperado no ocurriera nunca, no habría diferencias entre las personas y la vida carecería de diversión. El juego se convertiría, simplemente, en un asunto de sumar y restar. Haría de nosotros una raza de libreros de mente aplicada. Lo que desarrolla el cerebro humano es la investigación. Pensad lo que hay que hacer para estar en lo cierto.

El mercado hervía, como yo había esperado. Las transacciones eran enormes y el alcance de las fluctuaciones careció de precedentes. Puse muchas órdenes de venta en el mercado. Cuando vi los precios de apertura, tuve un ataque, ya que las rupturas eran horribles. Mis agentes de Bolsa estaban trabajando. Eran tan competentes y concienzudos como cualquiera; pero cuando ejecutaron mis órdenes, las acciones habían subido veinte puntos más. La cinta se encontraba a años luz del mercado y los informes tardaban en producirse debido a la prisa de los negocios. Cuando averigüé que las acciones que ordené comprar cuando la cinta dijo que el precio era, por ejemplo, de 100, y se libraron de las mías en 80, haciendo un descenso total de treinta o cuarenta puntos desde el
cierre de la noche anterior, me pareció que estaba sacando descubiertos a un nivel que hizo de las acciones que vendí las mismas gangas que había planeado comprar. El mercado no iba a caer hasta llegar a China. Así que decidí cubrir mis descubiertos y ponerme a largo.

Mis agentes de bolsa compraron; no al nivel que me hubiera hecho volverme, sino a los precios que predominaban cuando los hombres del parqué recogieron mis órdenes. Pagaron unos quince puntos más de que lo que yo había calculado. Una pérdida de treinta y cinco puntos en un día era más de lo que cualquiera podría soportar.

El ticker me ganó al retrasarse tanto con respecto al mercado. Me acostumbré a considerar la cinta como al pequeño mejor amigo que tenía, ya que apostaba según lo que aquél me decía. Pero esta vez la cinta me traicionó. La divergencia entre los precios impresos y reales me anuló. Fue la sublimación de mis fracasos anteriores, lo mismo precisamente que me había batido en un principio. Hoy parece tan obvio que la lectura de la cinta no es suficiente, independientemente de la ejecución de los agentes de Bolsa, que me pregunto por qué no me di cuenta de mi problema y de su remedio.

Lo que hice fue peor que eso; seguí operando, dentro y fuera, sin tener en cuenta la ejecución. Como pueden ver, no podía operar nunca con un límite. Tenía que tomar mis pocas oportunidades con el mercado. Eso es lo que intentaba batir, el mercado, no el precio concreto. Cuando creo que me conviene vender, vendo. Cuando pienso que las acciones van a subir, compro. Mi adhesión a ese principio general de la especulación me salvó. Haber operado con precios limitados hubiera sido, simplemente, mi viejo método de bucket shop adaptado de forma insuficiente para ser usado en una oficina acreditada de agentes de Bolsa. Nunca habría aprendido lo que es la especulación, sino que hubiera seguido apostando en lo que era, según me decía mi limitada experiencia, una cosa segura.

Siempre que intenté limitar los precios para limitar los inconvenientes de operación en el mercado cuando el ticker se retrasaba, me di cuenta de que el mercado se me escapaba. Esto sucedía tan a menudo que dejé de intentarlo. No puedo deciros cómo me llevó tanto tiempo aprender que en vez de colocar apuestas diminutas en lo que iban a ser las cotizaciones siguientes, mi juego consistía en anticipar lo que iba a ocurrir a gran escala.

Después de mi contratiempo del nueve de mayo, seguí trabajando, usando un método modificado, aunque todavía defectuoso. Si no hubiera ganado a veces dinero, habría adquirido más rápidamente sabiduría de mercado. Pero estaba ganando lo suficiente como para permitirme vivir bien. Me gustaban los amigos y disfrutar. Aquel verano viví en la costa de Jersey, al igual que cientos de hombres prósperos de Wall Street. Mis ganancias no bastaban para compensar mis pérdidas y gastos.

No seguí operando en la forma terca en que lo hice anteriormente. Simplemente, era incapaz de plantearme mi propio problema y, por supuesto, era imposible intentar resolverlo. Hablo constantemente de este asunto para mostrar lo que tuve que padecer antes de llegar a un sitio en el que pudiera realmente ganar dinero. Mi vieja escopeta y el disparo de la BB no podrían hacer el trabajo de un rifle de repetición frente a este gran juego.

A principios de ese otoño no sólo me liquidaron, sino que estaba tan cansado, de un juego al que no podía batir, que decidí dejar Nueva York e intentar otra cosa en algún otro sitio. Había estado operando desde que tenía catorce años. Había ganado mis primeros mil dólares cuando era un chaval de quince, y mis primeros diez mil cuando tenía veintiuno. Había ganado y perdido una apuesta de diez mil dólares en más de una ocasión. En Nueva York había ganado miles de dólares y los había perdido. Conseguí llegar hasta los cincuenta mil dólares y dos días después desaparecieron. No tenía otro negocio y no conocía otro juego. Después de varios años, regresaba a donde comencé. No, peor que eso, ya que había adquirido hábitos y un estilo de vida que exigían dinero; aunque esto no me preocupaba tanto como el hecho de estar equivocado tantas veces.

IV

BUENO, ME MARCHÉ A CASA. Pero nada más llegar, sabía que tenía sólo una misión en la vida, y ésta era conseguir una apuesta y regresar a Wall Street. Este era el único lugar en el país en el que podía operar con fuerza. Algún día, cuando mi juego fuera correcto, necesitaría un lugar así. Cuando un hombre está en lo cierto, quiere coger todo lo que se le ofrece por tener, precisamente, razón.

No tenía muchas esperanzas, pero deseaba, por descontado, meterme de nuevo en las bucket shops. Había menos y algunas de ellas las dirigían extranjeros. Aquéllos que se acordaban de mí no me dieron una oportunidad de mostrarles si había regresado como operador o no. Les conté la verdad, que había perdido en Nueva York todo lo que tenía en casa; que no sabía tanto como creía saber; y que no había razón alguna por la cual no pudiera ser un buen negocio como para dejarme que operara con ellos. Pero no lo hicieron. Y los sitios nuevos no eran fiables. Sus propietarios creían que veinte participaciones era tanto como un caballero podía comprar si tenía razones para sospechar que iba a acertar.

Necesitaba el dinero y las bucket shops estaban consiguiendo, gracias a sus clientes regulares, gran cantidad de él. Conseguí que un amigo mío se metiera en cierta oficina y operara. Fui para echarles un vistazo. Intenté conseguir que el encargado de las órdenes aceptara una orden pequeña, aunque sólo fuera de cincuenta participaciones. Dijo no, por supuesto. Había dispuesto un código con este amigo para que comprara o vendiera cuando y lo que yo le ordenara. Pero esto sólo hizo que fuera pan

comido. La oficina empezó a quejarse de las órdenes de mi amigo. Al final, intentó un día vender cien de la St. Paul y le cerraron.

Nos enteramos, después, que uno de los clientes nos vio fuera hablando juntos y entró y lo contó en la oficina, y cuando mi amigo fue a donde se encontraba el empleado de las órdenes para vender esas cien de St. Paul el tipo dijo:

"No aceptamos ninguna orden de venta en la St. Paul, no de ti."

"¿Por qué? ¿Qué sucede Joe?", preguntó mi amigo.

"¿No vale ese dinero? Míralo otra vez. Está todo allí."

Y mi amigo pasó por alto las cien-mis cien-en billetes de diez. Intentó mostrarse indignado, pero yo parecía despreocupado; pero la mayoría de los clientes se estaban acercando a los combatientes, como hacían siempre que se discutía o se producía el menor indicio de riña entre la shop y algún cliente. ¿Querían estar al tanto de los méritos del caso para poder estar al tanto de la solvencia de la compañía?

El empleado, Joe, que era una especie de subdirector, salió de detrás de su jaula, fue hacia donde se encontraba mi amigo, lo miró y luego me miró a mí.

HT».   "1 • • 1   ♦ 111   •   i

Tiene gracia, dijo despacio es muy gracioso que no hagas nunca nada aquí cuando tu amigo Livingston no aparece por aquí. Te sientas y miras al tablero cada hora. Nunca una ojeada. Pero cuando llega él, te vuelves de repente muy ocupado. Quizá estás actuando tú solo; pero nunca más en esta oficina. No nos dejamos engañar por Livingston cuando te está soplando clandestinamente. "

Eso detuvo mi beneficio. Pero yo había ganado más de lo que había gastado y me preguntaba cómo podría emplearlo, ya que la necesidad de ganar dinero suficiente con el que irme a Nueva York era más urgente que nunca. Presentí que podría hacerlo mejor la vez siguiente. Había tenido tiempo de pensar reposadamente en algunas de mis tontas jugadas; y todo se ve mejor cuando se ve a distancia. El problema inmediato era el de hacer una nueva apuesta.

Un día me encontraba en el recibidor de un buen hotel, hablando con algunos tipos que conocía, por referencia, que eran operadores bastante fuertes. Todo el mundo hablaba del mercado de valores. Yo dije que nadie podía ganar el juego debido a la ejecución corrompida que se obtiene de los agentes de Bolsa, sobre todo cuando operaba en el mercado, como hice yo.

A uno ae los tipos le hirió esto y me preguntó a qué agentes concretos me refería.

Dije yo: "Los mejores del país," y preguntó quienes podían ser. Sabía que no iba a creerse que hubiera operado con casas de primera clase.

Pero contesté: "Me refiero a cualquier miembro de la Bolsa de Nueva York. No es que sean poco limpios o descuidados, pero cuando alguien da una orden para comprar en el mercado, nunca sabe lo que esas acciones van acostarle hasta que obtiene un informe de sus agentes. Hay más movimientos de uno o dos puntos que de diez o quince. Pero el que opera desde fuera no puede coger las pequeñas subidas o bajadas debido a la ejecución. Preferiría operar en una bucket shop cualquier día de la semana, si permitieran a un tipo operar a gran escala."

Nunca había visto al hombre que se había dirigido a mí. Se llamaba Roberts. Parecía amistoso. Me apartó hacia un lado y me pregunto si había operado alguna vez en alguna otra Bolsa, y le dije que no. Dijo que conocía algunas casas miembros de la Bolsa del algodón, de la Bolsa de productos y de las Bolsas más pequeñas. Estas firmas empleaban el máximo cuidado y prestaban especial atención a las ejecuciones. Él dijo también que tenía conexiones confidenciales con las casas mayores y de más prestigio de la Bolsa de Nueva York y a través de su atracción personal y de garantizar un negocio de cientos de miles de participaciones al mes, obtenían un servicio mucho mejor que el que cualquier cliente pudiera lograr.

"Atienden de verdad al pequeño cliente," dijo. "Están especializados en negocios de fuera de la ciudad y se molestan igual por una orden de diez participaciones que por una de mil. Son muy competentes y honrados."

"Sí. Pero si pagan a la Bolsa la octava comisión regular, ¿dónde entran?"

"Bueno, se supone que deben pagar la octava. Pero ¡ya sabes!", y me hizo un guiño.

"Sí". Dije yo. "Pero lo que no haría una compañía de la Bolsa sería dividir comisiones. Los gobernadores preferirían que un miembro cometiese suicidio, bigamia o provocase un incendio antes que hacer negocio para los de fuera por menos de la comisión de un octavo autorizada por la ley judía. La vida misma de la Bolsa se funda en la no violación de esa sola ley."

Debía haberse dado cuenta de que yo había hablado con gente de la Bolsa, ya que dijo, ¡Escucha! De vez en cuando una de esas Bolsas piadosas es suspendida durante un año por violar esa regla, ¿no es verdad? Hay diversas formas de rebatir para que nadie se pueda quejar. Él probablemente viera incredulidad en mi rostro, porque continuó diciendo: "Y, además, en ciertos tipos de negocios nosotros-me refiero a estas casas-cargan un extra de treinta y dos, además de la octava. Se portan muy bien con eso. Nunca cargan la comisión extra excepto en raras ocasiones, y sólo si el cliente tiene una cuenta inactiva. Ya sabes, no les tendría cuenta hacerlo de otra manera. No hacen negocios sólo por su salud."

Por entonces sabía que estaba tratando de hacer clientes de entre algunos falsos agentes de Bolsa.

"¿Conoce alguna casa fiable de ese tipo?", le pregunté.

"Conozco la mayor firma de corretaje de los Estados Unidos," dijo. "Yo mismo opero allí. Tienen sucursales en setenta y ocho ciudades en los Estados Unidos y Canadá. Hacen un gran negocio. Y no podrían hacerlo año tras año, si no tuvieran el nivel adecuado, ¿o sí?"

"Ciertamente no," dije. "¿Operan en las mismas acciones con las que se negocia en la Bolsa de Nueva York?"

"Por supuesto; y en cualquier otra Bolsa de este país, o de Europa. Comercian en trigo, algodón, provisiones; en todo lo que se te ocurra. Tienen corresponsales en todos los sitios y miembros en todas las Bolsas, en su propio nombre o reservados."

Lo sabía por entonces, pero pensaba que lo engañaría.

"Sí," dije yo, "pero esto no afecta al hecho de que las órdenes deban ser ejecutadas por alguien, y nadie puede garantizar cómo será el mercado o a qué distancia se encontrarán los precios del ticker con respecto a los precios reales del parqué de la Bolsa. Cuando un hombre obtiene aquí la cotización y entrega una orden y se le telegrafía a Nueva York, se ha producido algo valioso. Será mejor que regrese a Nueva York y pierda allí mi dinero en alguna compañía respetable."

"No sé nada sobre perder dinero; nuestros clientes no adquieren ese hábito. Ellos ganan dinero. Nosotros nos preocupamos de eso."

"¿Sus clientes?"

"Yo estoy interesado en la compañía y, si puedo orientar los negocios a su favor, así lo hago porque siempre me han tratado bien y he ganado mucho dinero a través de ellos. Si quieres te puedo presentar al director."

"¿Cómo se llama la empresa?" le pregunté.

Me lo dijo. Había oído hablar de ellos. Publicaban anuncios en todos los periódicos, llamando la atención sobre los grandes beneficios hechos por aquellos clientes que tuvieron en cuenta su información interna sobre acciones activas.

Esa era la principal especialidad de la compañía. No eran una bucket shop corriente, sino "bucketeers", es decir, supuestos agentes de Bolsa que llevaban a cabo sus órdenes pero que pasaban, sin embargo, por un camuflaje para convencer al mundo de que eran agentes de Bolsa regulares ocupados en negocios legítimos. Eran de los más antiguos en esas compañías de clase. Eran, en ese momento, el prototipo de la misma clase de agentes de Bolsa que se quedaban sin un céntimo este año por docenas. Los principios y métodos generales eran los mismos, aunque los recursos concretos para "pelar" al público difirieran de alguna manera, habiendo cambiado ciertos detalles cuando los viejos trucos se hicieron muy conocidos.

Estas personas solían emitir pronósticos para comprar o vender cierta acción-cientos de telegramas aconsejando la venta inmediata de cierta acción y otros cientos de ellos recomendando a otros clientes vender esa misma acción, basándose en el viejo plan del que pronostica en las carreras. En ese momento aparecerían órdenes de comprar y vender. La compañía compraría o vendería, por ejemplo, mil de esa acción a través de una compañía prestigiosa de Bolsa y obtendría un informe regular sobre ella. Este informe se mostraría a todo aquél Sto. Tomás incrédulo que no fuera lo bastante cortés como para hablar de las órdenes de los clientes de las bucket shops.

Solían formar también consorcios de discreción en la oficina y, como gran favor, permitían que sus clientes les dieran una autorización por escrito para operar con el dinero del cliente y en su nombre, como juzgaran más conveniente. De esta manera, los clientes ariscos no tendrían derecho legal cuando el dinero desapareciera. Se pondrían alcistas en una acción, sobre el papel, pondrían dentro a los clientes y después ejecutarían una de las viejas maniobras de las bucket shops y liquidarían cientos de márgenes pequeños. No tuvieron consideración
con nadie, siendo sus mejores apuestas las mujeres, los profesores y los viejos.

"Estoy enojado con todos los agentes de Bolsa," dije al pronosticado "tendré que pensarlo," y me marché para que no pudiera hablar más conmigo.

Hice averiguaciones sobre la compañía. Me enteré de que tenían cientos de clientes y, aunque eran las historias de siempre, no encontré ningún caso de un cliente al que no se le diera su dinero si ganó algo. El problema era encontrar a alguien que hubiera operado alguna vez en esa oficina; pero lo encontré. Las cosas parecían seguir su camino entonces, y eso significaba que probablemente no se produciría ningún fraude si una operación se ponía en contra de ellos. Por supuesto, la mayoría de asuntos de ese tipo terminan mal. Hay veces en que se producen epidemias regulares de bancarrotas de supuestos agentes, como las carreras pasadas de moda en varios bancos una vez que uno de ellos haya subido. Los clientes de los otros se asustaban y corrían a sacar su dinero. Pero hay cantidad de guardianes de bucket shops en este país. No oí nada alarmante sobre la compañía de pronosticadores, excepto que todos ellos buscaban su propio provecho, al principio, al final y siempre, y que no siempre decían la verdad. Su especialidad consistía en recortar a los aprovechados que deseaban hacerse ricos pronto. Pero siempre solicitaban permiso por escrito de sus clientes para quitarles sus dineros.

Un tipo, con el que me encontré, me dijo que había visto enviar un día seiscientos telegramas en los que se aconsejaba a los clientes coger una acción y otros seiscientos en los que se recomendaba, encarecidamente, a los clientes vender inmediatamente esa misma acción.

"Sí, conozco el truco," dije al tipo que me lo estaba contando.

"Sí," dijo él. "Pero al día siguiente enviaron telegramas a las mismas personas aconsejándoles cerrar su interés en todo y comprar-o vender-otra acción. Pregunté al socio más antiguo de la oficina, ¿Por qué hacen eso? Lo primero lo entiendo. Algunos de sus clientes van a ganar dinero en papel durante un tiempo, aunque ellos y otros pierdan en su momento. Pero enviando telegramas de esa forma simplemente acaban con todos ellos. ¿Qué gran idea se esconde detrás de eso?" "Bueno," dijo él, "los clientes van a perder su dinero de todas formas, no importa lo que compren, o cómo, dónde o cuándo. Cuando
pierden su dinero, yo pierdo los clientes. Bien podría conseguir todo el dinero que pueda y buscar después una nueva cosecha." Debo reconocer, con toda franqueza, que no me preocupaba la ética comercial de la empresa. Ya os dije que me sentí enojado con el asunto Teller y cómo me divertía quedar igualado con ellos. Pero no sentía lo mismo por esta empresa. Podrían ser estafadores o podrían no ser tan negros como los pintaban. No me propuse dejarles que hicieran ninguna operación para mí, o seguir sus pronósticos o creer sus mentiras. Mi única preocupación era la de conseguir una apuesta y volver a Nueva York para operar en cantidades justas en una oficina en la que no tuvieras miedo de que la policía invadiera el local, como hacían con las bucket shops, o viera a las autoridades inspeccionar y atar tu dinero de forma que tuvieras suerte si consiguieras ocho centavos sobre el dólar un año y medio después.

De cualquier manera, me decidí a comprobar las ventajas de operación que ofrecía esa compañía sobre los agentes de Bolsa legítimos. No tenía mucho dinero para poner como margen, y en estas compañías las órdenes eran mucho más liberales en ese sentido, de manera que unos pocos y reducidos cientos de dólares llegaban mucho más lejos en sus oficinas. Fui a donde se encontraban y hablé con el director en persona. Cuando averiguó que yo había sido un viejo operador y había tenido anteriormente cuentas en Nueva York con las Bolsas y que había perdido todo lo que me llevé, dejé de prometer ganar un millón al minuto para mí si me dejaba invertir mis ahorros. Él supuso que era un aprovechado permanente, el tipo de perseguidor del ticker que siempre juega y siempre pierde; un proveedor de ingresos fuertes para agentes de Bolsa, aunque fueran del tipo que se contentan con las comisiones.

Le dije al director que lo que yo buscaba era una ejecución decente, porque operaba siempre en el mercado y no quería obtener informes que mostraran una diferencia respecto al precio del ticker de medio punto o de un punto completo.

Me dio su palabra de honor de que harían lo que yo pensara que era lo correcto. Querían mi negocio porque deseaban mostrarme el corretaje de clase tan alta que llevaban a cabo. Tenían en su empleo el mejor talento en los negocios. De hecho, eran famosos por su ejecución. Si había alguna diferencia entre el precio del ticker y el informe siempre favorecía al cliente, aunque no lo garantizaban. Si yo abriera una cuenta con ellos, podría comprar o vender al precio que saliera del alambre, era muy grande la confianza que depositaban en sus brokers.

Lógicamente, eso significaba que yo podía operar, en efecto, como si me encontrara en una bucket shop, es decir, me permitirían operar en la siguiente operación. No quería parecer demasiado interesado, así que sacudí mi cabeza y le dije que no abriría una cuenta ese día, pero que se lo comunicaría. Me aconsejó encarecidamente empezar en ese mismo momento ya que era un buen mercado para ganar dinero. Lo era, para ellos; un mercado inactivo en el que los precios oscilaban ligeramente, el tipo de mercado que metía a los clientes y los liquidaba después con un ligero empuje sobre la acción pronosticada. Tuve algunos problemas para alejarme.

Le di mi nombre y dirección y ese mismo día empecé a recibir cartas y telegramas pagados de antemano en los que me instaban a hacerme con alguna acción u otra en las que decían que sabían de un consorcio de dentro que operaba por una subida de cincuenta puntos.

Estaba ocupado averiguando todo lo que podía sobre otras compañías de corretaje del mismo tipo. Me parecía que si me aseguraba de quitar mis ahorros de sus garras la única forma de ganar dinero, de verdad, consistía en operar en esta especie de bucket shop.

Cuando aprendí lo que pude, abrí cuentas con tres firmas. Había cogido una pequeña oficina y tenía telegramas directos dirigidos a los tres brokers.

Operé a pequeña escala para que no se asustaran al principio. Gané dinero y no tardaron en decirme que esperaban negocios reales de los clientes que enviaban telegramas directos a sus oficinas. No suspiraban por cicateros. Ellos suponían que cuanto más ganara, más perdería y cuanto más rápido me liquidaran, más ganarían ellos. Era una teoría bastante sólida cuando uno considera que estas personas tratan, necesariamente, con medias y el cliente medio no tenía una vida muy larga, hablando en términos financieros. Un cliente en quiebra no puede operar. Un cliente paralizado a medias puede quejarse e insinuar cosas y crear dificultades de uno u otro tipo que dañan a los negocios de estas personas.

Establecí también una conexión con una firma local que tenía conexión directa con su corresponsal de Nueva York, que era miembro, también, de la Bolsa de Nueva York. Tenía puesto un ticker de acciones y empecé a operar de forma conservadora. Como ya os dije antes, era casi como operar en las bucket shops, solo que era algo más lento en las ejecuciones.

Era un juego al que podía batir, y así lo hice. Nunca lo abordé hasta llegar a un punto en el que pudiera ganar diez veces de cada diez; pero gané en términos generales, tomándolo semana sí, semana no. Vivía bastante bien, aunque siempre ahorraba algo para aumentar la apuesta que iba a llevarme a Wall Street. Conseguí un par de conexiones en dos más de estas casas de corretaje, similares a las bucket shops, haciendo cinco en total y, por supuesto, mi buena empresa.

Había veces en que mis planes fallaban y mis acciones no se comportaban de acuerdo con lo trazado, pero hubieran hecho lo contrario de lo que debieran hacer si hubiera mantenido su consideración por los precedentes. Pero no me golpearon de forma muy fuerte, no podían, con mis márgenes pequeños. Mis relaciones con los brokers eran bastante cordiales. Sus cuentas y registros no siempre coincidían con los míos, y las diferencias estaban, de forma uniforme, en contra de mí. ¡Curiosa coincidencia! Pero luché por defenderme y, al final, solía salirme con la mía. Tenían siempre la esperanza de quitarme lo que yo les había quitado. Creo que consideraban mis ganancias como préstamos temporales.

No eran muy deportivos, empezando en el negocio para ganar dinero por las buenas o por las malas en vez de contentarse con el porcentaje de la casa. Ya que los aprovechados siempre pierden dinero cuando apuestan a acciones, nunca especulan, realmente, uno pensaría que estos tipos dirigían lo que podríamos llamar negocio legítimo ilegítimo. Pero no era así. "Sácale el dinero a tus clientes y hazte rico" es un viejo y verdadero refrán, pero parecía que jamás lo habían oído y no se detenían ante la operación simple de las bucket shops.

Intentaron engañarme varias veces con los trucos de siempre. Me cogieron un par de veces porque no estuve atento. Lo hacían siempre cuando no había tomado otra línea que no fuera la habitual. Los acusé de estar muy al descubierto o peor que eso, pero ellos lo negaron y el resultado de ello fue mi vuelta, como siempre, a la operación. Lo bonito de hacer negocios con un estafador es que te perdona siempre que lo pillas, en la medida en que no dejes de hacer negocios con él. Está bien en lo que se refiere a él. Está deseando encontrarse contigo a más de la mitad del camino. ¡Almas magnánimas!

Bien, decidí que no podía permitirme el tener la tasa normal de subida de mi apuesta debilitada por los estafadores, por lo que decidí darles una lección. Elegí algunas acciones que, tras haber sido favoritas en la especulación, se volvieron inactivas. Si hubiera elegido una que no hubiera sido activa nunca, ellos habrían sospechado mi juego. Di órdenes de compra sobre esta acción a mis cinco brokers de "bucket shop." Cuando se tomaron las órdenes y se esperaba que saliera de la cinta la siguiente cotización, envié una orden a Bolsa para que se vendieran cien participaciones de esa acción concreta en el mercado. Exigí inmediatamente una acción rápida. Bueno, pueden imaginarse lo que sucedió cuando la orden de venta llegó al parqué de la Bolsa; una acción inactiva que quería vender deprisa una casa de comisiones con conexiones fuera de la ciudad.

Pero la transacción, tal como se imprimió en la cinta, era el precio que yo pagaría por mis cinco órdenes de compra. Me encontraba a crédito de cuatrocientas participaciones de esa acción a un precio bajo. La casa me preguntó qué había escuchado, y yo dije que tenía un pronóstico sobre ella. Justo antes de que cerrara el mercado envié una orden a mí acreditada casa de volver a comprar esas cien participaciones sin perder ni un minuto más; no quería estar al descubierto bajo ninguna circunstancia y no me preocupaba lo que pagaran. Por tanto, enviaron un telegrama a Nueva York con la orden de comprar esas cien, dio como resultado un avance brusco. Yo, por supuesto, había puesto órdenes de venta para las quinientas participaciones que mis amigos habían comprado. Funcionó de forma muy satisfactoria.

Sin embargo, todavía no mejoraban sus métodos, así que empleé ese truco con ellos varias veces. No me atrevía a castigarlos de manera tan dura como se merecían, rara vez más de un punto o dos en cien participaciones. Pero contribuyó a hacer subir mi pequeño tesoro que estaba ahorrando para mi próxima aventura en Wall Street. A veces variaba el proceso vendiendo algunas acciones al descubierto, pero sin llevarlo al extremo. Me contentaba con mis seiscientas u ochocientas limpias para cada golpe.

Funcionó tan bien la maniobra que fue más allá de todos los cálculos para una oscilación de diez puntos. No era esto lo que yo

buscaba. De hecho, sucedió de tal manera que tuve doscientas participaciones en vez de mis cien de siempre en la tienda de un broker, aunque sólo cien en las otras cuatro tiendas. Esto era demasiado bueno para ellos. Se sentían muy dolidos por ello y empezaron a hacer comentarios sobre las conexiones. Así que fui a ver al director, el mismo hombre que había estado tan deseoso de conseguir mi cuenta y tan dispuesto a perdonar cada vez que lo pillé intentando engañarme. Se daba mucha importancia para ser un hombre de su posición.

"¡Era un mercado ficticio para esa acción, y no te pagaremos un maldito céntimo!", juró.

"No era un mercado ficticio cuando Vd. aceptó mi orden de compra. Me dejó entrar, de acuerdo, pero ahora debe dejarme salir. No puede descubrir eso por imparcialidad, ¿cierto?"

"¡Sí, puedo!", gritó. "Puedo probar que alguien dio un trabajo."

"¿Quién dio un trabajo?", pregunté.

"¡Alguien!"

"¿A quién le dieron el trabajo?" pregunté.

"A algún amigo suyo," dijo.

Pero yo le dije: "Sabe muy bien que juego solo. Todos en esta ciudad lo saben. Lo han sabido desde que empecé a operar en acciones. Ahora me gustaría darle un consejo de amigo: búsqueme ese dinero. No quiero ser desagradable. Haga lo que le digo."

"No lo pagaré. Fue una transacción arreglada," gritó.

Me cansé de su conversación, y por eso le dije: "Me lo pagará aquí y ahora."

Siguió fanfarroneando y me acusó abiertamente de ser el responsable de la situación; desembolsó, finalmente, el dinero.

Los otros no eran tan difíciles. En una oficina el director había estado estudiando estos juegos míos de acciones inactivas y cuando consiguió mi orden me compró la acción y luego otra para él en el tablón pequeño, y ganó algo de dinero.

A estos tipos no les importaba ser demandados por fraude, ya que solían tener preparada una buena defensa legal. Pero tenían miedo de que embargaran los muebles y no podían hacer lo mismo con el dinero del banco porque se preocuparon de no tener ningún fondo expuesto a ese peligro. No les haría daño tener fama de bruscos, pero era fatal tener fama de tramposos. No es algo infrecuente que un cliente pierda dinero en la oficina de su broker. Pero que un cliente gane dinero y no lo consiga es el peor crimen del código legal de los especuladores.

Conseguí dinero de todos; pero ese salto de un punto puso fin a ese agradable pasatiempo de despellejar a los peleteros. Tenían en proyecto ese pequeño truco que ellos mismos habían utilizado para defraudar a cientos de clientes pobres. Volví a mi operación regular; pero el mercado no siempre estaba de acuerdo con mi sistema, es decir, limitado como estaba yo al tamaño de las órdenes que tomaran ellos, no podría tener éxito financiero.

Me había dedicado a ello durante un año, en el cual utilicé todos los recursos que se me ocurrieron para ganar dinero en esas "tiendas de Bolsa." Había vivido con muchas comodidades, me compré un automóvil y no limité mis gastos.

Tenía que hacer una apuesta, pero tenía también que vivir mientras lo hacía. Si mi posición en el mercado era la correcta, no podía gastar tanto como ganaba, y eso supondría ahorrar algo de dinero. Si yo no tenía razón, no ganaría dinero y, por tanto, no podría gastar nada. Como ya he dicho, había ahorrado hasta conseguir un nivel importante, y no había tanto dinero que ganar en las cinco "tiendas de Bolsa"; así que decidí volver a Nueva York.

Tenía mi propio coche e invité a un amigo, que era también operador, a ir conmigo a Nueva York. Aceptó y nos pusimos en camino. Paramos en New Haven para comer. En el hotel me encontré con un viejo conocido que me dijo que había en la ciudad una bucket shop y estaba haciendo un negocio bastante bueno.

Dejamos el hotel de camino a Nueva York, pero yo me acerqué con el coche hasta la calle en la que se encontraba la bucket shop para ver que aspecto presentaba el exterior. La encontramos y no pudimos resistir la tentación de parar y echar un vistazo al interior. No era demasiado suntuosa, pero el viejo tablón se encontraba allí, y también los clientes, y se jugaba. El director era un tipo con aspecto de actor u orador. Su aspecto impresionaba. Te daba los buenos días como si hubiera descubierto la bondad de la mañana después de buscarla diez años con un microscopio y te regalaba su descubrimiento así como el cielo, el sol y el nivel bancario de la firma. Nos vio llegar con nuestro automóvil deportivo, y como los dos éramos jóvenes y despreocupados-no creo que aparentáramos veinte años-llegó a la conclusión lógica de que éramos dos chicos de Yale. No le dije que no lo fuéramos. No me dio la oportunidad, sino que empezó a largarnos un discurso. Se alegró mucho de vernos. ¿Tendríamos un sitio cómodo? Averiguamos que el mercado se encontraba filantrópicamente inclinado; pidiendo a voces, de hecho, el aumento de dinero colegial, del cual ningún estudiante inteligente no graduado haya tenido jamás una cantidad suficiente desde el amanecer de los tiempos. Pero aquí y ahora, por la beneficencia del ticker, una pequeña inversión inicial supondría miles. El dinero que el mercado de valores ansiaba producir era más de lo que cualquier estudiante pudiera gastar.

Pensé que sería una pena no hacerlo, estando el señor de la bucket shop tan dispuesto a permitírnoslo, así que le dije que haría como el deseara, porque había oído que montones de personas ganaban grandes cantidades de dinero en el mercado de valores.

Empecé a operar de forma muy conservadora, pero aumentando la línea a medida que ganaba. Mi amigo hizo exactamente lo mismo que hice yo.

Pasamos la noche en New Haven y la mañana siguiente nos sorprendió en la acogedora shop a las diez menos cinco minutos. El orador se alegró de vernos, pensando que su turno llegaría ese día. Pero yo liquidé unos cuantos billetes de mil quinientos. A la mañana siguiente cuando fuimos a ver al gran orador y le dimos una orden para vender quinientas Sugar dudó, pero finalmente aceptó- ¡en silencio! La acción rompió por encima de un punto y yo cerré y le di el ticket. Gané en beneficios exactamente quinientos dólares más mis quinientos de margen. Sacó de la caja fuerte veinte de quinientos, los contó, muy despacio, tres veces, y después los volvió a contar delante de mí. Parecía que sus dedos destilaran mucílago por la forma en que los billetes se pegaban a ellos. Cruzó los brazos, se mordió el labio, mantuvo esta postura y miró hacia una ventana que se encontraba detrás de mí.

Le dije que me gustaría vender doscientas. Pero no se inmutó. No me oyó. Repetí mi deseo, sólo que ahora fue de trescientas participaciones. Volvió la cabeza. Esperé su discurso. Pero todo lo que hizo fue mirarme. Entonces se relamió y tragó, como si fuese a comenzar un ataque sobre cincuenta años de desgobierno político por parte de los indecibles corruptores de la oposición.

Por último, movió su mano hacia los billetes amarillos que tenía yo en mi mano y dijo, "¡Llévate esa chuchería!"

"¿Llevarme qué?", dije yo. No había comprendido muy bien a donde quería llegar.

"¿Dónde vas, estudiante?" Hablaba de modo muy impresionante.

"A Nueva York," le contesté.

"Eso está bien," dijo, asintiendo unas veinte veces. "Eso está muy bien. Te vas a ir de aquí, porque yo sé dos cosas ¡dos, estudiante! Sé lo que no eres, y sé lo que eres. ¡Sí! ¡Sí! ¡Sí!"

"¿Es cierto eso?", dije muy cortésmente.

"Sí. Vosotros dos". Se detuvo; y a continuación dejó de estar en el Congreso y dijo: "¡Vosotros dos sois los mayores tiburones de los Estados Unidos! ¿Estudiantes? ¡Debéis ser del primer curso!"

Lo dejamos hablando solo. Probablemente no le importara tanto el dinero. A ningún jugador profesional le importa. Todo radica en el juego y en la forma que se vuelve la suerte. Lo que hería su orgullo era dejarse engañar por nosotros.

Así es como llegué a Wall Street para hacer un segundo intento. Había estado estudiando, por supuesto, para localizar el problema exacto de mi sistema que había sido responsable de mis fracasos en la oficina de A.R. Fullerton & Co.

Tenía veinte años cuando hice mis primeros mil y lo perdí todo. Pero sabía cómo y por qué, porque operé fuera de estación todo el tiempo; porque cuando no pude jugar de acuerdo con mi sistema, que se basaba en el estudio y la experiencia, entré y jugué. Esperaba ganar, en vez de saber que debía ganar.

Cuando tenía veintidós años mi apuesta subió a cincuenta mil dólares; los perdí el nueve de mayo. Pero sabía exactamente por qué y cómo. Era la cinta que se retrasaba y la violencia sin precedentes de los movimientos de ese horrible día. Pero no sabía por qué había perdido después de mi vuelta de S. Luis o después del pánico del nueve de mayo. Tenía teorías, es decir, remedios para algunos de los fallos que pensé que tenía mi juego. Pero necesitaba práctica real.

No hay nada como perder todo lo que tienes en este mundo para aprender lo que no debes hacer. Y cuando sabes lo que no tienes que hacer para no perder dinero, empiezas a aprender lo que hacer para ganar. ¿Lo entienden? *¡Empiezas a aprender!*

V

EL TICKER MEDIO-o, como ellos suelen llamarlo, el gusano de la cinta-se equivoca, me temo, tanto debido a una especialización excesiva como a cualquier otro caso. Significa una inelasticidad muy cara. Después de todo, el juego de la especulación no es todo matemáticas o reglas establecidas, por muy rígidas que sean las leyes principales. Incluso en mi lectura de la cinta hay algo que no es sólo mera aritmética. Es lo que yo llamo el comportamiento de una acción, las actuaciones que permiten juzgar si una acción va a seguir, o no, de acuerdo con los precedentes que tus observaciones notaron. Si una acción no se comporta de forma correcta, no la toque; porque, al ser incapaz de decir exactamente lo que falla, Vd. no puede predecir el camino que va a seguir. No hay diagnóstico ni pronóstico. No pronóstico, no beneficio.

Es un hecho muy antiguo la observación de una acción y el estudio de sus comportamientos anteriores. Cuando llegué por primera vez a Nueva York había una oficina de un broker en la cual un francés solía hablar sobre su gráfico. Al principio pensé que era una especie de mascota rara que tenía la firma como demostración de su buen humor. Después, supe que era un orador persuasivo y que impresionaba. Decía que lo único que no engañaba, porque simplemente no podía, eran las matemáticas. Mediante sus curvas él podía predecir los movimientos de mercado. Podía también analizarlos y decir, por ejemplo, por qué la Keene hizo lo correcto en su famosa manipulación alcista preferente de la Atchinson, y por qué después se equivocó en su consorcio de la Southern Pacific, En distintas épocas uno u otro de los operadores profesionales intentaron el sistema del francés y volvieron, después, a sus viejos métodos no científicos de ganarse la vida. Su sistema de acertar y errar era más barato, decían. Oí decir al francés que Keene admitió que el gráfico estaba acertado en un 100 por ciento, pero dijo que el método era demasiado lento para su uso práctico en un mercado activo.

Había, después, una oficina en la que se llevaba un gráfico del movimiento diario de precios. Mostraba, a simple vista, lo que había hecho cada acción durante meses. Comparando curvas individuales con la curva general del mercado y teniendo presentes ciertas reglas, los clientes podían decir si la acción, sobre la que poseían un pronóstico para comprar tenía derecho a una subida. Utilizaban el gráfico como una especie de pronosticador complementario. Hoy en día hay docenas de casas de comisiones en la se pueden encontrar gráficos de operación. Vienen ya preparados desde las oficinas de los expertos en estadística e incluyen no sólo acciones, sino también mercancías.

Debo decir que un gráfico ayuda a aquéllos que pueden leerlo o, mejor, a los que asimilan lo que leen. El lector medio de gráficos, sin embargo, tiene una inclinación a obsesionarse con la noción de que las depresiones y alzas y los movimientos primarios y secundarios es todo lo que compone la especulación de acciones. Si fuerza su confianza hasta su límite lógico, es posible que se arruine.

Hay un hombre muy capaz, un antiguo compañero de una Bolsa muy conocida, que es realmente un matemático con experiencia. Es licenciado por un famoso colegio técnico. Ideaba gráficos basándose en un estudio detallado y al minuto del comportamiento de los precios en muchos mercados de acciones, obligaciones, grano, algodón, dinero, etc. Se remontó a muchos años atrás y trazó las correlaciones y movimientos estacionales ¡todo! Utilizó durante años sus gráficos en su operación de acciones. Lo que hizo realmente fue aprovecharse de algún promedio altamente inteligente. Me cuentan que ganó de forma regular, hasta que la Guerra Mundial acabó con todos los precedentes. Oí que él y los muchos que lo seguían perdieron millones porque desistieron. Pero ni aun una guerra mundial puede evitar que el mercado de valores sea alcista, cuando las condiciones son alcistas, o bajista, cuando las condiciones son bajistas. Y todo lo que un hombre necesita para saber cómo ganar dinero es valorar las condiciones.

No tenía intención de apartarme del camino de esta manera, pero no puedo evitarlo cuando pienso en mis primeros años en Wall Street. Ahora sé lo que antes no sabía, y pienso en los errores de mi ignorancia porque son los mismos que comete el especulador de acciones medio, año sí, año no.

Después de regresar a Nueva York para intentar, por tercera vez, batir al mercado, en una casa de Bolsa, operé de forma bastante activa. No tenía esperanzas de que me fuera tan bien como en las bucket shops, pero pensé que después de un tiempo me iría mucho mejor porque sería capaz de oscilar una línea mucho más fuerte. Sí, ahora me doy cuenta de que el problema principal era mi fracaso a la hora de captar la diferencia esencial entre el jugar con acciones y el especular con ellas. Sin embargo, debido a mi experiencia de siete años en la lectura de la cinta y a cierta actitud natural para el juego, mi apuesta estaba ganando, no una fortuna, ciertamente, pero sí una tasa de interés muy alta. Ganaba y perdía como antes, pero en términos generales, estaba ganando. Cuanto más ganaba, más perdía. Esta suele ser la experiencia de la mayoría de las personas. No, no necesariamente la de las que recogen dinero fácil, sino también la de todos los seres humanos que no son esclavos del instinto de acumulación. Algunos hombres, como el viejo Russell Sage, tenían igualmente desarrollados el instinto de ganar dinero y el de acumularlo y morían, por supuesto, asquerosamente ricos.

El juego de batir al mercado me interesaba, exclusivamente, desde las diez a las tres de cada día y, después de las tres, me dedicaba al juego de vivir mi propia vida. No interpreten mal mis palabras. Nunca permití que el placer y los negocios se mezclaran. Cuando perdía, era porque no tenía razón, y no porque sufriera de disipación o excesos. Nunca hubo nervios destrozados o miembros entumecidos por el ron que acabaran con mi juego. No podía permitirme nada que me impidiera mantenerme física y mentalmente en forma. Aun ahora, suelo estar en la cama a las diez. Cuando era joven, no me acostaba tarde, porque no podía hacer negocios de forma adecuada sin haber dormido lo suficiente. Estaba haciendo algo más que quedar igualado, por eso no pensé que hubiera necesidad de privarme de las cosas buenas de la vida. El mercado estaba siempre allí para suministrarlos. Yo estaba adquiriendo la confianza que le llega a un hombre gracias a una actitud desapasionada hacia su propio método de ganarse el pan.

El primer cambio que introduje, en mi juego, fue el asunto del tiempo. No podía esperar a que se produjera lo seguro y sacar, después, de ello un punto o dos como podía hacer en las bucket shops. Tenía que empezar mucho más temprano si quería coger el ritmo en la oficina de Fullerton. En otras palabras, tenía que estudiar lo que iba a ocurrir; anticipar los movimientos de las acciones. Esto suena estúpidamente trivial, pero ya saben a lo que me refiero. Era el cambio en mi propia actitud hacia el juego lo que tenía para mí una importancia suprema. Me enseñó, paso a paso, la diferencia esencial entre apostar en fluctuaciones y anticipar avances y descensos inevitables, entre jugar y especular.

Tenía que retroceder en más de una hora en mis estudios del mercado, lo cual no habría aprendido nunca a hacer en la mayor bucket shop del mundo. Me interesé por informes comerciales e ingresos del ferrocarril y por las estadísticas financieras y comerciales. Me gustaba, por supuesto, apostar fuertemente y me llamaban el "chico de las apuestas"; pero también me gustaba bastante estudiar los movimientos. Nunca consideré nada molesto siempre y cuando me ayudara a operar de forma más inteligente. Antes de poder resolver el problema tengo que planteármelo. Cuando creo haber encontrado la solución, debo demostrar que estoy en lo cierto. Sólo conozco una manera de hacerlo, y esa es, con mi propio dinero.

Lentos como puedan parecer mis progresos, supongo que aprendí lo más rápidamente que pude, si tenemos en cuenta que, en conjunto, estaba ganando dinero. Si hubiera perdido con mayor frecuencia, me hubiera incitado a un estudio más continuado. Habría tenido, ciertamente, más errores que detectar. Pero no estoy seguro del valor exacto de perder, porque si hubiera perdido más, me habría faltado el dinero suficiente para probar los desarrollos en mis métodos de operación previamente estudiados.

Al estudiar mis jugadas victoriosas en la oficina de Fullerton descubrí que aunque, con frecuencia, tenía razón en un ciento por ciento de las veces en el mercado, es decir, en mi diagnóstico de las condiciones y la tendencia general, no estaba ganando tanto dinero como mi "exactitud" de mercado me daba derecho a ello. ¿Por qué no sucedía así?

Había más que aprender de una victoria parcial que de una derrota.

Por ejemplo, yo había sido alcista desde el mismo comienzo de un mercado alcista, y había respaldado mi opinión comprando acciones.
Tal como había predicho con claridad, se produjo una subida. Hasta aquí, todo iba muy bien. Pero, ¿qué otra cosa hice? Escuché a los hombres mayores y dominé mi joven impetuosidad. Me hice el propósito de ser prudente y jugar con cuidado, de forma conservadora. Todo el mundo sabía que la manera de hacerlo consistía en tomar beneficios y volver a comprar tus acciones en las reacciones. Y eso es precisamente lo que hice o, más bien, lo que intenté hacer; ya que yo, con frecuencia, tomaba beneficios y esperaba que se produjera una reacción que nunca llegaba. Y yo veía que mi acción subía diez puntos más y yo estaba sentado allí con mi beneficio de cuatro puntos seguro en mi bolsillo conservador. *Dicen que uno nunca se vuelve pobre tomando*

beneficios. No, es cierto. Pero tampoco te haces rico tomando un beneficio de cuatro puntos en un mercado alcista.

Donde debería haber ganado veinte mil dólares, gané dos mil. Eso fue lo que mi conservadurismo hizo por mí. Cuando descubrí el pequeño porcentaje que estaba consiguiendo, en vez de la cantidad que debía ganar, descubrí también algo más, y es que los aprovechados difieren entre ellos de acuerdo con el grado de experiencia.

El principiante no sabe nada, y todo el mundo, incluido él mismo, lo sabe. Pero el que se encuentra en un grado mayor cree que sabe mucho y esto lo comunica también a los otros. Él es el aprovechado con experiencia que ha estudiado, no el mercado mismo sino unas cuantas opiniones sobre el mercado expresadas por un número de aprovechados aún mayor. El aprovechado de segundo grado sabe cómo hacer para no perder su dinero de alguna de las formas que tiene el principiante inexperto. Es el "semiaprovechado," el apoyo real de todo el año en las casas de comisiones. Dura, por término medio, tres años y medio, si se compara con una sola sesión de tres a treinta semanas, que es la vida normal de un infractor de primera en Wall Street. Es, lógicamente, el semiaprovechado que siempre está citando los famosos aforismos de la operación y las diversas reglas del juego. *El conoce todos los "noes" que salen de los labios proféticos de los viejos actores-todos excepto uno, que es: ¡No seas un aprovechado!*

Este semiaprovechado pertenece al tipo de los que piensan que echó la muela del juicio porque le encanta comprar en los descensos. Los espera. Mide sus gangas por el número de puntos que ha liquidado desde el techo. En los grandes mercados alcistas, el simple aprovechado adulterado, ignorante por completo de las reglas y precedentes, compra a ciegas porque espera a ciegas. Saca al dinero el máximo partido, hasta que una de las reacciones sanas se lo quita en una caída súbita. Pero el aprovechado que emplea cuidado hace lo que hice yo cuando creí que estaba jugando de forma inteligente, de acuerdo con la inteligencia de otros. Sabía que debía variar mis métodos de bucket shop y pensaba que estaba resolviendo mi problema con algún cambio, especialmente uno que intentaba valores altos del oro de acuerdo con los operadores experimentados que se encontraban entre los clientes.

La mayoría de ellos -llamémoslos clientes-son parecidos. Se encuentran muy pocos que puedan decir honradamente que Wall Street no les debe dinero. En Fullerton se veía la multitud de siempre. ¡De todos los grados! Había un viejo tipo que no era como los otros. Para empezar, diré que era un hombre mucho mayor. Nunca ofrecía aviso voluntariamente y nunca se jactaba de sus ganancias. Era muy bueno escuchando atentamente a los demás. No parecía ser muy amigo de los pronósticos, es decir, nunca preguntó a los que hablaban lo que escucharon o lo que sabían. Pero cuando alguien le daba uno, se lo agradecía siempre muy cortésmente al pronosticador.

A veces, daba las gracias de nuevo al pronosticador, cuando el pronóstico resultaba ser verdadero. Pero si no era verdadero, él nunca se quejaba, de manera que nadie pudiera decir si él lo seguía o lo dejaba de lado. En la oficina existía la leyenda de que el viejo era rico y tenía influencias. Pero no donaba mucho dinero a la firma a modo de comisiones, al menos nada que nadie puediera ver. Se llamaba Partridge, pero ellos le llamaban Pavo a sus espaldas, porque tenía un pecho muy ancho y la manía de pasearse majestuosamente por todas las habitaciones con la punta de la barbilla en el pecho.

Los clientes que estaban deseando verse forzados a hacer cosas como culpar de sus fracasos a los demás, solían dirigirse al viejo Partridge para decirle lo que un amigo de un amigo les había aconsejado que hiciera con referencia a una determinada acción. Ellos le decían lo que no habían hecho con el pronóstico o confidencia, para que él les dijera qué es lo que tenían que hacer.

El viejo Pavo, inclinaría su cabeza hacia un lado, contemplaría a su cliente con una sonrisa paternal, y finalmente le diría con asombro, "¡Ya sabes, el mercado está al alza!".

Le oí decir una vez y otra, ¡Ya sabes, esto es un mercado al alza! . Como si te estuviera dando un valioso talismán envuelto en un seguro de accidente de un millón de dólares. Y yo, por supuesto, no conseguí saber lo que quería decir.

Un día, un muchacho llamado Elmer Harwood, entró apresuradamente en la oficina, escribió una orden y se la dio al conserje. Después se apresuró hacia el lugar en el que se encontraba Mr. Partridge, escuchando atentamente el relato de John Fanning, sobre cierta ocasión en la que oyó a Keene dar una orden a uno de sus corredores y todo lo que John consiguió fueron tres miserables puntos en cien acciones y, por supuesto, ese mismo valor subió veinticuatro puntos en tres días, justo después de que John lo vendiera. Era, al menos, la cuarta vez que John le contaba la historia de su infortunio, pero el viejo Pavo sonreía comprensivamente como si fuera la primera vez que lo oía. Bien, pues Elmer se dirigió al viejo, y sin disculparse ante John Fanning, le dijo; "Mr. Partridge, acabo de vender mi

"Climax Motors". Mi gente dice que el mercado va a reaccionar y que podré comprarlo de nuevo más barato. Así que lo mejor sería que usted hiciera lo mismo, bueno, si es que todavía lo tiene. "

Elmer miró, sospechosamente, al hombre al que había dado el consejo de compra inicial. El pronosticador aficionado, piensa siempre que posee al receptor de su pronóstico en cuerpo y alma, incluso antes de saber cuál va a ser el resultado de su pronóstico.

"¡Sí, Mr. Harwood, todavía lo tengo! ¡Por supuesto!" dijo el Pavo agradecidamente. Era un buen detalle por parte de Elmer pensar en el viejo.

"Bien, este es el momento de tomar beneficios e introducirse en la siguiente recuperación", dijo Elmer, como si acabara de hacer la papeleta de depósito para el viejo. Como no percibía ningún tipo de agradecimiento entusiasta en la cara del beneficiario, continuó diciendo: "¡Acabo de vender todas y cada una de las participaciones que tenía!"

Por su voz y sus gestos, se podía haber hecho una estimación de unas diez mil participaciones.

¡Pero Mr. Partridge, movió la cabeza negativamente y dijo, "¡No! ¡No! ¡No! ¡No puedo hacer eso!"

"¿Qué?" gritó Elmer.

" ¡Simplemente no puedo!" dijo Mr. Partridge. Se encontraba ante un gran problema.

"¿No le aconsejé que comprara?"

"En efecto, Mr. Harwood, y le estoy muy agradecido, de verdad, señor. Pero..."

"¡Un momento! ¡Déjeme hablar! ¿Y no experimentó ese valor una subida de siete puntos en siete días? ¿Sí o no?

"Sí lo hizo, y le estoy muy agradecido querido muchacho, pero no puedo ni siquiera pensar en vender esos valores. "

"¿No puede?" preguntó Elmer, comenzando a dudar. Es bastante frecuente que los que dan consejos los reciban.

"No, no podría."

"¿Por qué no?", insistió Elmer.

¡Porque éste es un mercado al alza! "El viejo lo dijo como si hubiera dado una larga y detallada explicación.

"De acuerdo", dijo Elmer, con aspecto furioso por la desilusión. "Yo sé que este mercado es alcista tan bien como usted. Pero lo mejor que puede hacer es deshacerse de esos valores y volver a comprarlos en la reacción. Podría perfectamente reducir el coste." "Mi querido muchacho, "dijo el viejo Partridge, con gran desconcierto, "mi querido muchacho, si *vendiera esos valores ahora, perdería mi posición; y ¿dónde me encontraría después?"*

Elmer Harwood elevó sus manos, agito la cabeza y caminó hacia mí en busca de comprensión: "¿Usted lo entiende?" me preguntó en una especia de susurro. "¡Le estoy preguntando!".

No dije nada. Por lo tanto, él continuó: "Le doy un pronóstico sobre Climax Motors. Compra quinientas participaciones. Consigue un beneficio de siete puntos y yo le aconsejo que salga y los vuelva a comprar en la reacción, la reacción sucederá, eso está claro desde ahora. ¿Y qué responde cuando se lo digo? Dice que si lo vende perderá su trabajo. ¿Qué piensas de eso?"

"Perdone Mr. Harwood; yo no dije que perdería mi trabajo", interrumpió el viejo. " Dije que perdería mi posición. Y cuando sea tan viejo como yo, y haya sufrido tanto estampido y pánico como yo, sabrá que la posición es algo que nadie puede permitirse el lujo de perder, ni siquiera John D. Rockefeller. Yo espero que los valores reaccionen y que pueda usted volver a comprar a una concesión sustanciosa. Pero yo sólo puedo operar de acuerdo con la experiencia de los años. Pagué por ella un alto precio y no estoy dispuesto a desperdiciarla. Pero le estoy tan agradecido como si tuviera el dinero en el banco. "Ya sabe, es un mercado alcista". Y se fue, dejando a Elmer totalmente asombrado por la expresión oída.

Lo que el viejo Mr. Partridge dijo no tuvo mucho significado para mí hasta que comencé a pensar en mis numerosos fracasos a la hora de hacer dinero en el mercado, cuando estaba en el lado correcto del mercado en general. Cuanto más estudiaba, más me daba cuenta de lo sabio que era el viejo. Evidentemente, él había sufrido el mismo defecto en su juventud y conocía su debilidad humana. No caería en una tentación que según le había enseñado la experiencia, era difícil de resistir y que había demostrado ser demasiado cara para él, al igual que para mí.

Creo que fue un gran paso en mi educación, el hecho de descubrir, por fin, lo que el viejo quería decir a sus clientes con la frase, "¡Bien, ya sabe, es un mercado alcista!", lo que quería decir es que el gran dinero no estaba en las fluctuaciones individuales, sino en los movimientos principales, o sea, no en la lectura de la cinta, sino en el tamaño de todo el mercado y de su tendencia.

Y ahora, déjenme decir una cosa: Después de pasar muchos años en Wall Street y después de ganar y perder millones de dólares quiero decirles esto: *Nunca fue mi pensamiento lo que hizo que consiguiera mucho dinero. Era siempre mi asentamiento. ¿Lo han cogido?¡Sentarse! No hay ningún truco en el hecho de encontrarse bien situado en el mercado. Hay siempre muchas alzas tempranas en los mercados al alza y muchas bajas tempranas en los mercados a la baja.* He conocido muchos hombres que estaban en el lugar adecuado y en el momento adecuado, y comenzaban a comprar o a vender valores en el nivel exacto de máximo beneficio. Y sus experiencias eran exactamente iguales que las mías, o sea, no consiguieron ningún beneficio importante. Los hombres que estén en la situación adecuada, y que sean capaces de sentarse, son muy escasos. Creo que es una de las cosas más difíciles de aprender. Pero un operador solo puede hacer dinero, si es plenamente consciente de esto. Es literalmente cierto que los millones vienen con más facilidad cuando el operador sabe cómo operar, que en los días de ignorancia. La razón es que un hombre puede ver las cosas claras y directas y a pesar de ello tener dudas y volverse impaciente *cuando el mercado tarda en hacer lo que él piensa que debe hacer.* Esa es la razón por la que muchos hombres de Wall Street, que no son en absoluto tontos, ni siquiera de tercer grado, siguen perdiendo dinero. No los derrota el mercado. Se derrotan ellos mismos, porque a pesar de que tienen inteligencia, *no se saben sentar.* El viejo pavo tenía mucha razón cuando hacía lo que hacía. No sólo tenía el coraje de sus convicciones, sino paciencia e inteligencia para sentarse.

Dejar de lado la oscilación principal, y tratar de saltar hacia dentro y hacia fuera, me resultó fatal. *Nadie puede registrar todas las fluctuaciones.* En un mercado al alza el juego consiste en comprar y mantener hasta que el mercado al alza esté cerca del fin. Para hacer esto debe estudiar las condiciones generales del mercado sin que las predicciones o los factores especiales afecten a los valores individuales. Después deshágase de todos los valores; ¡deshágase de ellos permanentemente! Espere hasta que vea, o si lo prefiere, hasta que crea ver, el giro del mercado; el comienzo de la vuelta de las condiciones generales. Para hacer esto tiene que utilizar su visión y su cerebro; de otro modo mi consejo sería tan idiota como decirle que compre barato y venda más caro. *Una de las cosas más provechosas que uno puede aprender es dejar de intentar alcanzar el último octavo, o el primero. Estas dos son las dos octavas más caras del mundo.* Les han costado a los operadores de acciones millones suficientes como para construir una autopista a través del continente.

Otra cosa que comencé a notar cuando estudiaba mis planes en la oficina de Fullerton, tras empezar a operar más inteligentemente, fue que mis operaciones iniciales casi nunca me mostraban una pérdida. Naturalmente, esto me decidió a comenzar a lo grande. Me dio confianza en mi propio juicio antes de permitir que éste se viciara por los consejos de los demás o por mi propia impaciencia. En este juego, nadie llega muy lejos si no tiene confianza en su propio criterio. Esto es todo lo que he aprendido, para estudiar las condiciones generales, *tomar una posición y aferrar me a ella. Sé esperar sin impacientarme. Puedo enfrentarme con tranquilidad a un contratiempo, sabiendo que es solo temporal.* He estado a corto con cien mil participaciones y he visto que se acercaba una gran recuperación. Pensé, y pensé correctamente, que tal recuperación era inevitable, y que, de forma global, representaría una diferencia de un millón de dólares en mi hoja de beneficios. Y, sin embargo, me he mantenido firme y he visto evaporarse la mitad de los beneficios, sin tener nunca en consideración el consejo de cubrir los cortos para volver a sacarlos en la recuperación. Sabía que si lo hacía podía perder mi posición y con ello la certeza de un gran beneficio.

Si aprendí esto tan despacio, es porque aprendí de mis errores *y, generalmente, transcurre algún tiempo desde que cometes un error hasta que te das cuenta de ello,* y todavía más tiempo desde que te das cuenta de ello hasta que eres capaz de determinarlo. Pero al mismo tiempo lo estaba haciendo muy a gusto y era muy joven, así que lo hacía de otro modo. La mayoría de mis ganancias eran todavía el resultado de la lectura de la cinta, porque los tipos de mercado que se estaban produciendo se prestaban muy bien a mi método. Además, tampoco estaba perdiendo tan a menudo, y de modo tan irritante, como al comienzo de mis experiencias en Nueva York. El hecho de estar en la ruina tres veces en menos de dos años, no era nada de lo que estar orgulloso. Y como ya dije, el hecho de estar en la ruina es una agencia de educación muy eficiente.

No incrementaba mi capital muy rápidamente, porque siempre vivía al día. No me privaba de las muchas cosas que quería un chico de mi edad y de mis gustos. Tenía mi propio automóvil, y no le veía ningún sentido a vivir peor cuando lo estaba sacando todo del mercado. El *ticker* sólo paraba los domingos y los días de fiesta, que es como debía ser. Cada vez que hallaba la razón de una pérdida o el cómo o porqué de otro error, añadía otro nuevo *¡No!* a mi lista de bienes, y el mejor modo de capitalizar mi creciente activo era no cortando mis gastos. Por supuesto, tuve algunas experiencias agradables y otras que no lo fueron tanto, pero si las contara todas detalladamente no terminaría nunca. De hecho, los únicos incidentes que recuerdo, sin un esfuerzo especial, son los que me enseñaron algo de un valor definido en la operación; algo que añadir a mi almacén de conocimientos del juego, ¡y de mí mismo!.

VI

En la primavera de 1906 estuve en Atlantic City pasando unas cortas vacaciones. Dejé de lado las acciones y pensaba tan solo en tener un cambio de aires y un buen descanso. De paso, había vuelto de nuevo a mis antiguos corredores, Harding Brothers, y mi cuenta se había vuelto bastante activa. Podía oscilar entre tres mil o cuatro mil participaciones. No era mucho más de lo que había hecho en la vieja Cosmopolitan shop cuando apenas tenía veinte años de edad. Pero había alguna diferencia entre el margen de garantía de un punto de la bucket shop y el margen requerido por los corredores que compraban o vendían valores por mi cuenta en la Bolsa de Nueva York.

Quizá recuerde la historia que conté acerca de aquella vez que estaba a corto en tres mil quinientas Sugar en la Cosmopolitan y tuve el presentimiento de que algo iba mal, y por lo tanto lo mejor era cerrar la operación. Bien, pues he tenido muy a menudo ese curioso presentimiento. Como norma, me dejo llevar por él. Pero a veces he desechado la idea y me he dicho a mí mismo que era simplemente estúpido seguir esos ciegos impulsos repentinos de invertir mi posición. He achacado este presentimiento a un estado de nervios resultante de un elevado número de cigarrillos, o de falta de sueño, o de problemas renales o algo parecido. Siempre que me he convencido de pasar por alto este impulso y me he mantenido firme, me he arrepentido de ello. Me ha pasado docenas de veces, el caso de no vender siguiendo el impulso, al día siguiente bajaba a la ciudad, me dirigía a la Bolsa y observaba que el mercado era fuerte,

o incluso estaba avanzando, y entonces me decía lo tonto que hubiera sido hacer caso a aquel impulso ciego. Pero al día siguiente, se producía una caída repentina. Se había aflojado algo en algún lado y yo habría hecho dinero de no ser tan lógico y agudo. La razón no era fisiológica, sino psicológica.

Tan solo contaré uno de estos casos, por todo lo que significó para mí. Ocurrió cuando estaba pasando aquellas pequeñas vacaciones en Atlantic City en la primavera de 1906. Tenía conmigo a un amigo que también era cliente de los Harding Brothers. Yo, de alguna manera, no tenía interés en el mercado, tan solo estaba tratando de descansar. Siempre puedo dejar la operación por el juego, al menos, por supuesto, que se trate de un mercado excepcionalmente activo en el que tenga fuertes compromisos. Recuerdo que el mercado estaba al alza. El aspecto general era favorable para los negocios y el mercado de valores había descendido un poco, pero el tono era firme y todos los indicadores señalaban la subida de precios.

Una mañana después de tomar el desayuno, terminar de leer todos los periódicos matutinos de Nueva York y cansarnos de mirar como las gaviotas cogían almejas, volaban con ellas hasta una altura de veinte pies y las dejaban caer en la arena húmeda para abrirlas y tomarlas como desayuno, mi amigo y yo fuimos a dar un paseo. Eso era lo más excitante que hacíamos durante el día.

Todavía no era mediodía, y nosotros paseábamos tranquilamente para pasar el tiempo y respirar el aire salado. Harding Brothers tenía una sucursal en Boardwalk y nosotros solíamos entrar cada mañana y ver cómo se había abierto el mercado. Era más la fuerza de la costumbre que ninguna otra cosa.

Encontramos que el mercado era fuerte y activo. Mi amigo que estaba posicionado al alza, llevaba una línea de compra bastante moderada varios puntos por debajo. Comenzó a decirme que era una postura muy sabia mantener los valores hasta que los precios fueran mucho más altos. No le estaba prestando mucha atención, así que ni me molesté en darle la razón. Yo estaba mirando el tablero de cotizaciones, observando los cambios, casi todos eran avances, hasta que llegué a Unión Pacific. Tuve el presentimiento de que tenía que venderlo. No pude decirle más. Solo sentí que debía venderlo. Me preguntaba a mí mismo porqué me sentía así, y no pude hallar ninguna razón para ir a corto en UP.

Observé el último precio del tablero hasta que no pude ver ya más cifras, ni tablero, ni nada. Lo único que sabía es que quería vender Unión Pacific y no podía descubrir porqué.

Debía tener un aspecto extraño, porque mi amigo, que estaba de pie a mi lado, me dio con el codo de repente y preguntó, "Hey, ¿qué pasa?"

"No lo sé", respondí.

"¿Te estás quedando dormido?", dijo.

"No", dije. "No me estoy quedando dormido. Lo que voy a hacer es vender esos valores." Siempre he hecho dinero dejándome llevar por mis presentimientos. Me dirigí hacia una mesa en la que había varias órdenes en blanco. Mi amigo me siguió. Escribí una orden para vender mil acciones de Unión Pacific en el mercado y se lo di al manager. Sonreía mientras yo lo escribía y también cuando se lo di. Pero cuando leyó lo que ponía dejó de sonreír y me miró.

"¿Está esto correcto?", me preguntó. Pero yo tan solo le miré y se dirigió apresuradamente hacia el operador.

"¿Qué estás haciendo?", preguntó mi amigo.

"¡Lo estoy vendiendo!", le dije.

"¿Vendiendo el qué?" me gritó. Si él estaba al alza, ¿cómo iba yo a estar a la baja? Algo iba mal.

"Mil acciones de UP", dije.

"¿Por qué?" me preguntó muy excitado.

Agité la cabeza, queriendo decir que no había ninguna razón. Pero él debió pensar que tenía algún tipo de pronóstico, porque me tomó del brazo y me llevó al hall, en donde ninguno de los otros clientes podía vernos ni oírnos.

"¿Qué has oído?", me preguntó.

Estaba bastante excitado. U.P. era uno de sus "cachorrillos" y estaba al alza con ellos por sus ganancias y sus perspectivas. Pero estaba dispuesto a tomar un pronóstico bajista.

"¡Nada!", dije.

"¿Seguro? Estaba bastante escéptico y lo mostraba claramente.

"No he oído nada"

"Entonces, ¿por qué lo vas a vender?"

"No lo sé", le dije. Y eso era toda la verdad.

"¡Oh, vamos Larry!, dijo.

Él sabía que yo siempre acostumbraba a conocer porqué efectuaba cada operación. Había vendido mil participaciones de Unión Pacific. Por lo tanto, debía tener una buena razón para vender tantas acciones con un mercado tan fuerte.

"No lo sé", repetí. "Solo tengo el presentimiento de que va a pasar
algo".

"¿Qué es lo que va a pasar?"

"No lo sé. No puedo darte ninguna razón. Todo lo que sé es que lo quiero vender. Y además voy a vender otros mil más. "Volví a entrar en la oficina y di la orden de vender otras mil acciones". Si tenía razón al vender las mil primeras, debía vender algo más.

"¿Qué es lo que puede pasar?" insistía mi amigo, que no acababa de decidirse a seguir mis pasos. Si le hubiera dicho que había oído que UP iba a bajar, hubiera vendido sin preguntarme porqué o de quién lo había oído. "¿Pero, ¿qué es lo que podría pasar? preguntaba otra vez.

"Podrían pasar un millón de cosas. Pero no puedo prometértelo. No puedo darte ninguna razón ni leer el futuro," le dije.

"Entonces es que estás loco", dijo. "Completamente loco, si es que vas a vender sin ninguna razón. ¿No sabes por qué quieres vender?"

"No sé por qué quiero venderlo. Solo sé que quiero hacerlo," dije. "Simplemente quiero hacerlo". La sensación era tan fuerte que vendí otros mil.

Eso fue ya demasiado para mi amigo. Me agarró del brazo y dijo, "¡Vamos! Salgamos de aquí antes de que vendas todo tu capital y mucho más."

Había vendido todo lo que necesitaba para satisfacer mi presentimiento, por lo tanto, le seguí sin esperar la información de las dos mil últimas acciones. Eran un montón de acciones a vender, aunque hubiera tenido la mejor de las razones.

Era muy arriesgado estar a c rto sin ninguna razón, particularmente cuando el mercado era tan j ᴬrte y no había nada que pudiera hacer pensar en la posibilidad de un mercado a la baja. Pero recordaba que, en anteriores ocasiones, cuar sentía la misma necesidad de vender y no lo hacía, tenía siempre razones para arrepentirme de no haberlo hecho.

Había contado alguna de estas historias a mis amigos, y algunos de ellos me dijeron que no se trataba de un presentimiento, sino de la mente subconsciente, que es la mente creativa, en funcionamiento. Esa es la mente que hace que los artistas hagan cosas sin que sepan por qué. Quizás, en mi caso, se trataba del efecto acumulativo de muchas pequeñas cosas, individualmente insignificantes, pero colectivamente poderosas. Posiblemente, el sentimiento alcista poco inteligente de mi amigo creó en mi un espíritu de contradicción que reflejé en UP, porque estaba muy solicitado. No puedo decir cuáles eran las causas de mis presentimientos. Todo lo que sé es que salía de la sucursal de Harding Brothers en Atlantic City después de vender tres mil participaciones de UP en un mercado al alza, y no estaba preocupado en absoluto.

Quería saber cuál era el precio que habían conseguido para mis dos mil últimas acciones. Por lo tanto, después de comer, me dirigí hacia la oficina. Tuve el placer de ver que el mercado general era fuerte y que Unión Pacific estaba más alta.

"Creo es tu final", dijo mi amigo. Se podía ver que él estaba satisfecho de no haber vendido ninguna.

El día siguiente, el mercado general subió un poco más y yo solo oía alegres comentarios por parte de mi amigo. Pero yo estaba seguro de que había actuado bien al vender UP, y nunca me impaciento cuando sé que tengo razón ¿Para qué? Esa tarde, Unión Pacific dejó de subir, y hacia el final del día comenzó a bajar. Muy pronto descendió hasta un punto por debajo del nivel de la media de mis tres mil acciones. Entonces me sentí más seguro que nunca de que estaba en el lado correcto, y ya que me sentía de ese modo, tenía que vender algunas más, naturalmente. Por lo tanto, ya cerca del cierre, vendí otras dos mil acciones.

Ahí estaba yo, a corto en cinco mil acciones de UP, por un presentimiento. Eso es todo lo que pude vender en la oficina Harding, de acuerdo con el margen de garantía que tenía. Era demasiada venta de acciones, para unas vacaciones; por lo tanto, me olvidé de las vacaciones y volví a Nueva York esa misma noche. No sabía lo que podría pasar, y pensé que lo mejor era estar alerta. De ese modo me podría mover rápidamente si es que llegaba la ocasión.

El día siguiente, llegaron las noticias del terremoto de San Francisco. Fue un desastre. Pero el mercado abrió sólo un par de puntos por debajo. *Las fuerzas alcistas estaban en funcionamiento, y el público nunca es independientemente sensible ante las noticias. Eso se puede ver continuamente. Si existe un sólido fundamento alcista, tanto si lo que los periódicos llaman manipulación alcista está ocurriendo o no, ciertas noticias dejan de tener el efecto que tendrían si la Calle fuera bajista.*

Se trata del sentimiento. En este caso, la Calle no apreció la extensión de la catástrofe porque no lo deseaba. Antes de que finalizara el día los precios volvieron.

Estaba a corto en cinco mil acciones, el golpe había fracasado, pero mis acciones no. Mi presentimiento era de primera categoría, pero mi cuenta en el banco no crecía; ni siquiera en papel. El amigo que estaba en Atlantic City conmigo, cuando me puse a corto, se sentía satisfecho y triste a la vez.

Me dijo: "Era demasiado presentimiento, chico. Pero, dime, cuando el talento y el dinero están en el lado alto, ¿qué razón puede haber para ponerse en contra de ellos? Lo más probable es que ellos ganen."

"Dale tiempo, "dije. Me refiero a los precios. No iba a cubrir, porque sabía que el daño había sido enorme y que la Unión Pacific sería uno de los que más iban a verse perjudicados. *Pero era exasperante ver la ceguera de la calle.*

"Dales tiempo y tu piel acabará con todos los demás pellejos bajistas, secándose al sol," me aseguró.

"¿Qué harías tú?" Le pregunté. "¿Comprar UP, con la fuerza de los millones de dólares en pérdidas que ha sufrido Unión Pacific y otras líneas? ¿De dónde van a salir las ganancias de los dividendos después de que paguen todo lo que han perdido? Lo mejor que puedes decir es que el problema no es tan grave como se pinta. Pero, ¿es esa razón suficiente para comprar las acciones de las carreteras afectadas? Contéstame a eso."

Pero todo lo que mi amigo dijo fue: "Sí, eso suena bien. Pero te lo digo, el mercado no está de acuerdo contigo. La cinta no miente, ¿no?

"No siempre dice la verdad al momento", dije.

"Escucha. Un hombre estaba hablando con Jim Fisk un poco antes del viernes negro, dándole diez buenas razones por las que el oro iba a bajar y mantenerse. Se convenció tanto de sus propias palabras que acabó diciendo a Fisk que iba a vender unos cuantos millones. Y Jim Fisk tan solo le miró y le dijo, "¡Adelante!¡Hazlo! Vende a corto e invítame a tu funeral."

"Sí," dije; "¡y si ese tipo lo hubiera vendido a corto, fíjate en el dinero que habría hecho! Vende algunas acciones UP. "

"¡No, yo no! Soy de los que navegan mejor cuando no reman contra viento y marea."

El día siguiente, cuando llegó toda la información, el mercado comenzó a descender, pero tampoco entonces con la violencia que se esperaba. Sabiendo que nada en este mundo podría evitar la ruptura, doblé y vendí cinco mil acciones. Para entonces ya estaba claro para la mayoría de la gente, y mis corredores estaban dispuestos. No era ninguna falta de precaución por su parte, ni por la mía, no, teniendo en cuente mi modo de medir el mercado. El día siguiente, el mercado comenzó a ir bien. Por supuesto tiré de mi suerte todo lo que pude. Volví a doblar otra vez y vendí diez mil participaciones más. Era el único juego posible.

Yo no pensaba en nada, sólo en que tenía razón. El 100%. Y esta oportunidad me la había mandado el cielo. Sólo dependía de mí aprovecharla. Vendí más. ¿Pensaba acaso que, con tal cantidad de ventas, haría falta algo más que una recuperación para liquidar mis beneficios en papel y posiblemente mi capital? No sé si era eso lo que pensaba o no, pero si lo pensaba, no le daba mucha importancia. No estaba actuando a lo loco. Estaba jugando de forma realmente conservadora. No se podía hacer nada para deshacer lo que había hecho el terremoto, ¿no es así? No se podían restaurar los edificios destruidos en sólo una noche, gratis, por nada. Todo el dinero del mundo no sería de gran ayuda en las próximas horas.

No estaba apostando a ciegas. No era un loco bajista. No estaba borracho de éxito ni pensaba que el hecho de que Frisco casi hubiera desaparecido del mapa haría que todo el país se convertirá en un montón de desechos. ¡Por supuesto que no! no buscaba el pánico. Pues bien, el día siguiente hice un buen barrido. Hice doscientos cincuenta mil dólares. Fueron los mayores beneficios que había conseguido hasta entonces. La Calle no prestó atención al terremoto durante los dos primeros días. Ellos dirán que fue porque al principio no parecía tan alarmante, pero yo creo que fue porque se tardó mucho tiempo en cambiar el punto de vista del público hacia el mercado. Incluso los operadores profesionales, fueron en su mayoría lentos y cortos de vista.

No tengo ninguna explicación que darles. Ni científica ni infantil. Les estoy diciendo lo que hice, y porqué y qué es lo que conseguí. No me importaba mucho el misterio de la premonición, solo me interesaba el hecho de que había conseguido un cuarto de millón. Significaba que ahora podía oscilar en una línea más grande que nunca, si es que llegaba el momento.

Ese verano fui a Saratoga Springs. Se suponía que iba de vacaciones, pero yo seguía vigilando un poco el mercado. Para empezar, no estaba suficientemente cansado como para no preocuparme de ello. Y, además, todas las personas que conocía allí, tenían o habían tenido un interés activo en ello. Naturalmente, hablábamos de ello. Me he dado cuenta de que hay una gran diferencia entre hablar y operar. Algunos de estos muchachos te recuerdan al viejo conserje calvo que habla a su malhumorado empleado como si fuera un perro amarillo, cuando te hablan de ello.

Harding Brothers tenía una sucursal en Saratoga. La mayoría de sus clientes estaban allí. Pero la razón principal, supongo, era la publicidad. Tener una sucursal en un centro de veraneo era una cartelera publicitaria de primera categoría. Yo solía entrar y sentarme por ahí con el resto de la multitud. El manager era un agradable muchacho de la oficina de Nueva York que estaba ahí para dar la mano a los amigos y a los desconocidos y, si era posible, para hacer negocio. Era un lugar maravilloso para los pronósticos, toda clase de pronósticos, carreras de caballos, bolsa, y camareros". El manager de la oficina sabía que yo prestaba atención a los consejos, por lo tanto, no venía a susurrarme confidencialmente lo que acaba de oír en las cotizaciones de la oficina de Nueva York. Simplemente, me daba los telegramas, diciendo, "esto es lo que acaban de mandar" o algo parecido.

Por supuesto, yo vigilaba el mercado. Para mí, mirar el tablero de cotizaciones y leer los signos era un solo proceso. Mi viejo amigo Unión Pacific, parecía estar subiendo. *El precio era alto, pero la acción actuaba como si se estuviera acumulando.* Los observé un par de días sin operar en él, y cuanto más lo miraba, más me convencía de que estaba siendo comprado por alguien que no era un recogedor, alguien que no solo tenía un gran capital en el banco, sino que además sabía lo que hacía. Una acumulación muy inteligente, pensé.

Tan pronto como estuve seguro de esto, naturalmente, comencé a comprar, a aproximadamente 160. Seguía actuando de la misma manera, y por lo tanto yo seguía comprando, quinientas acciones de un golpe. *Cuanto más compraba yo, más fuerte se hacía, sin ningún esfuerzo, yo me estaba empezando a sentir a gusto,* no había ninguna razón para que esas acciones no subieran más; no con lo que había leído en la cinta.

De repente, el manager se acercó a mí y me dijo que acaban de recibir un mensaje de Nueva York, por supuesto tenían línea directa, preguntando si yo me encontraba en la oficina, y cuando dijeron que sí, llegó otro telegrama que decía: "Manténganlo ahí, díganle que Mr. Hardings quiere hablar con él."

Dije que esperaría, compre quinientas acciones más de UP. No podía imaginarme lo que Harding tenía que decirme. No pensé que sería nada relacionado con los negocios. Mi margen de garantía era más que amplio en relación a lo que estaba comprando. Muy pronto, vino el manager y me dijo que Mr. Harding quería que me pusiera al teléfono.

"Hola, Ed," dije.

Pero él dijo, "¿Qué demonios te pasa? ¿Es que estás loco?

"¿Y tú?", dije.

"¿Qué estás haciendo?", preguntó.

"¿Qué quieres decir?"

"Comprar todas esas acciones."

"¿Por qué, ¿es que no hay margen suficiente?

"No se trata del margen, sino de ser un completo bobo."

"No te entiendo."

"¿Por qué estás comprando tanto Unión Pacific?"

"Está subiendo", dije.

"¡Subiendo, demonios!" es que no sabes que te lo están inflando desde dentro? Eres la marca más fácil. Te lo pasarías mejor perdiéndolo en las carreras de caballos. No dejes que te tomen el pelo."

"Nadie me está tomando el pelo," le dije. "No le he dicho nada a
nadie."

Pero él siguió: "No puedes esperar un milagro cada vez que te da por apostarlo todo en ese valor. Sal mientras todavía tengas oportunidad," dijo. "Es un crimen estar a largo en ese valor a este nivel, cuando **altos obligacionistas** lo están sacando a toneladas."

"La cinta dice que lo están comprando," insistí.

"Larry, me puse enfermo del corazón cuando empezaron a llegar tus órdenes. Por amor de Dios, no seas tonto. ¡Sal! Ahora mismo. Esto se va a quebrar en cualquier minuto. Yo he cumplido con mi deber. ¡Adiós!" y colgó.

Ed Harding era un muchacho muy inteligente, muy bien informado y un verdadero amigo, desinteresado y bondadoso. Y, lo que, es más, yo sabía que él estaba en situación de oír cosas. Todo lo que yo tenía, al comprar UP, eran mis años de estudios del comportamiento de los valores y mi percepción de ciertos síntomas que tal y como me había enseñado la experiencia, acompañaban siempre a una subida substancial. *Yo no sé lo que me ocurrió, pero supongo que debí llegar a la conclusión de que el valor estaba siendo absorbido, simplemente por una manipulación inteligente desde dentro hacía que la cinta dijera una historia que no era cierta.* Posiblemente, me dejó impresionado por el esfuerzo que hizo Ed Harding para evitar que hiciera lo que él pensaba que sería un error colosal. No se podía poner en cuestión ni su inteligencia ni sus motivos. No puedo decir qué es lo que me hizo seguir su consejo, pero lo hice.

Vendí todas mis acciones de Unión Pacific. *Por supuesto, si no era inteligente estar a largo, tampoco era nada inteligente no estar a corto. Por lo tanto, después de deshacerme de todas las acciones a largo vendí cuatro mil acciones a corto. Lo puse alrededor de 162.*

El día siguiente, los directores de la Unión Pacific Company declararon un dividendo del 10% en el valor. Al principio, en Wall Street nadie se lo creía. Era la maniobra desesperada del jugador arrinconado. Todos los periódicos se abalanzaron a los directores. Pero mientras los talentos de Wall Street vacilaban a la hora de actuar, el mercado rebosaba. Unión Pacific iba por delante, y alcanzó un nuevo record de precios en grandes transacciones. Algunos de los operadores hicieron fortunas en una hora y recuerdo haber oído más tarde el caso de algún ingenioso especialista que cometió un error y puso trescientos cincuenta mil dólares en sus bolsillos. Vendió su sitio la semana siguiente, y se convirtió en un caballeroso granjero el mes siguiente.

Por supuesto, en el momento en que oí las noticias de la declaración sin precedentes del 10% de dividendo, comprendí que recibía lo que me merecía por no prestar atención a la voz de la experiencia y escuchar la voz de un pronosticador. *Había dejado de lado mis propias convicciones, por las sospechas de un amigo, simplemente porque él era desinteresado y como norma, solía saber lo que hacía.*

Tan pronto como vi que Unión Pacific estaba alcanzando nuevos records, me dije, "Éste no es un buen valor para estar a corto."

Todo lo que tenía en el mundo, lo tenía colocado como margen en la oficina de Harding. No estaba ni contento ni enfadado por el conocimiento del hecho. Lo que era obvio es que yo había visto la cinta con gran precisión y exactitud y que había sido un tonto al dejar que Ed Harding me disuadiera de mi resolución. Ya de nada servían las recriminaciones, porque no tenía tiempo que perder y, además, lo que está hecho, hecho está. Por lo tanto, di la orden de cancelar los cortos. La acción estaba alrededor de 165 cuando envié la orden de comprar las cuatro mil UP en el mercado. Tenía una pérdida de tres puntos. Mis corredores pagaron 172 y 174 por algunas antes de que se acabaran. Cuando recibí la información, de la amable e intencionada interferencia de Ed Harding me costó cuarenta mil dólares. *¡Un precio que tiene que pagar un hombre por no tener el coraje de sus convicciones! Era una lección barata.*

No estaba preocupado, porque la cinta mostraba precios todavía mayores. Era un movimiento inusual y no había ningún tipo de precedentes en cuanto a la actuación de los directores, pero esta vez hice lo que pensaba que debía hacer. Tan pronto como entregué la primera orden de compra de cuatro mil acciones para cubrir mis cortos, decidí beneficiarme de lo que indicaba la cinta y por lo tanto seguí adelante. Compré cuatro mil acciones y las mantuve hasta la mañana siguiente. Después salí. No solo recuperé los cuarenta mil dólares que había perdido, sino que obtuve quince mil más. Si Ed Harding no hubiera tratado de salvar mi dinero, me habría forrado. Pero me hizo un gran favor, porque creo firmemente que fue la lección de este episodio lo que *completó* mi educación como operador.

No todo lo que necesitaba era aprender a no aceptar consejos y seguir mis propias inclinaciones. *Se trata de que gané confianza en mí mismo y fui capaz de desechar el viejo método de operación.* Esta experiencia de Saratoga, fue mi última operación fortuita. A partir de entonces empecé a pensar en las condiciones básicas en vez de en los valores concretos. Me estimulé a alcanzar un grado más alto en la dura escuela de la especulación. Era un paso largo y difícil.

VII

Nunca vacilo cuando tengo que decir a un hombre si soy alcista o bajista. Pero nunca digo a nadie que compre o venda un determinado valor. En un mercado a la baja todos los valores bajan y en un mercado al alza, suben. Por supuesto, no quiero decir que, en un mercado a la baja, causado por una guerra, las acciones de municiones no suban. Hablo en un sentido general. Pero el hombre medio no desea que le digan si el mercado es alcista o bajista. Lo que desea es que le digan, de forma específica, qué determinado valor debe comprar o vender. Quiere algo por nada. No desea trabajar. Ni siquiera desea pensar. Ya es demasiado trabajo tener que contar el dinero que recoge del suelo.

Bien, yo no era tan vago, pero encontraba más fácil pensar en las acciones concretas que en el mercado en general y por lo tanto prefería también pensar en las fluctuaciones individuales que en los movimientos generales. *Tenía que cambiar y lo hice.*

Parece que la gente no acaba de comprender los fundamentos de la operación de valores. He dicho, a menudo, que comprar en mercado ascendente es el modo más cómodo de comprar valores. Ahora, no se trata de comprar lo más barato posible o de ir a corto en los precios superiores, sino de comprar o vender en el momento adecuado. Cuando soy bajista y vendo un valor, cada venta debe tener un nivel inferior a la venta previa. Cuando compro, debe ocurrir lo contrario. Debo estar en una escala ascendente. No compro valores a largo en una escala descendente, ni compro en una escala ascendente.

Vamos a suponer, por ejemplo, que voy a comprar algunas acciones. Compraré dos mil acciones a 110. Si la acción sube hasta 111, después de que yo la haya comprado, estoy, al menos temporalmente, haciendo la operación adecuada, está un punto por encima; por lo tanto, muestra un beneficio. Bien, ya que estoy haciendo la operación adecuada, voy y compro otras dos mil acciones. Si el mercado es todavía alcista compro un tercer lote de dos mil acciones. Digamos que el precio sube hasta 114. Creo que es suficiente. Ahora tengo ya una base de trabajo a partir de la cual trabajar. Estoy a largo con seis mil acciones a una media de 111 3/4 y la acción se está vendiendo a 114. No compraré ninguna más por ahora. Voy a esperar y ver lo que sucede. Me figuro que en algún punto de la subida se producirá una reacción. Voy a ver como se cuida el mercado después de esa reacción. Probablemente reaccionará hasta donde tengo mi tercer lote. Digamos que después de subir vuelve a descender hasta 112 1/4, y después se recupera. Bien, justo en el momento en que vuelve a 113 3/4, envió una orden de compra de cuatro mil, en el mercado por supuesto. Bien, si obtengo esas cuatro mil a 113 3/4 sabré que algo va mal y daré una orden de examen, o sea, venderé mil acciones para ver cómo las toma el mercado. Pero supongamos que de esa orden de compra de cuatro mil acciones que envié cuando el precio era 113 3/4 obtengo dos mil a 114, quinientas a 114 1/2 y el resto a un precio cada vez más alto, hasta pagar por las quinientas últimas acciones 115 1/2. Entonces sabré que tengo razón. Éste es el modo de comprar cuatro mil acciones que me dice si hago bien en comprar esa determinada acción en ese determinado momento, *pero, por supuesto, trabajo partiendo de la base de que he revisado cuidadosamente las condiciones generales del mercado y de que estas son alcistas. Nunca quiero comprar acciones demasiado baratas o con demasiada facilidad.*

Recuerdo una historia que oí acerca de Deacon S. V. White cuando era uno los mayores operadores de Wall Street. Era un gran hombre, inteligente como el que más, y valiente. Hizo algunas cosas maravillosas en sus días, según he oído. En los viejos tiempos, la Sugar era uno de los más continuos proveedores de fuegos artificiales en el mercado. H.O. Havemeyer, presidente de la compañía, estaba en el apogeo de su poder. Deduzco, de todos los comentarios, que H.O. y sus sucesores tenían todas las fuentes monetarias y de inteligencia necesarias para llevar a cabo con éxito cualquier operación con sus propios valores. Me dicen que Havemayer dedicaba más operadores profesionales a ese valor que a ningún otro iniciado en ningún otro valor. Como norma, los operadores de parqué tienden a ir en contra del juego de los iniciados, en vez de ayudarlos.

Un día un hombre que conocía de Deacon White entró aceleradamente en la oficina muy excitado y dijo, "Deacon, me dijiste que, si alguna vez tenía alguna información valiosa, te la comunicara rápidamente, y que si la utilizabas me conseguirías unos cuantos cientos de acciones." Se detuvo a coger aire y a esperar la confirmación.

Deacon le miro de ese modo meditativo tan peculiar en él, y dijo, "No sé si alguna vez te he dicho eso exactamente o no, pero estoy dispuesto a pagar por cualquier información que pueda utilizar."

"Bien, pues yo la tengo."

"Bueno, eso está bien, " dijo Deacon, y el hombre se infló y mansamente dijo, "sí señor. "Entonces se acercó para que nadie más pudiera oír y dijo, "H.O. Havemayer está comprando Sugar."

"¿Sí?" preguntó Deacon con gran calma.

Esto sorprendió al informante, que dijo impresionado: "Sí señor. Comprando todo lo que puede. "

"Querido amigo, ¿está usted seguro?" preguntó el viejo Deacon.

"Deacon, lo sé positivamente. La vieja panda está comprando todo lo que puede. Tiene algo que ver con la tarifa y se va a producir una gran ganancia. Sobrepasará los límites. Y eso significa treinta puntos seguros para empezar."

"¿De verdad lo crees? "y el viejo le miró por encima de sus anteojos de marco plateado que se había puesto para mirar la cinta.

"¿Que si lo creo? no, no lo creo; lo sé. Con toda seguridad. Porque, cuando H. O. Havemayer y sus amigos compran Sugar del modo en que lo están haciendo ahora, no se conforman nunca con menos de cuarenta puntos netos.

No me extrañaría que el mercado se les alejara en cualquier momento y se cerrara antes de que tuvieran sus líneas completas. Ya no hay tanto en las oficinas de corretaje como hace un mes. "

"O sea, que está comprando Sugar, ¿no? "repitió Deacón con aire ausente.

"¿Comprándolo? Se está haciendo con todo y a toda velocidad sin poner el precio."

"¿Sí?" dijo Deacon. Eso fue todo.

Pero eso fue suficiente para acabar de enojar al pronosticador, y dijo, "¡Sí señor! y eso es lo que yo llamo información valiosa. Porque es absolutamente directa." "¿Sí?"

"Sí; y tiene un gran valor. ¿Va a utilizarla?"

"Oh, sí, voy a utilizarla."

"¿Cuándo?" preguntó el informante de forma sospechosa.

"Ahora mismo." Y Deacon gritó:" ¡Frank! "Era el nombre de su más astuto corredor, que estaba en la habitación contigua.

"Sí, señor," dijo Frank.

"Me gustaría que se acercara al tablero y vendiera diez mil acciones de Sugar."

"¿Vender?", gritó el pronosticador. Había tanto sufrimiento en su voz, que Frank, que había salido corriendo, se detuvo en seco.

"Sí, claro", dijo Deacon mansamente.

" ¡Pero le dije que H! O: ¡Havemayer estaba comprándolo!"

"Ya lo sé mi querido amigo", dijo Deacon; y girándose hacia el corredor dijo; "¡Rápido Frank!"

El corredor salió rápidamente para ejecutar la orden y el pronosticador se puso colorado.

"Vine aquí", dijo furiosamente, "con la mejor información que he tenido en mi vida." Te la traje porque pensé que eras mi amigo, y que eras justo. Esperaba que actuaras sobre ello... "

"Estoy actuando sobre ello, "interrumpió Deacon con voz tranquilizadora.

" ¡Pero yo te dije que H.O. y su panda estaban comprando!"

"Exactamente. Ya te oí."

" ¡Comprando! ¡Comprando! ¡Dije comprando!" gritó el pronosticador.

"¡Sí; comprando! Eso es lo que dijiste", le aseguro Deacon. Estaba de pie al lado del ticker, mirando la cinta.

"Pero tú lo estás vendiendo"

"Sí; diez mil acciones." y Deacon asintió con la cabeza. "Vendiendo, por supuesto."

Dejó de hablar para concentrarse en la cinta y el pronosticador se acercó para ver qué es lo que veía Deacon, porque el viejo era muy astuto. Mientras estaba mirando por encima del hombro de Deacon se acercó un conserje con una hoja, obviamente el informe de Frank. Deacón apenas lo miro de reojo. Ya había visto en la cinta como se había ejecutado su orden.

Esto hizo que le dijera al conserje, "Dígale que venda otras diez de mil de Sugar."

"¡Deacon, le juro que están comprando los valores!"

"¿Se lo dijo Mr. Hayemayer?", preguntó Deacon.

"¡Por supuesto que ro! Él nunca dice nada a nadie. No pestañearía para ayudar a su mejor amigo a ganar un nickel. Pero yo sé que esto es cierto."

"No se excite tanto ¿amigo mío." y Deacon alzó una mano. Estaba mirando a la cinta. El informador dijo agriamente:

"Si hubiera sabido que iba a hacer lo contrario de lo que le decía no hubiera perdido mi tiempo ni el suyo. Pero no me voy a sentir satisfecho cuando cubra esos valores con una terrible pérdida. Lo siento por usted, Deacon. ¡Honestamente! Ahora si me lo permite me voy a algún lado a actuar de acuerdo con la información."

"Estoy actuando de acuerdo con la información. Creo que sé algo acerca del mercado; quizás no tanto como usted y su amigo H.O. Havemayer, pero todavía creo que sé algo. Lo que estoy haciendo es lo que la experiencia dice, que se debe hacer con la información que usted me trae. Después de que un hombre allá estado en Wall Street tanto tiempo como yo, se siente muy agradecido ante cualquiera que sienta pena por él. Esté tranquilo amigo mío."

El hombre miró largamente a Deacon, por cuyo juicio y nervio sentía un gran respeto.

Muy pronto entró de nuevo el conserje y entregó a Deacón un informe, éste lo miró y dip: "Ahora dígales que compren treinta mil de Sugar. ¡Treinta mil!"

El conserje salió aceleradamente y el pronosticador murmuró algo y miró al viejo zorro gris.

"Mi querido amigo " explico Deacon complacientemente, "No dudaba de que me estuviera diciendo la verdad tal como usted la había visto. Pero, aunque hubiera oído al mismo H.O: Havemayer decírselo, habría actuado del mismo nodo. Sólo había un tríodo de saber si alguien estaba comprando del moco que usted decía, y consistía en hacer lo que hice. Las primeras diez mil acciones salieron fácilmente. Pero no era definitivo. Pero las diez mil segundas fueron absorbidas por un mercado que no dejaba de subir. El modo en que fueron compradas esas veinte mil acciones, me demostró que, en realidad, había alguien queriendo comprar todas las acciones que se ofrecían. En este punto, no es muy importante saber quién es esa persona. Por lo tanto, he cubierto los cortos y estoy a largo con diez mil acciones, y creo que hasta ahí su información era válida.

"Y ¿hasta dónde llega la información? preguntó el pronosticados

"Tienes quinientas acciones en esta oficina al precio medio de las diez mil acciones," dijo Deacon. "Buenos días, amigo mío. Tenga calma la próxima vez."

"Dígame Deacon," dijo el pronosticador, "¿será tan amable de vender las mías cuando venda las suyas? Creo que no sé tanto como creía."

Esa es la teoría. *Por eso yo nunca compro las acciones baratas.* Por supuesto, siempre intento operar con eficiencia. Cuando se trata de vender acciones, está claro que nadie puede vender a menos que alguien quiera esos valores.

Si opera a gran escala, tendrá que tener esto en cuenta todo el tiempo. El hombre estudia las condiciones, planea las operaciones cuidadosamente y procede a actuar. Oscila una buena línea y acumula un gran beneficio, en papel. Bien, este hombre no puede vender a su capricho. No se puede esperar que el mercado absorba cincuenta mil acciones de un valor con la misma facilidad que cien. Tendrá que esperar hasta que el mercado esté dispuesto a tomarlo. Este es el momento en el que piensa que está ante el requisito de poder de compra. Cuando llegue esta oportunidad debe medirla. Lo más normal es que haya estado esperando este momento. *Tiene que vender cuando puede, no cuando quiere.* Para saber cuál es el momento adecuado, tiene que observar y examinar. No hay ningún truco en saber cuándo el mercado está dispuesto a absorber lo que se le ofrece. Pero cuando se trata de iniciar un movimiento no es muy inteligente utilizar toda la línea completa, a menos de que se esté completamente convencido de que las condiciones son las idóneas. *Recuerde que los valores no están nunca demasiado altos para empezar a comprar o demasiado bajos para empezar a vender. Pero después de la transacción inicial, no efectué una segunda transacción a menos que la primera le muestre un beneficio. Espere y observe.* Aquí es donde entra la lectura de la cinta, para ayudarle a decidir el momento adecuado para el comienzo. *Depende, en gran medida, de comenzar en el momento exacto y adecuado.* Me costó años llegar a comprender toda la importancia de esto. También me costó algunos cientos de miles de dólares.

No quiero que parezca que estoy intentando aconsejar la piramidación. *Un hombre puede piramidar y hacer una enorme cantidad de dinero que no habría hecho si no hubiera piramidado; por supuesto.* Pero lo que quiero decir es lo siguiente: Suponga que la línea de un hombre es quinientas acciones de un valor. Ya he dicho que no se debería comprar todo a la vez; no si se está especulando. Si lo único que está haciendo es jugar, el único consejo que le doy es que no lo haga.

Suponga que compra las cien primeras, y que rápidamente muestran una pérdida. ¿Para qué iba a comprar más? Debería ver rápidamente que está equivocado; al menos temporalmente.

VIII

El incidente de la Unión Pacific en Saratoga, durante el verano de 1906, hizo que me volviera más independiente y no prestara tanta atención a los pronósticos y a los comentarios, o sea, a las opiniones y sospechas de los demás, dejando de lado todo lo capaces o amistosos que pudieran ser personalmente. Los hechos, y no la vanidad, me demostraron que era capaz de leer la cinta con más precisión que la mayoría de la gente que me rodeaba. También estaba mejor equipado que el cliente medio de Harding Brothers en el sentido de que yo estaba completamente libre de prejuicios especulativos. El lado bajista no me atrae más que el lado alcista, o viceversa. Mi único prejuicio fuerte es estar equivocado.

Incluso cuando era un niño, acostumbraba a obtener mis propias conclusiones de los hechos que observaba. Era el único modo de llegar a conocer el significado. No puedo sacar de los hechos lo que la gente me dice que saque. Se trata de mis hechos. Si creo en algo, puedes estar seguro de que es porque debo creer en ello. Cuando estoy a largo con acciones, es porque la lectura de las condiciones ha hecho que me ponga alcista. Pero puedo encontrar muchas personas, que tienen fama de ser inteligentes, y solo son alcistas porque tienen valores. Yo no permito que mis posesiones, ni mis preposesiones, piensen por mí. Por eso repito, a menudo, que yo nunca discuto con la cinta. Enfadarse cuando el mercado va en contra de uno, de forma inesperada o ilógica, es como enfadarte con los pulmones porque tienes pulmonía.

Gradualmente, me he ido haciendo consciente de la importancia de la lectura de la cinta en la especulación. La insistencia del viejo
Partridge sobre la importancia vital de ser continuamente alcista en un mercado al alza, sin duda, me hizo plantearme la necesidad, por encima de todas las demás cosas, de determinar el tipo de mercado en el que se opera. *Comencé a darme cuenta de que el gran dinero debe estar, necesariamente, en las grandes oscilaciones. Sea lo que sea, lo que dé el impulso inicial a una oscilación grande, el hecho es que su continuación no es el resultado de las manipulaciones a través*

de encuestas o artificios financieros, sino que depende de las condiciones básicas. No importa quien se oponga a ello, la oscilación debe correr inevitablemente tan rápido y tan lejos como pueda hasta donde determinen las fuerzas principales.

Después de lo que sucedió en Saratoga, comencé a ver más claramente, quizás debería decir más maduramente, ya que toda la lista se mueve de acuerdo con la corriente principal, no había tanta necesidad como imaginaba de estudiar los papeles individuales o el comportamiento de un determinado valor. También, comprendí pensando en la oscilación que el hombre no estaba limitado en la operación. Podía comprar o vender toda la lista entera. En ciertos valores, es peligrosa una línea corta después de que un hombre venda más de un determinado porcentaje del capital, la cantidad depende de cómo, dónde y quién mantenga el valor. Pero podría vender un millón de acciones de la lista general, si tuviera el precio, sin peligro de ser estrujado. En los viejos tiempos, los iniciados solían hacer una gran cantidad de dinero periódicamente a partir de los cortos, y tenían un gran temor a los rincones y a los estrujones.

Obviamente, lo que hay que hacer era ser alcista en un mercado al alza y bajista en un mercado a la baja. Suena tonto, ¿no? Pero tuve que ser plenamente consciente de este principio general antes de ver que su puesta en práctica significaba realmente anticipar las probabilidades. Pero para hacerme justicia, debo decir que hasta entonces no había tenido nunca una apuesta suficientemente grande como para especular de ese modo. Una oscilación grande significará mucho dinero, si su línea es grande, y para poder oscilar una línea grande hace falta que tenga un gran balance en su oficina de corretaje.

Siempre tuve, o creí tener, la necesidad de ganarme el pan de todos los días, en el mercado de valores. Interfería con mis esfuerzos de incrementar la apuesta disponible para un método de operación en las oscilaciones más caro de forma inmediata, pero más lento y ventajoso.

Pero no solo creció la confianza en mí mismo, además, mis corredores comenzaron a dejar de pensar en mí como en el esporádicamente afortunado Chico de las apuestas. Habían ganado mucho con mis comisiones, pero ahora yo llevaba camino de ser su cliente estrella y tener un valor más allá del volumen actual de mi operación. *Un cliente que hace dinero es una ventaja para cualquier oficina de corretaje.*

Desde el momento que dejé de sentirme satisfecho con el mero estudio de la cinta, dejé de preocuparme, exclusivamente, por las fluctuaciones diarias de los valores específicos, y cuando ocurrió esto, tuve que estudiar el juego desde un ángulo diferente. Volví a trabajar desde la cotización hasta los primeros principios; desde las fluctuaciones de precio hasta las condiciones básicas.

Por supuesto, había leído la información diaria de forma regular durante algún tiempo. Todos los operadores lo hacen. Pero la mayoría era cotilleo, algunas noticias eran deliberadamente falsas, y el resto era la mera opinión personal de los escritores. Los análisis semanales acreditados que trataban las condiciones subyacentes del mercado no me eran satisfactorios. Como norma, el punto de vista de los editores financieros no era igual al mío. Para ellos no era un tema vital analizar los hechos y sacar conclusiones, pero para mí sí lo era. Además, había también una gran diferencia en nuestro modo de enfocar el elemento tiempo. *Para mí, el análisis de la semana que acababa de pasar era menos importante que la predicción de las semanas siguientes.*

Durante años, había sido la víctima de una infortunada combinación de falta de experiencia, juventud y capital insuficiente. Pero ahora sentía el regocijo de un descubridor. Mi nueva actitud hacia el juego explicaba mis repetidos fracasos al intentar hacer muchos dineros en Nueva York. Pero ahora, con los recursos, experiencia y nivel de confianza adecuados, tenía tanta prisa para probar la nueva llave, que no me di cuenta de que había otro cerrojo en la puerta, *¡un cerrojo de tiempo!* Era un descuido perfectamente natural. Tenía que pagar el conocimiento, un buen golpe por cada paso adelante.

Estudié la situación en 1906 y pensé que la perspectiva del dinero era particularmente seria. Se había destruido gran parte de la riqueza del mundo. Tarde o temprano, todo el mundo sentiría el pellizco, y por lo tanto nadie estaría en situación de ayudar a nadie. Estos tiempos duros no estaban provocados por la pérdida de una casa valorada en diez mil dólares o una carga de caballos de carreras valorados en ocho mil dólares. Era la completa destrucción de una casa a manos del fuego, y la pérdida de casi todos los caballos de carreras a causa de un hundimiento de la autopista. La gran cantidad de dinero que se llevó el humo de los cañones en la guerra de Boer, y los millones que se gastaron para alimentar a los soldados que se encontraban en el sur de África y que no producían, no significó ayuda por parte de los inversionistas británicos como en el pasado. Además, el terremoto e incendio de San Francisco y algunos otros desastres, afectaron a todo el mundo, manufacturas, granjeros, comerciantes, obreros y millonarios. Las autopistas y carreteras se vieron muy afectadas. Me figuro que nada pudo salvarse de la catástrofe. *Ante un caso así, sólo se podía hacer una cosa, vender acciones.!*

Yo, para entonces, había observado ya que mi transacción inicial, después de decidirme sobre la dirección que iba a seguir, me iba a proporcionar un beneficio. Y ahora, cuando decidía vender, ponía todo en juego. Sin duda, estábamos adentrándonos en un mercado bajista genuino, y yo estaba seguro de que iba a hacer el mejor negocio de toda mi carrera.

El mercado bajó. Después volvió a subir. Se transformó gradualmente y después comenzó a avanzar con firmeza. Mis beneficios en papel se desvanecieron y las pérdidas crecieron. Un día, parecía que no iba a quedar ningún trazo bajista para contar el cuento del estrictamente genuino mercado a la baja. *No pude resistir el arpón. Cubrí. Y menos mal que lo hice. Si no lo hubiera hecho no hubiera tenido lo suficiente para comprar una tarjeta postal. Perdí casi toda la piel, pero era mejor estar vivo para luchar otro día.*

Había cometido un error. Pero, ¿dónde?, estaba a la baja en un mercado a la baja. Eso era muy inteligente. Había vendido las acciones a corto. Eso estaba bien. *Las había vendido demasiado pronto. Eso era costoso. Mi posición era la correcta pero el juego erróneo.* Sin embargo, el mercado se acercaba cada vez más al inevitable aplastamiento. Por lo tanto, esperé y cuando la recuperación comenzó a ranquear y a pausarse, me deshice de tantos valores como permitían mis disminuidos márgenes. *Esta vez tenía razón, por un día entero exactamente,* ¡porque al día siguiente se produjo otra recuperación! ¡Otro buen golpe! Por lo tanto, leí la cinta, cubrí y esperé. A su debido tiempo, volví a vender otra vez, y otra vez bajaron de forma prominente para volver a recuperarse. Parecía que el mercado estaba haciendo todo lo posible para hacerme volver a mis viejos y simples métodos de operación de bucket shop. *Era la primera vez que había trabajado con un plan definido de cara al futuro que abarcaba todo el mercado, en vez de uno o dos valores.* Me figuré que, si mantenía, ganaría. Por supuesto, en aquel entonces, no había desarrollado todavía mi sistema de emplazamiento de apuestas, o habría puesto mi línea de cortos en mercado descendente, tal y como expliqué la última vez. No hubiera perdido tanto margen. *Me habría equivocado, pero no me habría hecho daño.* Como puede ver, había observado diversos hechos, pero no había aprendido a coordinarlos. La observación incompleta, no solo no ayudó, sino que además me lo puso mucho más difícil todavía.

Siempre he encontrado beneficioso el estudio de mis errores. Descubrí que estaba muy bien no perder la posición en un mercado a la baja, pero que siempre se debía leer la cinta para determinar el tiempo propicio de puesta en marcha de la operación. Si comienza bien, su posición beneficiosa no se verá amenazada; y entonces no encontrará ningún problema para sentarse y esperar.

Por supuesto, hoy en día, tengo una confianza mucho mayor en la exactitud de mis observaciones, en las que ni las esperanzas ni las aficiones juegan ningún tipo de papel, y tengo también mucha más facilidad para verificar mis acciones y para poner a prueba la validez de mis puntos de vista. Pero en 1906, esa serie de recuperaciones perjudicó gravemente mis márgenes.

Tenía casi veintisiete años. Llevaba doce años en el juego. *Pero la primera vez que operé a causa de una crisis que todavía estaba por venir, descubrí que estaba utilizando un telescopio.* Entre mi primera visión de la nube de tormenta y el momento de sacar partido de la gran ruptura, el estirón fue, evidentemente, tan grande que comencé a pensar si realmente vi, lo que creí haber visto tan claramente. *Habíamos tenido muchos avisos y sensacionales ascensos en las tasas de dinero a la vista.* Pero algunos financieros hablaban todavía esperanzadamente, al menos a los periodistas, y las subsiguientes recuperaciones desmintieron a los catastrofistas. ¿Me había equivocado al estar a la baja? ¿o estaba solo temporalmente equivocado al haber comenzado a vender a la baja demasiado pronto?

Decidí que había comenzado demasiado pronto, pero que no podía evitarlo. Después, el mercado comenzó a liquidar. Esa era mi oportunidad. Vendí todo lo que pude, y después los valores se recuperaron también hasta alcanzar un nivel bastante bueno.

Me quedé limpio

Ahí estaba yo, ¡limpio y reventado!

Desde luego es digno de mención. Lo que ocurrió fue lo siguiente: Miré hacia adelante y vi un montón de dólares. De este montón de dólares colgaba un letrero. En él se leía "Sírvase", con letras enormes. A su lado había una tarjeta que tenía escrito en uno de sus lados "Lawrence Livinston Trucking Corporation". Tenía una nueva excavadora en mis manos. No había ni un alma a la vista, por lo tanto, no tenía ninguna competencia, y era una belleza poder ver la pila de dólares antes que los demás. La gente que podía haberlo visto, si se hubieran detenido a mirar, estaban en esos momentos en los partidos de baloncesto, o andando en moto, o comprando casas que iban a pagar con los mismos dólares que yo había visto.

Era la primera vez que había divisado mucho dinero y, naturalmente, me dirigí hacia él de una escapada. Antes de poder alcanzar la pila de dinero, el viento cambió de dirección, se puso en mi contra, y caí al suelo. La pila de dólares estaba todavía ahí, pero yo había perdido mi excavadora, y el vagón se había ido. ¡Y todo por echar a correr demasiado pronto! Estaba angustiado tratando de demostrarme a mí mismo que había visto dólares de verdad, y no un espejismo. Lo vi, y sé que lo vi. Pero el pensar en la recompensa por mi excelente visión, hizo que no tuviera en consideración la distancia que me separaba de mi pila de dólares. *Debería haber ido caminando, no corriendo.*

Esto es lo que ocurrió. No esperé para determinar si era el momento adecuado para operar en el lado bajista. En la única ocasión en la que debería haber invocado la ayuda de la lectura de la cinta, no lo hice. Así es como aprendí, que incluso *cuando se está en el comienzo de un mercado bajista, es muy aconsejable no vender en masa, hasta que no haya peligro de que se incendie el motor.*

Había operado con muchos miles de acciones en la oficina Harding durante todos esos años y, de un modo u otro, la firma tenía confianza en mí y nuestras relaciones eran de lo más placenteras. Creo que ellos pensaban que yo estaba a punto de colocarme de nuevo en la situación correcta, y que sabían que con mi costumbre de tirar de la suerte lo más posible, lo único que verdaderamente necesitaba era un comienzo, para poder recobrar todo y más de lo que había perdido. Habían hecho mucho dinero gracias a mis operaciones, y haría todavía más. Por lo tanto, no había ningún problema a la hora de seguir haciendo ahí mis operaciones, siempre que mi crédito se mantuviera a una cierta altura.

Toda la serie de golpes que había recibido, hizo que me volviera más agresivo; o quizás debería decir menos cuidadoso, porque sabía que me encontraba mucho más cerca del aplastamiento. Todo lo que podía hacer era esperar vigilante, tal y como debería haber hecho antes de arriesgarlo todo. No se trataba de vigilar el establo después de que robaran el caballo. Solo se trataba de estar seguro la próxima vez que lo intentara. *Si el hombre no cometiera errores, poseería el mundo en un mes. Pero si no aprendiera de ellos no obtendría absolutamente nada.*

Pues bien, una buena mañana, bajé a la ciudad sintiéndome seguro otra vez. Esta vez no había ninguna duda. Había leído un anuncio en las páginas financieras de todos los periódicos, se trataba del cartel al que no tuve la inteligencia de esperar antes de arriesgarlo todo. Era el anuncio de un nuevo valor emitido por Northern Pacific y Great Northern Roads. Para conveniencia de los subscriptores, el pago se haría a plazos. Esto era algo nuevo en Wall Street. Y me dejó muy sorprendido.

Durante los años de mercado a la baja, en Great Nortern, que habían transcurrido hasta entonces, había leído el anuncio de que se iba a cortar un nuevo melón, este melón consistía en el derecho de los suscriptores afortunados de suscribir un nuevo valor de Great Northern. Estos derechos tenían valor, ya que el precio del mercado estaba siempre por encima del par. Pero ahora el *dinero del mercado* se encontraba en tal situación que los más poderosos bancos del país no estaban muy seguros de que los suscriptores pudieran pagar en metálico el chollo. ¡Y el valor preferido de Great Northern se estaba vendiendo a 330!

¡Tan pronto como llegué a la oficina le dije a Ed Harding, "éste es el momento adecuado para vender! "Éste es el momento en el que debería haber comenzado. ¿Quieres mirar el anuncio?
"

Él ya lo había visto. Señalé lo que, en mi opinión, significaba la opinión de los banqueros, pero no pudo ver de forma clara la gran ruptura que teníamos justo encima. Pensó que era mejor esperar antes de sacar una gran línea a corto, por el hecho de que los mercados tienden a sufrir
grandes recuperaciones. Si espero, puede que los precios sean más bajos, pero la operación será más segura.

"Ed," le dije, " cuanto más tarde en empezar, más brusca será la ruptura cuando empiece. Este anuncio es una confesión firmada por parte de los banqueros. Lo que ellos temen es lo que yo espero. Esta es la señal que nos dice que nos hemos de montar en el vagón bajista. Esto es todo lo que necesitamos. Si tuviera diez millones de dólares, invertiría hasta el último céntimo aquí, en este mismo momento.

Seguimos discutiendo y charlando. Él no estaba satisfecho con las deducciones que se pudieran sacar de un anuncio. Para mí era sufriente, pero no para la mayor parte de las personas que se encontraban en la oficina. Vendí un poco; demasiado poco.

Unos cuantos días más tarde, St. Paul anunció otro valor, no recuerdo si eran acciones o letras, lo he olvidado. Pero no importa. Lo que importa, es que en el mismo momento en que lo leí, me di cuenta de que la fecha de pago era anterior a la que había establecido Great Northern y Northern Pacific, a pesar de que esta última, había anunciado la emisión con anterioridad. Era obvio, tan obvio como si hubieran utilizado un megáfono, que St. Paul estaba queriendo vencer a las otras dos firmas, con el poco dinero que flotaba en Wall Street. Los banqueros de St. Paul temían que no hubiera suficiente para los tres, y no estaban dispuestos a decir caballerosamente," Usted primero, ¡querido Alphon- se!". Si lo que escaseaba era el dinero, y los banqueros lo sabían. ¿Qué sería más tarde? Las dos firmas de carreteras lo necesitaban desesperadamente. No estaba ahí. ¿Cuál era la respuesta?

¡Venderlos, por supuesto! El público, que tenía los ojos puestos en la bolsa, vio muy poco esa semana. Los operadores avispados vieron mucho, ese año. Esa era la diferencia.

Para mi éste era el final de la duda y del recelo. Me decidí a mantenerme ahí y entonces. Esa misma mañana, comencé lo que sería mi primera campaña en las líneas. Comuniqué a Harding mi opinión y mi posición, y él no hizo ninguna objeción a mi venta de Great Northern a 330, y de otros valores a precios altos. Me beneficié de mis errores anteriores y vendí más inteligentemente.

Mi reputación y mi crédito se restablecieron rápidamente. Eso es lo bueno de estar en buena situación en una oficina de corretaje, tanto si es por accidente como si no. Pero esta vez estaba en lo cierto, sin lugar
a dudas, no debido a una premonición, ni a una hábil lectura de la cinta, sino como resultado del análisis de las condiciones que afectaban al mercado en general. No estaba jugando a las adivinanzas. Estaba anticipando lo que era inevitable. No hacía falta demasiada valentía para vender acciones. Lo único que ocurría es que yo no veía nada más que precios cada vez más

bajos, y tenía que actuar en consecuencia, ¿o no? ¿Qué otra cosa podía hacer?

Toda la lista al completo era de lo más blanda y sensible. En ese momento, se estaba produciendo una recuperación y la gente venía a avisarme de que se había llegado al final del descenso. Los grandes operadores, conociendo que el interés a corto era enorme, habían decidido estrujar el mercado, y seguir adelante. Nos situaría, ante una postura pesimista, unos cuantos millones. Y estaba claro que los grandes operadores no tenían compasión. Yo solía dar las gracias a estos amables consejeros, de otro modo habrían pensado que no me sentía agradecido por sus consejos.

El amigo que había estado en Atlantic City conmigo, se encontraba agonizando. Ahora podía entender la premonición que siguió al terremoto. No podía dejar de creer en tales agencias, ya que había un cuarto de millón de dólares, por obedecer inteligentemente, mi ciego impulso de vender Unión Pacific. Dijo incluso, que la providencia estaba funcionando en su misterioso modo para hacer vender acciones cuando él estaba al alza. Y ahora, hasta podía entender mi segunda operación de UP en Saratoga, porque podía entender cualquier operación relacionada con un valor, en la que la predicción fijara, de modo definitivo, un movimiento hacia arriba o hacia abajo. Pero esto de predecir que todos los valores estuvieran a punto de bajar, le exasperaba. ¿De qué se trataba? ¿Cómo demonios podía uno decir qué es lo que había que hacer?

Recordé la frase favorita del viejo Partridge, "Bien, ya sabes que el mercado es alcista", como si este pronóstico fuera suficiente para cualquiera que fuese mínimamente astuto; y en verdad lo era. Era muy curioso, que después de sufrir tremendas pérdidas por una ruptura de quince o veinte puntos, la gente que esperaba, diera la bienvenida a una recuperación de tres puntos y estuviera segura de que se había alcanzado el suelo y había dado comienzo la recuperación completa.

Un día mi amigo se me acercó, y me preguntó, "¿te has puesto a cubierto?"

"¿Y por qué iba a hacerlo? Dije.

"Por la mejor razón del mundo".

"¿Qué razón es ésa?"

"Para hacer dinero. Han tocado suelo y lo que baja sube ¿O no?

"Sí," contesté. "Primero tocan suelo. Después suben; pero no inmediatamente. Se han de mantener inmóviles un par de días. Todavía no es momento de que suban a la superficie. No están suficientemente inmóviles todavía."

Me oyó decir esto uno de esos viejos operadores, a los que todo les recuerda algo. Dijo que William R. Travers, que estaba a la baja, se encontró una vez con un amigo que estaba al alza. Intercambiaron sus puntos de vista sobre el mercado y el amigo dijo, "Mr. Travers, ¿cómo puede estar usted a la baja cuando el mercado está tan rígido?" y Travers contestó, "¡Sí!, ¡La rrri-ggidezz de la mmueeeerteee!". Fue Travers quién fue a la oficina de la compañía y pidió permiso para ver los libros. El conserje le preguntó, "¿Tiene usted algún interés en esta Compañía? y Travers contestó, "¡Creeo que teeengo que deciiir que sííí! ¡Estoy a cooorto por v-veinte mil accioones de este valooor!"

Bien, las recuperaciones se hicieron cada vez más débiles. Estaba tirando de la suerte todo lo que podía. Cada vez que vendía unos cuantos cientos de dólares de Great Northern a un precio limitado, el precio se rompía por varios puntos. Tanteé los puntos débiles y los utilicé en su contra. Todos protestaron, con una asombrosa excepción; Reading.

Mientras todo hacía que el tobogán resbalara, Reading se mantenía tan erguido como el Peñón de Gibraltar. Todo el mundo decía que el valor estaba arrinconado. Y desde luego actuaba como si lo estuviera. Me decían que vender Reading a corto era un claro suicidio. Había gente en la oficina que se encontraba ahora tan a la baja como yo. Pero cuando alguien hacia algún comentario acerca de vender Reading, pedían ayuda. Yo mismo había vendido algo a corto y me mantenía firme ante ello. Pero naturalmente, al mismo tiempo prefería buscar y luchar contra los puntos más débiles, en vez de luchar contra las especies más fuertemente protegidas. La lectura de la cinta, me dijo que era más fácil hacer dinero con otros valores.

Oí muchas cosas acerca del consorcio alcista de Reading. Era un consorcio bastante fuerte. Para empezar, tenían muchos valores a bajo precio, por lo tanto, su media estaba por debajo del nivel reinante, según los amigos que me hablaron de ello. Además, los principales miembros del consorcio tenían una relación de lo más cercana y amistosa con los bancos, cuyo dinero estaban utilizando para sacar adelante los grandes "holdings" de Reading. Mientras los precios se mantuvieron altos la amistad de los banqueros fue firme y resuelta. El beneficio en papel de un miembro del consorcio estaba por encima de los tres millones. Esto permitía que se produjeran descensos sin causar ninguna fatalidad. No es de extrañar que las acciones se mantuvieran altas y desafiaran a los bajistas. Cada poco tiempo, los operadores del parqué miraban el precio, se relamían y comenzaban a ponerlo a prueba con mil o dos mil acciones. No pudieron hacer que cayera, por lo tanto, se pusieron a cubierto y se fueron a buscar dinero fácil a algún otro lado. Cada vez que lo miraba, vendía un poco más, solo lo suficiente como para convencerme de que estaba en lo cierto en relación con mis nuevos principios de operación, y no estaba jugando a mi juego favorito.

En los viejos tiempos, la fuerza de Reading podría haberme vuelto loco. La cinta seguía diciendo, "¡Déjalo!". Pero mi razón me decía algo diferente. Estaba anticipándome a una ruptura general, y consorcio o no consorcio, no iba haber excepciones.

He jugado siempre una sola mano. Eso es lo que hacía en los bucket shops, y eso es lo que seguía haciendo. Así es como funciona mi mente. Tengo que tener mi propia visión y mis propios pensamientos. Pero puedo decir que después de que el mercado comenzara a moverse en mi dirección, sentí por primera vez en mi vida, que tenía aliados, los más fuertes y leales del mundo: las condiciones fundamentales. Me estaban ayudando todo lo que podían. Quizás fueron un poco lentas a veces cuando se trataba de arrojar las reservas, pero eran serias y formales, si yo no me volvía muy impaciente. No estaba enfrentando mi habilidad para leer la cinta ni mis presentimientos en contra de la suerte. La inexorable lógica de los acontecimientos me estaba dando dinero.

Todo consistía en estar en lo cierto; saberlo y actuar de acuerdo con ello. Las condiciones generales, mis fieles aliadas, decían "¡Abajo! "y Reading pasaba por alto la orden. Era un insulto para nosotros. Comenzó a no gustarme que Reading se mantuviera firme, como si todo estuviera sereno. Debía ser la mejor venta a corto de toda la lista, porque no había bajado y el consorcio estaba sosteniendo un montón de valores que no sería capaz de sostener cuando la estrechez económica se hiciera más pronunciada. Algún día los amigos de los banqueros dejarían de sacar provecho de ello. El valor debe ir con los demás. Si Reading no descendía, mi teoría estaría equivocada; estaba equivocado; los hechos estaban equivocados; la lógica estaba equivocada.

Me figuré que el precio se mantenía porque Wall Street tenía miedo de venderlo. Por lo tanto, un día di a dos corredores, dos órdenes (a cada uno) de que vendieran cuatro mil acciones, al mismo tiempo.

Debería haber visto aquel valor arrinconado, con el que ponerse a corto sería como cometer un suicidio, dar un salto de trampolín hacia adelante cuando aparecieron mis órdenes. Solté algunos miles más. El precio estaba en 111 cuando comencé a vender. En pocos minutos toda mi línea estaba en 92.

Después de esto, tuve una buena temporada, y en *febrero de 1907 obtuve ganancias*. Great Northern había bajado sesenta o setenta puntos, y otros valores en la misma proporción. *Había conseguido un buen pellizco, pero la razón por la que tomé las ganancias, es que yo me figuraba que el descenso había dejado de lado el futuro inmediato.* Traté de buscar una recuperación, pero no era suficientemente alcista como para que se produjera un giro. No iba a perder mi posición por completo. No era en absoluto recomendable que operara en este tipo de mercado, al menos por algún tiempo. Los primeros diez mil que obtuve en la bucket shop, *los perdí porque operaba durante todas las estaciones del año, todos los días, tanto si las condiciones eran las adecuadas como si no. Y no estaba dispuesto a cometer dos veces el mismo error.* No olvide tampoco, que me había quedado arruinado poco antes, porque había visto la ruptura demasiado pronto y había comenzado a vender antes de tiempo. Ahora, cuando obtenía una gran ganancia, quería sacar partido de ello para poder sentir que había hecho lo que debía. Con anterioridad, las recuperaciones habían sido la causa de mi ruina. Y ahora no iba a dejar que la próxima recuperación me liquidara. En vez de sentarme, me fui a Florida. Me encanta pescar y necesitaba un descanso. Allí podía hacer ambas cosas. Y, además, hay línea directa entre Wall Street y Palm Beach.

IX

Salí en un crucero hacia la costa de Florida. La pesca era buena. Estaba alejado de los valores. Mi mente estaba relajada. Me lo estaba pasando bien. Un día, me encontraba en el mar en un yate, cuando aparecieron varios amigos en una motora. Uno de ellos traía un periódico. Hacía ya varios días que no había visto un periódico, y no sentía ningún deseo de hacerlo. No me interesaba ninguna noticia en especial. Pero eché una fugaz mirada al que había traído mi amigo, y vi que el mercado había experimentado una gran recuperación; más de diez puntos.

Les dije a mis amigos que iba a volver con ellos a la costa. Las recuperaciones moderadas que se producían de vez en cuando eran bastante razonables. Pero el mercado a la baja no se había terminado; y ahí estaba Wall Street, o el loco público o los desesperados intereses alcistas pasando por alto las condiciones monetarias y marcando los precios por encima de lo razonable, o dejando que alguien lo hiciera. Fue demasiado para mí. Tuve que echar una mirada al mercado. No sabía lo que podría o no podría hacer. Pero sabía que tenía la necesidad de ver el tablero de cotizaciones.

Mis corredores, Harding Brothers, tenían una oficina en Palm Beach. Cuando entré encontré un montón de muchachos conocidos. La mayoría de ellos estaban hablando en términos alcistas. Eran de los que actuaban de acuerdo con la cinta y querían acción rápida. Este tipo de operadores no se preocupan de mirar muy hacia adelante, porque esto no va con su estilo. Ya dije por qué se me conocía en la oficina de Nueva York con el nombre de "El niño de las apuestas". Por supuesto, la gente siempre exagera las ganancias de alguien y el tamaño de la línea que gana. Los muchachos que se encontraban en la oficina habían oído que yo había conseguido unas enormes ganancias en Nueva York en el lado bajista, y ahora esperaban que me la jugara de nuevo en el lado corto. Ellos pensaban que la recuperación iba a llegar mucho más lejos, pero sin embargo consideraban que mi deber era luchar contra ella.

Había venido a Florida a pescar. Había estado sufriendo muchas tensiones y necesitaba unas vacaciones. Pero en el momento que vi lo lejos que había llegado la recuperación de los precios, dejé de sentir la necesidad de las vacaciones. Cuando llegué a la costa no sabía lo que iba a hacer, pero ahora sabía que iba a vender acciones. Estaba en lo cierto, y debía demostrarlo con mi viejo y único modo de hacerlo, diciéndolo con dinero. Vender la lista general, sería acción adecuada, prudente, beneficiosa e incluso patriótica.

Lo primero que vi en el tablero de cotizaciones es que Anaconda estaba a punto de cruzar los 300. Había estado subiendo a base de lapsus y empujones, y aparentemente tenía una parte alcista. Tenía una vieja teoría que decía que cuando un valor cruza los *100,200 o 300 puntos por primera vez, el precio no se detiene en las cifras pares, sino que sube bastante más arriba, de manera que si usted compra tan pronto como cruce la línea, lo más seguro es que obtenga una ganancia.* A la gente tímida no le gusta comprar una acción en un nuevo record de máximos. Pero yo tenía la historia de tales movimientos como guía.

Anaconda era solo un valor de un cuarto, o sea, el par de las acciones era de solo veinticinco dólares. Hicieron falta cuatrocientas acciones de Anaconda para igualar las usuales mil acciones de los otros valores, cuyo valor a la par era de cien dólares. Pensé que cuando sobrepasara los 300, yo debía seguir adelante y para, probablemente, tocar los 340 enseguida.

Recuerde que yo era bajista, pero era también un operador de lectura de cinta. Sabía que si Anaconda iba en la dirección que me figurable movería muy rápidamente. Me atrae todo lo que se mueve con velocidad. Había aprendido a tener paciencia y a sentarme, pero personalmente, prefiero los movimientos ligeros y, desde luego, Anaconda no era nada lenta. El deseo, siempre tan fuerte en mí, de confirmar mis observaciones, es lo que hizo que comprara en el momento de cruzar los 300.

Justo entonces, la cinta estaba diciendo que la compra era más fuerte que la venta, y por lo tanto la recuperación general podía ir más lejos con gran facilidad. Sería prudente esperar antes de ir a corto. Pero, sin embargo, quizás también me saliera caro esperar. Lo quería hacer sacando de Anaconda treinta puntos rápidos. ¡Bajista en todo el mercado y alcista en solo ese valor! Por lo tanto, compré treinta y dos mil acciones de Anaconda, o sea, ocho mil acciones completas. Era un poco arriesgado, pero yo estaba seguro de mis premisas y me figuraba que el beneficio ayudaría a engordar el margen disponible para las operaciones bajistas posteriores.

Al día siguiente, las líneas de telégrafos se estropearon a causa de una tormenta en el Norte, o algo parecido. Estaba en la oficina Harding esperando las noticias. La multitud se estaba comiendo las tripas y haciéndose toda clase de preguntas, tal y como hacen los operadores cuando no pueden operar. Después conseguimos saber una cotización, la única ese día: Anaconda, 292.

Había un muchacho conmigo, un corredor que había conocido en Nueva York. Él sabía que yo estaba a largo con ocho mil acciones completas y yo sospechaba que él tenía también algunas porque cuando llegó aquella cotización tuvo un acceso. No podía decir, en ese momento, si el valor había oscilado en otros diez puntos o no. Teniendo en cuenta el modo de subir, no habría sido extraño que se rompiera en treinta puntos. Pero le dije, "No te preocupes, John. Mañana estará todo bien. "Eso es lo que realmente sentía. Pero él me miró y movió la cabeza negativamente. Él lo sabía. Era de los de esa clase. Por lo tanto, me reí, y esperé en la oficina, por si llegaban más cotizaciones. Pero no señor. Aquella fue la única que tuvimos: Anaconda 292.

Para mí significaba una pérdida en papel de casi cien mil dólares. Quería una actuación rápida y eso es lo que estaba consiguiendo.

El día siguiente, los cables de telégrafos funcionaban normalmente, y recibimos las cotizaciones normalmente. Anaconda se abrió en 298 y subió hasta 302 3/4, pero muy pronto comenzó a descender. Tampoco el resto del mercado estaba actuando de un modo que propiciara la recuperación. Resolví, que si Anaconda volvía hasta 301 debía considerar toda la cuestión como un movimiento falso. En un avance legítimo el precio debería haber ido hasta 310 sin detenerse. En cambio, si reaccionaba, significaba que los precedentes me habían fallado y que estaba equivocado; *y lo único que uno puede hacer cuando se está equivocado, es estar en lo cierto, dejando de estar equivocado.* Había comprado ocho mil acciones completas esperando un ascenso de treinta o cuarenta puntos. No sería mi primer error, pero tampoco el último.

Anaconda volvió a descender hasta 301. En el momento en que alcanzó esa cifra, me acerqué al operador de telégrafos, tenían línea directa con la oficina de Nueva York, y le dije, "Venda todas mis acciones de Anaconda, todas, las ocho mil. "Le dije en voz baja. No quería que nadie supiera lo que estaba haciendo.

Me miró casi con horror. Pero yo asentí con la cabeza y dije, "¡Todas las que tengo!"

"¿Seguramente, Mr. Livingston, no se refiere al mercado? "y parecía como si fuera él, quien iba a perder unos cuantos millones a manos de un corredor incompetente. Pero yo sólo dije, "¡Véndalo! ¡No discuta!"

Los dos Black, Jim y Ollie, estaban en la oficina, en un lugar desde donde no podían haber oído nuestra conversación. Eran grandes operadores que habían venido de Chicago, en donde habían hecho famosas apuestas en el trigo, y ahora eran importantes operadores en la Bolsa de Nueva York. Eran muy ricos y apostaban grandes sumas de dinero.

Cuando dejé al operador de telégrafos, para volver a mi sitio en frente del tablero de cotizaciones, Oliver Black asintió con la cabeza y sonrió.

"Mañana lo lamentarás, Larry, "dijo.

Me detuve y le pregunté, "¿Qué quieres decir?"

"Mañana tendrás que volver a comprarlas."

"¿Volver a comprarlas?", dije. No le había dicho nada a nadie, tan sólo al operador de telégrafos.

"Anaconda," dijo. "Tendrás que pagar 320 por ellas. No has hecho un buen movimiento, Larry." Y sonrió de nuevo.

"¿Qué no es un buen movimiento?" Y puse cara de inocente.

"Vender tus ocho mil acciones de Anaconda en el mercado; por supuesto, "dijo Olloe Black.

Yo sabía que él tenía fama de ser muy inteligente y de operar siempre basándose en noticias del interior. Pero me era imposible comprender como había llegado a saber cuál había sido mi operación. Yo estaba seguro que la oficina no me había delatado.

"Ollie, ¿cómo sabes tú eso?", le pregunté.

Se rió y me dijo: "Lo sé por medio de Charlie Kratzer." Ése era el operador de telégrafo.

"Pero si ni siquiera se ha levantado de su sitio," dije.

"No podía oír lo que murmurabais," dijo. "Pero oí todas y cada una de las palabras del mensaje que envió a la oficina de Nueva York. Aprendí telegrafía hace varios años, tras tener un gran conflicto a causa de un error en un mensaje. Desde entonces, cuando hago lo que tú acabas de hacer, dar una orden oral a un operador, me aseguro de que el operador envía el mismo mensaje que yo le he dado a él. Conozco lo que envía en mi nombre. Pero tú lamentarás haber vendido Anaconda. Va a subir a 500. "

"Esta vez no, Ollie," dije.

Me miró fijamente y me dijo, "Estas demasiado seguro de ello
¿no?"

"Yo no; la cinta," dije. No había allí ningún ticker, por lo tanto, no había ninguna cinta. Pero él sabía a lo que yo me refería.

"Ya he oído hablar de esos pájaros" dijo, "que miran a la cinta y en lugar de ver precios, ven una larga lista de horarios de llegada y salida de los valores. Pero estaban en celdas acolchadas para evitar que se hicieran daño."

No le contesté, porque en ese momento el chico me trajo un memorándum. Habían vendido cinco mil acciones a 2993/4. Yo sabía que nuestras cotizaciones estaban un poco por detrás del mercado. El precio que aparecía en el tablero de Palm Beach cuando di la orden de venta al operador era de 301. Me sentí tan seguro de que el precio al que se estaba vendiendo el valor en la Bolsa de Nueva York, era inferior, que si alguien se hubiera ofrecido a comprarme el valor a 296 me hubiera muerto de risa. Lo que ocurrió, demuestra que hago bien al no operar nunca con límites. Supongamos que he puesto el límite de venta en 300. No habría dado resultado. ¡No señor! *Cuando quieras salir, sal.*

Ahora, mis valores cuestan aproximadamente 300. Sacaron quinientas acciones, acciones completas, por supuesto, a 299 3/4. Las mil siguientes a 299 5/8. Después cien a 1/2; doscientas a 3/8 y doscientas a 1/4. Las últimas salieron a 298 3/4. El hombre del parqué más inteligente de Harding, tardó quince minutos en deshacerse de las cien últimas. No querían soltarlas a la primera.

En el momento en que obtuve la información sobre la venta de las últimas acciones, comencé a hacer lo que había venido a hacer, o sea, vender acciones. Tenía que hacerlo. Ahí estaba el mercado tras su escandalosa recuperación, y estaban comenzando las ventas. La gente estaba comenzando a hablar de nuevo en términos alcistas. Sin embargo, el curso del mercado me decía que la recuperación había terminado. Era más seguro vender. No hacía falta reflexionar mucho.

El día siguiente, Anaconda abrió por debajo de 296. Oliver Black, que estaba esperando que la recuperación continuara, había llegado muy temprano para estar al tanto en el momento en que el valor cruzara 320. No sé si estaba a largo, ni por qué cantidad, si es que lo estaba. Pero no se rió cuando vio los precios de apertura, ni más tarde tampoco, cuando el valor rompió todavía más, y no llegó un informe a Palm Beach, diciendo que ya no había más mercado para dicho valor.

Por supuesto, esta es toda la confirmación que uno necesita. Mis crecientes beneficios en papel me seguían recordando que estaba en lo cierto, hora tras hora. Naturalmente, vendía algunas acciones más. ¡Todas! Era un mercado a la baja. Todas estaban bajando. El día siguiente era viernes, cumpleaños de Washington. No me pude quedar en Florida porque había puesto una línea a corto. Se me necesitaba en Nueva York. ¿Quién me necesitaba? ¡Yo! Palm Beach estaba demasiado lejos, demasiado remoto. Se perdía mucho tiempo valioso telegrafiando.

Partí para Nueva York. El lunes tuve que quedarme en St. Augustine tres horas, esperando un tren. Allí había una oficina de corretaje y, naturalmente, tenía que ver como se estaba portando el mercado mientras esperaba. Anaconda había roto varios puntos desde el último día operativo. De hecho, no dejó de descender hasta la gran ruptura.

Llegué a Nueva York y operé en el lado bajista durante aproximadamente cuatro meses. Como anteriormente, el mercado tuvo recuperaciones frecuentes, y yo me ponía a corto y al descubierto sucesivamente. No me senté, estrictamente hablando. Recuerdo que había perdido hasta el último centavo de los trescientos mil dólares que gané en la ruptura causada por el terremoto de San Francisco. Tenía razón, y sin embargo estuve en la ruina. Ahora estaba jugando seguro, porque después de estar abajo, es muy gratificante ir hacia arriba, incluso aunque no se toque techo. *El modo de hacer dinero es hacerlo. El modo de hacer grandes cantidades de dinero, es estar en la posición adecuada en el momento adecuado.* En este negocio un hombre tiene que pensar tanto en la teoría como en la práctica. Un especulador no debe ser tan solo estudiante, debe ser estudiante y especulador.

Me salió bastante bien, aunque ahora puedo ver que mi campaña era tácticamente inadecuada. Cuando llegó el verano el mercado se volvió torpe. Estaba claro que no se podía hacer gran cosa hasta que llegara el otoño. Toda la gente que yo conocía se había ido o se iba a ir a Europa. Pensé que éste podía ser un buen movimiento para mí. Por lo tanto, liquidé. Cuando salí en barco hacia Europa mi situación era de tres cuartos de millón. A mí me parecía que era un buen balance.

Estaba en Aix-les- Bains pasándolo bien. Me había ganado las vacaciones. Era estupendo encontrarse en un lugar así, lleno de dinero, amigos y conocidos con la sola intención de disfrutar. Y no era difícil disfrutar en Aix. Wall Street estaba tan lejos que nunca pensaba en ella, y eso es más de lo que puedo decir de aquel centro de los Estados Unidos. No tenía que escuchar las conversaciones de Bolsa. No necesitaba operar. Tenía lo suficiente como para vivir durante mucho tiempo y, además, cuando volviera, ya sabía lo que tenía que hacer para ganar mucho más de lo que pudiera gastarme ese verano en Europa.

Un día vi en el *Herald* de París, una noticia de Nueva York que decía que Smelters había declarado un dividendo extra. Habían hecho correr el precio del valor, y el mercado entero se había hecho bastante fuerte. Por supuesto, esto cambió todo para mí en Aix. Las noticias significaban simplemente que los grupos alcistas estaban todavía luchando, desesperadamente, en contra de las condiciones, en contra del sentido común y de la honestidad común, ellos sabían lo que se avecinaba y por lo tanto estaban recurriendo a tales esquemas para poder deshacerse de los valores antes de que el mercado les golpeara. Es posible que ellos no creyeran que el peligro era tan serio o tan cercano como yo. *Los grandes hombres de Wall Street, son tan propensos a pensar como los políticos o los tontos. Yo no puedo trabajar de ese modo.* Tal actitud es fatal en un especulador. Quizás un manufactor de títulos o un promotor de nuevas empresas pueda permitirse el lujo de funcionar de ese modo.

De todos modos, yo sabía que cualquier tipo de manipulación alcista estaba destinada a fracasar en ese mercado a la baja. En el mismo instante en que leí la noticia, supe que solo se podía hacer una cosa para estar a gusto, y eso era vender Smelters a corto. Los iniciados del parqué, casi me rogaban de rodillas que lo hiciera, cuando incrementaron la tasa de dividendos al borde del pánico monetario. Era tan enojoso como los viejos "desafíos" de tu juventud. Me desafiaban a que vendiera ese valor concreto a corto.

Envié algunas órdenes de venta de Smelter y aconsejé a mis amigos de Nueva York que se pusieran a corto. Cuando obtuve el informe de los corredores vi que el precio que habían conseguido estaba seis puntos por debajo de las cotizaciones que aparecían en el Paris Herald. Esto muestra cual era la situación.

Mis planes eran regresar a París a fin de mes, y partir en barco hacia Nueva York tres semanas más tarde, pero tan pronto como recibí el informe de los corredores volví a París. El mismo día que llegué descubrí que había un barco rápido que salía para Nueva York al día siguiente. Lo tomé.

Ahí estaba yo, de vuelta en Nueva York, casi un mes antes de lo planeado, porque era el lugar más adecuado para estar a corto en el mercado. Tenía más de medio millón en metálico disponible para márgenes. Mi regreso no era debido a que estaba en una situación bajista, sino a que estaba pensando con lógica.

Vendí más valores. *A medida que el dinero se fue haciendo más escaso, ascendieron las tasas de dinero a la vista, y descendieron los precios de los valores.* Yo lo había previsto. Al principio mis predicciones me llevaban a la quiebra. Pero ahora estaba en lo cierto y prosperaba. Sin embargo, el verdadero placer radicaba en el hecho de ser consciente de que como operador estaba, al menos, en la buena pista. Todavía tenía mucho que aprender, pero sabía lo que tenía que hacer. No habría más tropiezos, ni más métodos a medias. *La lectura de la cinta era lo más importante del juego, así como comenzar en el momento adecuado, y aferrarte a tu posición. Pero mi mayor descubrimiento era que un hombre debe estudiar las condiciones generales, y clasificarlas, para*

poder anticipar las probabilidades. En poco tiempo había aprendido que tenía que trabajar por mi dinero. Ya no daba golpes a ciegas ni me preocupaba de dominar la técnica del juego, si no que intentaba llegar al éxito a través de un fuerte estudio y un pensamiento claro. Descubrí también, que nadie estaba inmune ante el peligro de hacer jugadas tontas. Y el premio a una jugada tonta es
también tonto; porque el oficial pagador está concentrado en su trabajo y nunca pierde el sobre de pago que viene dirigido a ti.

Nuestra oficina hizo un montón de dinero. Mis propias operaciones tenían tanto éxito, que la gente comenzó a hablar de ellas, y por supuesto, a exagerarlas. Se me atribuía el hecho de iniciar las rupturas de varios valores. Los desconocidos venían a felicitarme. Todos pensaban que lo más maravilloso era el dinero que había hecho. No dijeron ni una palabra sobre la primera vez que les hablé en términos bajistas y todos ellos pensaron que era un loco bajista, malhumorado por las pérdidas y vengativo. No se dijo nada sobre mi predicción de los problemas monetarios. Para ellos, el hecho de que el tenedor de libros de mis corredores hubiera colocado el tercio de una gota de tinta en el lado de los créditos del libro mayor, debajo de mi nombre, era un logro maravilloso.

Los amigos solían decirme que, en diversas oficinas, el chico de las apuestas de la oficina de Harding Brothers, tenía fama de haber llevado a cabo todo tipo de amenazas en contra de los grupos alcistas que habían tratado de marcar los precios de diversos valores, mucho tiempo después de que fuera obvio que el mercado iba a descender a un nivel mucho más bajo. Incluso hoy siguen hablando de mis hazañas.

Desde la última parte de septiembre en adelante, el mercado del dinero estaba mandando avisos por megáfono a todo el mundo. Pero la creencia en los milagros, hizo que alguna gente se abstuviera de vender lo que les quedaba de sus acciones especulativas. La primera semana de octubre, un corredor me contó una historia que hizo que casi me avergonzara de mi moderación.

Recordará que los préstamos de dinero se solían hacer en el parqué de la Bolsa alrededor del Poste del dinero. Aquellos corredores que habían recibido orden de sus bancos, de pagar préstamos a la vista, sabían de un modo general, cuánto dinero fresco iban a recibir prestado. Por supuesto, los bancos conocían su posición en lo relacionado con los fondos de empréstito, y aquellos que tenían dinero para prestar lo enviaban a la Bolsa. Este dinero del banco estaba manejado por unos cuantos

corredores cuyo principal negocio era el préstamo. Cerca del mediodía se enviaba la nueva tasa del día. Generalmente, representaba una media de los prestamos llevados a cabo hasta ese momento. El negocio era una regla tramitada a través de pujas y ofertas, de manera
que todo el mundo supiera lo que estaba ocurriendo. Entre el mediodía y las dos de la tarde, generalmente, el negocio relacionado con el dinero no era muy grande, pero tras la hora de entrega, digamos, 2,15 p.m., los corredores sabían exactamente, cuál iba a ser la posición en dinero efectivo del día, y podían ira ya, bien al Poste del dinero y prestar los balances o tomar prestado lo que necesitaran. Este negocio se hacía también abiertamente.

Bien, a primeros de octubre, el corredor del que estaba hablando, se acercó a mí, y me dijo que los corredores no iban al Poste del dinero cuando tenían dinero para prestar. La razón era que se encontraban allí al acecho, los miembros de algunas conocidas Casas de Comisión, preparados para hacerse con cualquier oferta de dinero. Por supuesto, ningún prestamista que ofreciera su dinero abiertamente, podría negarse a prestar dinero a estas firmas. Eran solventes y la seguridad colateral suficientemente buena. Pero el problema consistía en que una vez que estas firmas tomaran un préstamo a la vista, no había posibilidades de que devolvieran el dinero al prestamista. Decían, simplemente, que no podían devolverlo y el prestamista tenía que renovar el préstamo a la fuerza. Por lo tanto, cualquier "Casa" que tuviera dinero para prestar a sus muchachos, enviaría a sus hombres al parqué y no al poste, y ellos dirían al oído a los buenos amigos, "¿Qué tal cien?" queriendo decir, "Quieres tomar prestados cien mil dólares?" Los corredores de dinero de los bancos adoptaban el mismo plan, era tétrico observar el Poste de dinero. ¡Imagínate!

Me dijo también, que, en aquellos días de octubre, en la bolsa, era una cuestión de etiqueta y refinamiento el hecho de que el prestatario hiciera su propia tasa de interés. Fluctuaba entre el 100% y el 150% al año. Supongo que permitiendo que el prestatario fijara la tasa de interés, el prestamista no se sentía tan usurero. Pero apuesto a que él consiguió tanto como todos los demás. El prestamista, naturalmente, no soñaba con no pagar una alta tasa. Jugaba bien y pagaba como los demás. Lo que necesitaba era el dinero y se sentía satisfecho de conseguirlo.

Las cosas se pusieron cada vez peor. *Finalmente, llegó el día en que los alcistas, los optimistas, los pensadores y todas esas vastas hordas, que temían el dolor de una pequeña pérdida al principio, tuvieron que aceptar la posibilidad de una amputación total, sin anestesia. Un día que nunca olvidaré, el 24 de octubre de 1907.*

Los informes mostraron rápidamente que los prestatarios tendrían que pagar cualquier cantidad que los prestamistas quisieran pedir. No había suficiente dinero para funcionar. Ese día, el dinero de la multitud era mucho más grande de lo normal. Ese mediodía, cuando llegó la hora de la entrega, debía haber al menos cien corredores alrededor del Poste del dinero, todos con la esperanza de conseguir el préstamo que su firma necesitaba urgentemente. Sin dinero, se veían obligados a vender las acciones que llevaban con margen, venderlas a cualquier precio en un mercado en el que los compradores eran tan escasos como el dinero, y justo entonces, cuando no había ni un sólo dólar a la vista.

Mi amigo estaba tan a la baja como yo. Por lo tanto, la firma no necesitaba ningún préstamo, pero mi amigo, el corredor del que estoy hablando, tras ver las caras de circunstancias que había alrededor del Poste del dinero, se dirigió a mí. Él sabía que yo estaba muy a corto en todo el mercado.

Dijo, "¡Dios mío, Larry! No sé qué va a pasar. Nunca había visto nada igual. No puedo seguir. Algo va a pasar. Da la impresión de que todo el mundo está destrozado. No se pueden vender valores, y no hay absolutamente ningún dinero.

"¿Qué quieres decir?", pregunté.

Pero lo que contestó fue, "¿has oído hablar alguna vez del experimento del ratón que llevan a cabo los muchachos en el colegio? Consiste en introducir un ratón dentro de una campana de cristal y con una bomba ir sacando el aire de la campana. Puedes ver al pobre ratón respirar cada vez más rápido, jadeando como un fuelle roto, tratando de conseguir un poco del oxígeno cada vez más escaso de la campana. Le ves ahogarse hasta que se le revientan los ojos, jadeando, muñéndose. ¡Pues bien, eso es en lo que pienso cuando veo a la multitud alrededor del Poste de dinero! Absolutamente nada de dinero en ninguna parte, y no puedes liquidar valores porque no hay nadie que los compre. ¡Si me lo preguntas, te diré que creo que toda la Bolsa se encuentra quebrada en estos momentos!"

Me hizo pensar. Había visto que se avecinaba un buen golpe, pero admito, que no pensaba en que fuera el peor pánico de nuestra historia. Si seguía mucho más lejos, puede que ya no fuera beneficioso para nadie.

Finalmente, se hizo obvio que no servía de nada esperar dinero del Poste del dinero. No había ninguno. Hasta el infierno estaba en las últimas.

El presidente de la Bolsa, Mr. R. H. Thomas, según oí más tarde ese mismo día, sabiendo que todas las empresas de Wall Street se encaminaban al desastre, salió en busca de socorro. Se puso en contacto con James Stillman, presidente del National City Bank, el banco más rico y poderoso de los Estados Unidos. Presumían de que las tasas de interés de sus préstamos no eran nunca superiores al 6%.

Stillman oyó lo que el presidente de la Bolsa de Nueva York tenía que decir. Después dijo, "Mr. Thomas, tendremos que ir a ver a Morgan y hablar de esto."

Los dos hombres tratando de evitar lo que sería el pánico más desastroso de nuestra historia financiera, fueron juntos a la oficina de J.P. Morgan & Co. y vieron a Mr. Morgan. Mr. Thomas le expuso el caso. Cuando terminó de hablar, Mr. Morgan dijo, "Vuelva a la Bolsa y dígales que tendrán dinero."

"¿Dónde?"

"¡En los bancos!"

Tan fuerte era la fe que tenían en Mr. Morgan en aquellos tiempos tan críticos, que Thomas no espero a obtener más detalles, y se dirigió apresuradamente al parqué de la Bolsa para anunciar el indulto de la pena de muerte de todos los miembros sentenciados.

Después, antes de las dos y media de la tarde, J.P. Morgan envió a John T. Atterbuy, de Van Emburgh & Atterbury, de quien se sabía, que tenía una relación muy estrecha con J.P. Morgan & Co., a la multitud. Mi amigo dijo que el viejo corredor caminó rápidamente hacia el Poste de dinero. Alzó su mano al igual que un exhortador en un mitin. La multitud, que al principio se había calmado un poco tras el anuncio del presidente Thomas, estaba empezando a temer que los planes de alivio hubieran llegado a mal puerto y todavía quedara lo peor. Pero cuando vieron la cara de Mr. Atterbury y le vieron levantar la mano, se quedaron petrificados.

En el profundo silencio que vino a continuación, Mr. Atterbury dijo, "Estoy autorizado a prestar diez millones de dólares. ¡Tómenselo con calma! ¡Habrá para todo el mundo!".

Después comenzó. En vez de dar a cada prestatario el nombre del prestamista, escribió simplemente el nombre del prestatario, la cantidad a la que se elevaba el préstamo y le dijo al prestatario, "Se te comunicará donde está tu dinero." Se refería al nombre del banco del cual recibiría el dinero más adelante.

Un día o dos más tarde, oí que lo único que había hecho Mr. Morgan para conseguir el dinero, fue mandar recado a todos los asustados banqueros de Nueva York diciendo que debían proporcionar el dinero que necesitaba la Bolsa.

"Pero no tenemos. Estamos ahogados en préstamos, "protestaron."

"Tenéis las reservas, " contestó J.P.

"Pero estamos ya por debajo del límite legal," bramaron.

"¡Utilícenlo, para eso están las reservas! "Y los bancos obedecieron e invadieron sus reservas hasta llegar a la cantidad de veinte millones de dólares. Esto salvó a la bolsa. El pánico bancario no llegó hasta la semana siguiente. J.P. era un verdadero hombre, hay pocos como él.

De todos los días de mi vida como operador de acciones, éste es el que recuerdo con más viveza. Ese día mis ganancias excedieron un millón de dólares. Marcó el final triunfante de mi primera campaña operativa planeada deliberadamente. Ocurrió lo que yo había previsto. Pero lo mejor de todo era esto: había conseguido realizar uno de los sueños más locos de mi vida. ¡Había sido rey por un día!

Lo explicaré, por supuesto. Después de estar en Nueva York durante un par de años, empecé a estrujarme el cerebro tratando de determinar la razón por la cual, no podía jugar en la Bolsa, el mismo juego al que jugaba en los bucket shops de Boston cuando tenía quince años. Yo sabía que un día descubriría en qué estaba equivocado y dejaría de estarlo. No tenía tan solo el deseo de estar en la situación correcta, quería también tener la seguridad de estarlo. Y ése iba a ser mi gran poder.

Por favor, no me malinterprete. No era un sueño de grandeza deliberado, o un fútil deseo nacido de la vanidad. Era, más bien, el sentimiento de que el viejo mercado de valores que me había desconcertado tantas veces en la oficina de Fullerton y de Harding, comería un día de mi mano. Solo sabía que ese día iba a llegar. Y así fue, el 24 de octubre de 1907.

Digo esto por la siguiente razón: Esa mañana un corredor que había hecho muchos negocios para mis corredores y sabía que yo había estado apostando en el lado

bajista, se dirigió a la compañía de uno de los accionistas
de uno de los bancos de la Bolsa. Mi amigo le contó al
banquero que yo había estado operando con mucha fuerza,
porque ciertamente, había tirado de la suerte hasta el
límite. ¿Pero de qué sirve estar en la situación adecuada
sino se saca el máximo provecho de ello?

^   O   l   í   1

importante. Quizás estaba más interesado de lo que parecía.
Quizás el banquero sabía mejor que yo que la situación era muy
crítica. De todos modos, mi amigo me dijo: " Él escuchaba con
gran interés lo que yo le contaba acerca de lo que tú habías dicho
que iba a hacer el mercado cuando la venta real comenzara,
después de uno o dos empujones. Cuando terminé de hablar, me
dijo que quizás me daría algo que hacer más tarde ese mismo
día."

Cuando las casas de comisión descubrieron que no se podía
conseguir un céntimo a ningún precio, supe que había llegado el
momento. Coloqué varios corredores entre los diversos grupos.
En una ocasión, no hubo ni una sola puja para Unión Pacific. ¡A
ningún precio! ¡Imagínatelo! Y con los demás valores ocurría lo
mismo. No había ni dinero para mantener ni nadie para comprar.

Tenía un enorme benéfico en papel y la certeza de que todo
lo que tenía que hacer para aplastar los precios todavía más, era
enviar órdenes de venta de diez mil acciones de Unión Pacific y
media docena de algunos otros valores con altos dividendos, y lo
que vendría a continuación sería el infierno. Me daba la
impresión de que el pánico que se produciría sería de tal
intensidad, que el gobierno aconsejaría el cierre de la Bolsa, tal y
como ocurrió en el mes de agosto de 1914, cuando estalló la
guerra mundial.

Esto significaría un gran incremento en los beneficios en
papel. También podría significar la incapacidad de convertir esos
beneficios en efectivo. Pero había otras cosas a considerar, y una
de ellas era que una ruptura mayor retrasaría la recuperación que
yo estaba empezando a imaginar, la mejora posterior
compensaría esa pérdida de sangre.

Decidí que, ya que era muy poco inteligente y placentero
continuar activamente en el lado bajista, era bastante ilógico que
siguiera a corto. Por lo tanto, comencé a comprar.

Poco después de que mis corredores comenzaran a
comprar, y, dicho sea de paso, de que consiguieran precios de
suelo, el banquero mandó llamar a mi amigo.

"Le he llamado", dijo," porque quiero que se dirija
inmediatamente a su amigo Livingston y le diga que espero que

no venda más acciones hoy. El mercado no puede soportar tanta presión. Tal y como están las cosas, sería una tarea muy difícil desviar un pánico tan devastador.
Aiuuo al pdiiioiismo de su amigo. Éste es uno de esos casos, en los que
un hombre tiene que trabajar por el beneficio de todos. Comuníqueme enseguida su respuesta.

Mi amigo vino inmediatamente y me lo contó. Tuvo mucho tacto. Supongo que él pensaba, que habiendo planeado aplastar el mercado, yo iba a considerar su petición como el equivalente a tirar por la ventana la oportunidad de ganar diez millones de dólares. Él sabía que yo estaba resentido con algunos de los peces gordos por el modo en que habían actuado, tratando de comprometer al público con un montón de valores, cuando sabían tan bien como yo lo que se avecinaba.

De hecho, los grandes hombres eran grandes sufridores y muchos de los valores que compré en el suelo, estaban a nombre de famosas firmas financieras. En aquel momento no lo sabía, pero no importaba. Prácticamente, había cubierto todos mis valores y me parecía que era una buena oportunidad para comprar valores baratos y ayudar al mismo tiempo, a la recuperación que necesitaban los precios, si es que nadie batía al mercado.

Por lo tanto, le dije a mi amigo, "Ve y di a Mr. Blank que estoy de acuerdo con ellos y que fui plenamente consciente de la gravedad de la situación incluso antes de que él te llamara. Y no solo no voy a comprar más acciones hoy, sino que voy a comprar todas las que pueda". Y mantuve mi palabra. Compré cien mil acciones ese día, a largo plazo. Y no volví a vender otra acción a corto durante nueve meses.

Esa es la razón por la que dije a mis amigos que mi sueño se había hecho realidad y que había sido rey por un momento. Ciertamente, el mercado en un determinado momento del día, estuvo a merced de cualquiera que hubiera querido golpearlo. No tengo delirios de grandeza; de hecho, ya sabe cómo me siento al ser acusado de atacar al mercado y cuando veo que se exageran mis operaciones en el mercado.

Salí en buena forma. Los periódicos dijeron que Larry Livingston, el chico de las apuestas, había hecho varios millones. Bien, tenía más de un millón tras el cierre de ese día. Pero mis mayores ganancias no se contaban en dólares, eran intangibles: Había estado en lo correcto, había mirado hacia adelante y había seguido un plan claramente marcado. Había aprendido lo que se debe hacer para ganar mucho dinero; estaba fuera de la clase apostadora de modo permanente; al menos había aprendido a operar inteligentemente, a lo grande. Era un día especial para mí.

X

El reconocimiento de mis propios errores no debería beneficiarnos más, que el estudio de nuestros éxitos. Pero en todos los hombres, existe una cierta tendencia a evitar el castigo. Cuando asocias determinados errores con una paliza, no esperas a la segunda dosis, y, por supuesto, todos los errores cometidos en el mercado de valores te hieren en dos puntos débiles, el bolsillo y la vanidad. Pero te diré algo curioso: Un especulador de acciones, algunas veces comete errores y sabe que los está cometiendo. Y después de hacerlo se preguntará a sí mismo por qué los cometió; y después de pensar en ello con sangre fría, un tiempo después de que terminara el castigo, puede que aprenda qué, cuando, y en qué punto determinado de la operación lo cometió; pero no por qué. Después, simplemente, se atribuye a si mismo unos cuantos calificativos, y lo deja pasar.

Por supuesto, si un hombre es sabio y afortunado, no cometerá dos veces el mismo error. Pero cometerá uno de diez mil errores hermanos o primos del original. La familia Error, es tan grande que siempre hay alguno alrededor cuando estas decidiendo lo que vas a hacer en la línea de juego.

Para relatar el primer error que cometí, en relación con mi millón de dólares, tendré que volver al momento en que me convertí en millonario por primera vez, justo después de la gran ruptura de octubre de 1907. Tal y como iba mi operación, tener un millón significaba, meramente, más reservas. El dinero no da al operador más comodidad, porque rico o pobre, puede cometer errores, y nunca es agradable estar equivocado. Y cuando un millonario tiene razón, su dinero es sólo uno de sus más fieles servidores. Perder dinero es el más ínfimo de mis problemas. *Una pérdida nunca me preocupa. El olvido durante la noche. Pero estar equivocado, aunque no me produzca pérdidas, hace daño al bolsillo y al alma.* Recuerdo la historia de Dickson G. Watts acerca del hombre que estaba tan nervioso que un amigo le preguntó qué le pasaba.

"No puedo dormir", respondió el nervioso.

"¿Por qué no?", preguntó el amigo.

"Estoy manteniendo tanto algodón que no puedo dormir pensando en ello. Me está destrozando. ¿Qué puedo hacer?"

"Vende hasta que puedas dormir," respondió el amigo.

Por regla general, el hombre se adapta a las condiciones tan rápidamente que pierde la perspectiva. No es muy consciente de la diferencia, o sea, no recuerda con mucha viveza cómo se sentía cuando no era millonario. Sólo recuerda que había cosas que antes no podía hacer y ahora sí. No hace falta mucho tiempo para que un hombre razonablemente joven y normal, se acostumbre a dejar de ser pobre. Se requiere mucho más tiempo para olvidar que una vez se fue rico. Supongo que es porque el dinero crea necesidades, o impulsa su multiplicación. Quiero decir que después que un hombre hace dinero, en el mercado de valores, pierde rápidamente la costumbre de no gastar. Pero después de perder el dinero, necesita mucho dinero para perder la costumbre de gastar.

Tras ponerme a largo en octubre de 1907, decidí tomarme un respiro. Compré un yate y planeé hacer un crucero hasta el sur. Me encanta pescar y parecía que ésta iba a ser la ocasión de mi vida. Estaba deseando que llegara el momento y esperaba ir cualquier día. Pero no lo hice. El mercado no me lo permitió. *Siempre he operado con mercancías tan bien como con acciones.* Comencé cuando era muy joven en los bucket shops. Estudié aquellos mercados durante años, aunque quizás no tan asiduamente como el mercado de valores. De hecho, *prefiero las mercancías a las acciones.* No ha> ninguna duda sobre su legitimidad. Para operar con mercancías hace falta, en parte, más espíritu comercial. Un hombre puede enfocar como pueda un problema mercantil. Puede ser posible utilizar argumentos ficticios a favor, o en contra, de una determinada tendencia; pero el éxito será sólo temporal, *porque al final, el hecho prevalece,* de manera que el operador consigue dividendos a través del estudio y la observación, tal y como se hace en cualquier negocio normal. Puede vigilar, sopesar las condiciones y saber acerca de ello tanto como cualquiera. No necesita protegerse contra las "pandillas" del interior. Los dividendos no suben ni descienden de forma inesperada durante la noche en el mercado del algodón, o del trigo, o del maíz. *A largo plazo, los precios de las mercancías están gobernados por una sola ley, la ley económica de la oferta y la demanda.* El trabajo del operador de mercancías consiste, en obtener los datos sobre la demanda y la oferta presente y futura. No necesita hacer adivinanzas sobre una docena de cosas, como ocurre en el mercado de valores. Siempre me ha atraído operar con mercancías.

Por supuesto, en todos los mercados especulativos ocurren las mismas cosas. El mensaje de la cinta es el mismo. Eso es obvio para cualquiera que se tome la molestia de reflexionar un poco. Si se hace preguntas y considera las condiciones, se dará cuenta de que las preguntas se responden por sí solas. Pero la gente nunca se molesta en hacerse preguntas, y mucho menos en buscar las respuestas. El americano medio es de Missouri en todos los lugares y todo momento, excepto cuando va a las oficinas de corretaje y mira a la cinta, si son valores o mercancías. El verdadero juego entre todos los juegos que, verdaderamente, requiere un estudio, antes de hacer un plan, es en el que se introduce sin sus usuales dudas preliminares y de precaución tan altamente inteligentes. *Arriesgará la mitad de su fortuna en el mercado de valores con menos reflexión de la que dedica a la selección de un automóvil de precio medio.*

Este asunto de la lectura de la cinta no es tan complicado como parece. Por supuesto se necesita experiencia. Pero es incluso más importante tener en cuenta ciertos fundamentos. Leer la cinta no es como hacer que te lean la mano. La cinta no te dice en que situación estarás el próximo jueves a la 1,35 p.m. El objetivo de la lectura de la cinta es descubrir primero, cómo, y después cuándo se va a operar, o sea, si es más inteligente comprar o vender. Funciona exactamente igual con los valores que con el algodón, el trigo, o el maíz.

Se observa el mercado, o sea, el curso de los precios registrados por la cinta, con un objetivo: determinar la dirección, o sea, la tendencia de precios. Los precios, como ya sabemos, se moverán hacia arriba o hacia abajo, según la resistencia que encuentren. Harán lo que les sea más fácil, por lo tanto, subirán si hay menos resistencia para el avance que para el descenso; y viceversa

Nadie se debería asombrar ante un mercado alcista o bajista, una vez que ha comenzado. La tendencia es evidente para un hombre que tiene una mente abierta y una visión razonablemente clara, porque nunca es muy inteligente que un especulador adecué sus hechos a sus teorías. El operador que actué así, sabrá, o deberá saber, si el mercado es alcista o bajista, y si sabe esto, sabe también si debe comprar o vender. Por lo tanto, el hombre necesita saber si va a comprar o vender en el mismo momento en que se produce el movimiento.

Digamos, por ejemplo, que el mercado, tal y como hace en los periodos que transcurren entre las oscilaciones, fluctúa dentro de una gama de diez puntos; hacia arriba hasta 130 y hacia abajo hasta 120. Puede parecer muy débil en el suelo; o puede parecer terriblemente fuerte tras un ascenso de ocho o diez puntos. Un hombre no debe dejarse llevar pollos indicios para operar. *Debería esperar hasta que la cinta le dijera que el momento es el adecuado. De hecho, se han perdido millones y millones de dólares a manos de hombres que compraron acciones porque parecían baratas o las vendieron porque parecían más caras. El especulador no es un inversionista. Su objetivo no es asegurarle regreso seguro de su dinero a una buena tasa de interés, sino beneficiarse del ascenso o descenso del precio del valor con el que esté especulando. Por lo tanto, lo que se debe determinar es la línea especulativa de menor resistencia en el momento de la operación; y lo que el operador debería esperar es el momento en el que se defina esa línea, porque esa es la señal para poner manos a la obra.*

La lectura de la cinta le capacita meramente, para ver que en 130 la venta había sido más fuerte que la compra, y que esto vino seguido de la lógica reacción en el precio. En el punto en el que la venta prevalece por encima de la compra, aquellos que llevan a cabo un estudio superficial de la cinta, pueden llegar a la conclusión de que el precio no se va a detener en 150, y, por lo tanto, compran. Pero después de que la reacción comienza a mantenerse, liquidan con una pequeña pérdida o se ponen a corto y empiezan a hablar en términos bajistas. Pero en 120 la resistencia hacia el descenso es más fuerte. La compra prevalece por encima de la venta, se produce una recuperación y se cubren los cortos. El público se liquida tan a menudo, que me maravillo ante su empeño en no aprender la lección.

Pero entonces, surge algo que incrementa el poder de la fuerza alcista o bajista y el punto de mayor resistencia se mueve hacia arriba o hacia abajo, o sea, la compra en 130 será, por primera vez, más fuerte que la venta, o la venta en 120 será, por primera vez, más fuerte que la compra. El precio se abrirá camino a través de la vieja barrera o límite de movimiento y continuará. Como norma, hay siempre un gran número de operadores a corto en 120, porque tenía un aspecto muy débil, o a largo en 130 porque parecía muy fuerte, y, cuando el mercado va en contra de ellos, se ven forzados a cambiar de decisión y girar o liquidar. En cualquiera de los casos, ayudan a definir, todavía más claramente, la línea de precio de menor resistencia.

El operador inteligente, que ha esperado pacientemente para determinar esta línea, recurrirá a la ayuda de las condiciones operativas fundamentales y de la fuerza de la operación de esa parte de la comunidad que hizo una elección equivocada y debe rectificar ahora sus errores. Estas correcciones tienden a empujar los precios a lo largo de la línea de menor resistencia.

Y ahora debo decir que, aunque no lo considero una certeza matemática, o como un axioma de especulación, mi experiencia ha sido que los accidentes, o sea, lo inesperado o imprevisto, me han ayudado siempre en mi posición en el mercado, siempre que mi posición se basaba en la determinación de la línea de menor resistencia. ¿Recuerda el episodio de Unión Pacific en Saratoga? Pues bien, estaba a largo porque descubrí que la línea de menor resistencia estaba hacia arriba. Debería haber permanecido a largo en vez de dejar que mi corredor me dijera que los de dentro estaban vendiendo acciones. No marcaba ninguna diferencia lo que había en esos momentos en la mente del director. Eso era algo que yo no podía saber. Pero sí podía saber lo que decía la cinta: "¡Subiendo!". Y después vino la inesperada subida de la tasa de dividendos y el ascenso de la acción en treinta puntos. En 164 los precios parecían bastante altos, pero tal y como dije antes, *las acciones no están nunca demasiado altas para comprar ni demasiado bajas para vender. El precio, no tiene nada que ver con el establecimiento de mi línea de menor resistencia.*

Con la práctica verá que, si opera del modo que he indicado, cualquier noticia importante que surja entre el cierre de un mercado y la apertura de otro está en armonía con la línea de menor resistencia. *La tendencia se ha establecido antes de que se publicaran las noticias, y en los mercados al alza se ignoran las noticias bajistas y se exageran las alcistas, y viceversa.* Antes de que explotara la guerra, el mercado se encontraba en unas condiciones muy débiles. Después vino la proclamación de la política submarina alemana. Estaba a corto con ciento cincuenta mil acciones de un valor, no porque supiera que iban a llegar esas noticias, sino porque me estaba guiando por la línea de menor resistencia. Lo que ocurrió estaba tan claro como el cielo azul. Por supuesto, tomé ventaja de mi situación y cubrí los cortos ese día.

Suena muy fácil decir que todo lo que hay que hacer es vigilar la cinta, establecer los puntos de resistencia y prepararse para operar a lo largo de la línea de menor resistencia tan pronto como ésta se haya determinado. *Pero en la práctica hay que estar en guardia ante muchas cosas, y sobre todo ante uno mismo,* o sea, ante la naturaleza humana. Esa es la razón por la cual afirmo, que un hombre que está en lo correcto, tiene *siempre dos fuerzas a su favor,* las condiciones básicas y los hombres
que están equivocados. En un mercado al alza, los factores bajistas son ignorados. Así es la naturaleza humana, y a

pesar de ello los seres humanos se asombran de ello. La gente te dirá que el trigo ha bajado porque ha habido mal tiempo en una o dos regiones y los granjeros se han arruinado. Cuando se reúne todo el grano y los granjeros de todas las regiones en las que crece el trigo comienzan a poner sus granos en el ascensor, los alcistas se sorprenden de la poca extensión del daño. Descubren que lo único que han hecho ha sido ayudar a los bajistas.

Cuando un hombre hace su juego en un mercado de mercancías, no debe permitirse a sí mismo establecer opiniones. Debe tener la mente abierta y flexibilidad. *No es muy inteligente ignorar el mensaje de la cinta, no importa cual pueda ser tu opinión sobre las condiciones del grano o las características de la demanda.* Recuerdo ahora que perdí una gran jugada por tratar de anticiparme a la señal de comienzo. Me sentí tan seguro de las condiciones que no creí necesario esperar a que se definiera la línea de menor resistencia. Incluso pensé que podía ayudar el que llegara, porque daba la impresión de que necesitaba un poco de ayuda.

Estaba muy al alza en el algodón. Estaba alrededor de los doce centavos, corriendo hacia arriba y hacia abajo dentro de una gama bastante moderada. Y lo pude ver en uno de esos lugares de "entre medio". Sabía que debía esperar. Pero se me ocurrió que si daba un pequeño empujón, iría más allá del punto de resistencia superior.

Compré cincuenta y cinco mil fardos. Desde luego, se movió hacia arriba. Y por supuesto, tan pronto como paré de comprar, dejó de subir. Después comenzó a establecerse en el lugar en que estaba y comencé a comprarlo. Salí y comenzó a bajar. Pensaba que estaba mucho más cerca de la señal de comienzo y pensé volver a empezar de nuevo. Lo hice. Volvió a suceder lo mismo. Lo subí, sólo para verlo bajar cuando yo me detuviera. Hice esto cuatro o cinco veces hasta que al final lo dejé lleno de rabia. Me costó cerca de doscientos mil dólares. Estaba acabado. No pasó mucho tiempo antes de que empezara a subir y no paró hasta alcanzar un precio que hubiera significado una terrible ganancia para mí, si yo no hubiera tenido tanta prisa por empezar.

Esta experiencia es también la experiencia de otros muchos operadores y se ha producido en tantas ocasiones, que creo que puedo dar esta regla: *En un mercado estrecho, en el que los precios no van a ninguna parte, sino que se mueven dentro de una gama estrecha, no tiene ningún sentido tratar de anticipar en qué sentido se va a producir el siguiente gran movimiento; hacia arriba o hacia abajo.* Lo que se debe hacer es observar el mercado, leer la cinta para determinar los límites de los precios que no van a ningún lado, y hacerse a la idea de que no se va a tomar ningún tipo de interés hasta que los precios no rompan los límites en algún sentido. Un especulador debe preocuparse de ganar dinero en el mercado, y no insistir en el hecho de que la cinta esté de acuerdo con él. Nunca discutas con ella ni le pidas razones o explicaciones. *Lospost- mortens del mercado de valores no pagan dividendos.*

No hace mucho tiempo estaba en una fiesta con unos amigos. Empezaron a hablar del trigo. Algunos estaban al alza y otros a la baja. Finalmente me preguntaron mi opinión. Bien, había estudiado el mercado durante algún tiempo. Sabía que no querían ningún tipo de estadística ni análisis de condiciones. Por lo tanto, dije: "Si queréis conseguir dinero con el trigo, puedo deciros como hacerlo."

Todos dijeron que sí, y les dije, "Si estáis seguros de que queréis hacer dinero con el trigo, lo que tenéis que hacer es observarlo. Esperar. Compradlo cuando cruce por 1,20$, y habréis hecho un buen juego."

"¿Y por qué no comprarlo ahora, en 1,14$?" preguntó uno de los de la fiesta.

"Porque todavía no sé si va a subir o no".

"Entonces, ¿por qué comprarlo en 1,20$?, parece un precio un poco alto. "

"¿Deseas apostar a ciegas con la esperanza de obtener una gran ganancia o deseas especular inteligentemente y obtener un beneficio más pequeño, pero más probable?"

Todos dijeron que preferían el beneficio más pequeño y más probable, por lo tanto, dije, "Entonces haced lo que os he dicho. Si cruza 1,20$, comprad."

Como ya dije, lo había observado durante mucho tiempo. Durante meses las ventas estuvieron entre 1,10$ y 1,20$, sin dirigirse a ningún lado en concreto. Pues bien, un día cerró por encima de 1,19$. Me preparé. Estaba seguro de que al día siguiente abriría por encima de 1,205$, y compré. Se empezó a mover hacia 1,21$, hacia 1,22$, hacia 1,23$, hacia 1,25$ y yo seguí el mismo camino.

En aquel momento no hubiera podido decirte lo que estaba pasando. No obtuve ninguna explicación sobre su comportamiento durante el curso de las fluctuaciones limitadas.

No podría haber dicho si la ruptura del límite sería hacia arriba a través de 1,20$ o hacia abajo a través de 1,10$, aunque tenía la sospecha de que sería hacia arriba, porque no había suficiente oro en el mundo para que se produjera una ruptura en los precios.

De hecho, parecía que Europa había estado comprando sin decir nada, y muchos operadores habían ido a corto alrededor de 1,19$. Debido a las compras europeas y a otras muchas causas se sacó mucho trigo del mercado, así que, al final, dio comienzo el gran movimiento. El precio fue más allá de la marca de 1,20$. Eso era todo lo que yo tenía y todo lo que necesitaba. Sabía que cuando cruzara el punto 1,20$ sería porque el movimiento hacia arriba habría reunido fuerzas para empujarlo por encima del límite y algo iba a suceder. En otras palabras, cruzando, la línea 1,20 de menor resistencia de los precios del trigo cuando se establecieran. Entonces era una historia diferente.

Lo que he dicho le puede dar la idea esencial de mi sistema operativo basado en el estudio de la cinta. Simplemente aprendí a ver la

dirección que seguirían los precios con más probabilidad. Inspeccioné mi propia operación con tests adicionales, para determinar el momento psicológico. *Hago esto, observando el modo de actuar del precio después de comenzar.*

Es sorprendente el número de operadores experimentados, que me miran con incredulidad cuando les digo que cuando compro valores en un ascenso me gusta pagar los precios más altos y cuando los vendo, los vendo al precio más bajo, o si no, no los vendo. No sería tan difícil hacer dinero si el operador se aferrara siempre a sus convicciones, o sea, si esperara a que se definiera la línea de menor resistencia y comenzara a comprar sólo cuando la línea dijera arriba o vender sólo cuando la línea dijera abajo. *Debería acumular la línea en el ascenso.* Supongamos que compra un quinto de la línea completa. Si eso no le muestra una ganancia, no debe incrementar sus pertenencias porque es obvio que está equivocado; está equivocado de forma temporal y no hay ningún beneficio en estar equivocado de modo permanente. La misma cinta que dijo ARRIBA no mintió por el mero hecho de que ahora diga TODAVÍA NO.

Tuve gran éxito durante mucho tiempo en mis operaciones con algodón. Tenía mi propia teoría al respecto y me aferré a ella. Bien, supongamos que hubiera decidido que mi línea sería de cuarenta mil a cincuenta mil.

Bien, estudiaría la cinta, tal y como dije, esperando la oportunidad de comprar o vender. Tras la compra, si el mercado *subiera diez puntos sobre mi precio inicial de compra, compraría otras diez mil*. Del mismo modo, si pudiera obtener veinte puntos de ganancia, o un dólar por acción, compraría veinte mil más. Eso me daría una línea, la base de mi operación. Pero si después de comprar las primeras diez o veinte mil acciones, me mostrarán una pérdida, saldría. Estaba equivocado. Puede que solo estuviera temporalmente equivocado. Pero como dije antes, *no es beneficioso empezar mal en ningún sitio*. Lo que conseguí aferrándome a mi sistema es que siempre tenía una línea de algodón en cada momento real. Durante el proceso de acumulación de mi línea completa podía gastar cincuenta o sesenta mil dólares en estos juegos de tanteamiento. Parece un examen un poco caro, pero no lo es. Después de que comenzara el movimiento real, ¿cuánto tiempo tardaría en conseguir los cincuenta mil dólares que había dejado caer para asegurarme de que había comenzado a cargar en el momento adecuado? ¡Muy poco tiempo! *Siempre es beneficioso estar en lo cierto en el momento adecuado.*

Como creo haber dicho ya con anterioridad, esto describe lo que yo denomino mi sistema de emplazar mis apuestas. Es simple aritmética para probar que es algo inteligente haber hecho una gran apuesta sólo cuando se gana y, cuando se pierde, perder tan sólo una pequeña apuesta de exploración. Si un hombre opera del modo que he descrito, anteriormente, estará siempre en la beneficiosa posición de sacar partido de la apuesta.

Los operadores profesionales han tenido siempre algún sistema basado en su experiencia y manipulado por su actitud hacia la especulación o por su deseo. Recuerdo que conocí a un anciano caballero en Palm Beach cuyo nombre no capté o no identifiqué de inmediato. Sabía que llevaba muchos años en Wall Street, ya desde los tiempos de la guerra civil, y alguien me dijo que era muy sabio y que había pasado por tantos "Buns" y tantos pánicos, que siempre estaba diciendo que para él, no había ya nada nuevo bajo el sol, y mucho menos en lo referente al mercado de valores.

El anciano me hizo un montón de preguntas. Cuando le hablé sobre mi práctica operativa, asintió con la cabeza y dijo," ¡Sí!, 'Sí! Tienes razón. El modo en el que estás formado, el modo en el que funciona tu mente, hace que tu sistema sea bueno para ti. Para ti es fácil poner en práctica lo que predicas, porque el dinero que apuestas es lo que menos te importa. Recuerdo a Pat

Hearne. ¿Has oído alguna vez hablar de él? Pues bien, era un conocido deportista y tenía una cuenta con nosotros. Un muchacho inteligente y con nervio. Hizo dinero con las acciones, y esto hizo que la gente le pidiera consejos. Él nunca daba ninguno. Si de pronto le preguntaban su opinión sobre el ingenio de sus operaciones, él siempre respondía con su máxima favorita: "No se puede saber hasta que se apuesta." Operaba en nuestra oficina. Compraba cien acciones de un valor activo, y cuando subía en un uno por ciento, compraba otras cien. Sí volvía a subir otro punto, volvía a comprar otras cien; y así sucesivamente. Acostumbraba a decir que no estaba jugando a este juego para hacer dinero para los demás y, por lo tanto, ponía una orden de stop de pérdida un punto por debajo del precio de su última compra. Cuando el precio seguía subiendo, él simplemente movía su stop con el precio. En una reacción del uno por ciento, se habría detenido. Decía que no le veía ningún sentido a perder más de un

punto, tanto si venía de su margen original como de sus beneficios en papel.

" Un jugador profesional no busca grandes ganancias a largo, sino dinero seguro. Por supuesto, los grandes beneficios, a largo, son buenos cuando surgen. En el mercado de valores, Pat no estaba buscando consejos, pronósticos o avances de veinte puntos semanales, sino dinero seguro en cantidad suficiente como para proporcionarle un buen nivel de vida. De todos los extranjeros que he encontrado en Wall Street, Pat Hearne era el único que veía en la especulación un simple juego de azar, como el faro o la ruleta, y que, sin embargo, tenía el sentido común de aferrarse a un método de apuestas relativamente seguro.

"Tras la muerte de Hearne, uno de nuestros clientes, que siempre había operado con Pat y utilizaba su sistema, hizo más de cien mil dólares en Lackawanna. Después se pasó a algún otro valor, y como había obtenido un gran beneficio, pensó que ya no necesitaba seguir el método de Pat. Llegó una reacción, y en vez de disminuir sus pérdidas, las dejó correr, como si fueran ganancias. Por supuesto, perdió hasta el último céntimo. Cuando finalmente se retiró, nos debía varios miles de dólares.

"Estuvo por allí durante dos o tres años. Mantuvo la fiebre hasta mucho tiempo después de haberse quedado sin dinero; pero nosotros no le poníamos ninguna objeción, con tal de que se comportara. Recuerdo que admitió que había sido mucho más que tonto, por no seguir el estilo de juego de Pat Hearne. Pues bien, un día se dirigió a mí con gran excitación, y me pidió que le dejara vender algunos valores a corto en nuestra oficina. Era un muchacho agradable, que había sido un buen cliente en sus tiempos y le dije que yo personalmente garantizaba su cuenta por cien acciones.

"Vendió cien acciones de Lake Shore. Eso fue cuando en el tiempo en que Bill Travers golpeó el mercado, en 1875. Mi amigo Roberts sacó aquel Lake Shore en el momento adecuado y siguió vendiéndolo durante todo el descenso; tal y como sucedió en los días de éxitos antes de dejar de lado el sistema de Pat Hearne y hacer caso de las murmuraciones.

"Pues bien, en cuanto al éxito en la piramidación, la cuenta de Roberts mostró un beneficio de quince mil dólares. Observando que no había puesto una orden de stop de pérdida, le hablé de ello, y me contestó que la ruptura no había comenzado completamente, y que no iba a salir perjudicado por ninguna reacción de un punto. Esto era en agosto. Antes de mediados de septiembre le presté diez dólares para comprar un cochecito de niño, su cuarto hijo. No se aferró a su sistema. Ese es el problema con la mayoría" y el anciano, mirándome, asintió con la cabeza.

Y tenía razón. Algunas veces pienso que la especulación debe ser un negocio innatural, porque observo que el especulador medio lucha en contra de su propia naturaleza. La debilidad es fatal para alcanzar el éxito en la especulación, generalmente se trata de las mismas debilidades que le hacen más querido en otros aspectos de la vida, en los que el riesgo no es tan grande como en los valores o en las mercancías.

El mayor enemigo del especulador es aburrimiento interior. La esperanza y el miedo son inseparables de la naturaleza humana. En la especulación, cuando el mercado va en tu contra, cada día tienes la esperanza de que ese día sea el último, y no pierdas más de lo que habrías perdido si no hubieras escuchado a la esperanza, con el mismo aliado que a veces ha producido grandes éxitos para los grandes constructores y pioneros. Y cuando el mercado va en tu dirección, tienes miedo de que el día siguiente se lleve

todas tus ganancias, y sales, demasiado pronto. *El miedo hace que no consigas hacer en el mercado todo el dinero que deberías.* El operador de éxito, tiene que luchar en contra de estos dos instintos tan arraigados. Tiene que invertir lo que se pueden denominar sus impulsos naturales. *Debe tener esperanza en vez de miedo, y miedo en vez de esperanza.* Debe temer que sus pérdidas se conviertan en pérdidas más grandes todavía, y debe tener la esperanza de que sus beneficios crezcan. *Es absolutamente erróneo actuar con los valores, del modo en que lo hace el hombre medio.*

Estoy en el juego especulativo desde que tenía catorce años. Es todo lo que he hecho. Creo que sé de lo que estoy hablando. Y la conclusión a la que he llegado, tras casi treinta años de constantes operaciones, tanto con márgenes pequeños como con millones de dólares a mis espaldas, es esta: Un hombre puede vencer a un valor o a un grupo determinado en un momento determinado ¡pero nadie puede vencer al mercado de valores! Un hombre puede hacer dinero con el grano o el algodón, pero nadie puede vencer al mercado del grano o al mercado del algodón. Un hombre puede ganar una carrera de caballos, pero nadie puede ganar a las carreras de caballos.

Si supiera cómo hacer más fuertes estas afirmaciones, o darles más énfasis, lo haría. No importa lo que nadie pueda decir en contra. Yo sé que tengo razón cuando hago estas afirmaciones.

XI

Y ahora voy a volver a octubre de 1907. Compré un yate e hice todos los preparativos para partir de Nueva York hacia un crucero en aguas del sur. Me chifla pescar y esta vez, para alegría de todo mi ser, iba a pescar desde mi propio yate, e iba a ir a cualquier lugar que deseara en el momento en el que lo deseara. Todo estaba preparado. Había obtenido un gran beneficio en los valores, pero en el último momento el maíz me contuvo.

Debo explicar que, antes del pánico que me dio mi primer millón, había estado operando con el grano en Chicago. Estaba a corto por diez millones de bushels de trigo y diez millones de bushels de maíz. Había estudiado los mercados del grano durante mucho tiempo, y estaba tan a la baja con el trigo y el maíz como lo había estado con los valores.

Pues bien, ambos empezaron a descender, pero mientras el trigo descendía, el más grande de todos los operadores de Chicago, yo lo llamo Stratton, se empeñó en obtener unos grandes beneficios. Tras liquidar todos los valores, y prepararme para ir al sur en mi yate, me encontré que el trigo me había dado unos beneficios considerables, pero en el maíz, Stratton había subido los precios y yo estaba teniendo pérdidas.

Yo sabía que la cantidad de maíz que había en el país, era muy superior a la que indicaba el precio. La ley de la oferta y la demanda siempre funciona. Pero la demanda venía en su totalidad de Stratton y la oferta no venía en absoluto, porque se había producido una aguda congestión en el movimiento del maíz. Recuerdo que yo solía rogar que se produjera una rápida helada que congelara las carreteras e incapacitara a los granjeros para llevar su maíz al mercado. Pero no tuve tanta suerte.

Ahí estaba, esperando para comenzar a disfrutar del viaje que había planeado con tanta ilusión, y con esa pérdida en el maíz. No me podía ir si el mercado estaba en ese estado. Por supuesto, Stratton tenía muy en cuenta sus intereses a corto. Sabía que me tenía, y yo lo sabía tan bien como él. Pero como ya he dicho, tenía la esperanza de que el tiempo atmosférico me ayudara. Percibiendo que ni el tiempo ni ningún otro medio milagroso estaba prestando atención a mis necesidades, me puse a estudiar la forma de salir del aprieto por mis propios medios.

Cerré mi línea de trigo con un buen beneficio. Pero el problema con el maíz era infinitamente más difícil. Si pudiera haber cubierto mis diez millones de bushels a los precios imperantes, lo habría hecho al instante, por larga que hubiera sido la pérdida. Pero, por supuesto, en el mismo momento en que empezara a comprar, Stratton me estrujaría. Y tenía las mismas ganas de subir el precio que de cortarme el cuello con mi propia navaja.

El maíz estaba fuerte, pero era todavía más fuerte mi deseo de irme a pescar, por lo tanto, dependería de mí el encontrar una salida rápida. Debía llevar a cabo una retirada estratégica. Debía volver a comprar los diez millones de bushels y, tras esto, mantener mis pérdidas lo más bajas posibles.

Ocurrió también que, por aquel entonces, Stratton estaba llevando a cabo operaciones con avena, y estaba seguro de ganar el juego. Yo había seguido la pista de todos los mercados del grano, en lo relacionado con las noticias y las murmuraciones, y había oído que los poderosos intereses Armour, no eran muy propicios, hablando en términos de mercado, para Stratton. Por supuesto, yo sabía que Stratton no me permitiría obtener el maíz que necesitaba, excepto al precio que él marcara, pero cuando oí los rumores acerca de Armour en contra de Stratton, se me ocurrió que podía recurrir a los operadores de Chicago en busca de ayuda. Solo me podían ayudar vendiéndome el maíz que Stratton no me vendería. El resto era fácil.

Primero, di órdenes para comprar quinientos mil bushels de maíz, por debajo de un octavo de céntimo. Tras esto, di órdenes, en las cuatro casas, de vender, simultáneamente, cincuenta mil bushels de avena en el mercado. Eso, pensé, producirá una rápida ruptura en la avena. Sabiendo cómo funciona la mente de los operadores, era obvio que pensarían, instantáneamente, que Armour iba a por Stratton. Lógicamente, viendo el ataque abierto en la avena, llegarían a la conclusión de que la próxima ruptura se produciría en el maíz y comenzarían a venderlo. Si reventaba esa esquina de maíz, los beneficios serían fabulosos.

Mis conocimientos de psicología de los operadores de Chicago eran absolutamente correctos. Cuando vieron que la avena se rompía, se lanzaron a vender maíz con un gran entusiasmo. Pude comprar seis millones de busheis de maíz en los próximos diez minutos. Cuando vi que habían cesado sus ventas de maíz, compré los otros cuatro millones de busheis en el mercado. Por supuesto, eso hizo que los precios subieran otra vez, pero el resultado neto de mi maniobra fue que yo cubrí la línea completa de diez millones de busheis dentro de medio céntimo del precio reinante en el mercado cuando comencé a cubrir en la venta de los operadores. Los doscientos mil busheis de avena que vendí a corto, para hacer que los operadores comenzaran a vender el maíz, los cubrí con una pérdida de sólo tres mil dólares. Era una buena jugada. Las ganancias que había hecho en trigo superaban en tal cantidad a mi déficit en maíz, que la pérdida total en todas las operaciones con el grano fue de sólo veinticinco mil dólares. Después, el maíz alcanzó el precio de veinticinco céntimos el bushel. Stratton me tenía a su merced. Si me hubiera puesto a comprar mis diez millones de busheis sin preocuparme de pensar en el precio, no hace falta decir lo que habría tenido que pagar.

Un hombre no puede pasar muchos años tratando con algo, sin adquirir hacia ese algo una actitud completamente distinta a la del principiante. Esta diferencia es la que distingue al profesional del aficionado. Lo que hace que una persona haga o pierda dinero en los mercados de la especulación, es su forma de ver las cosas. El público tiene un punto de vista un tanto dilettante hacia su propio esfuerzo. El ego obstruye y por lo tanto el pensamiento no es tan profundo y exhaustivo. El profesional se preocupa por hacer lo que tiene que hacer, y no por hacer dinero, sabiendo que, si se presta atención a las demás cosas, los beneficios se cuidan de sí mismos. Un operador actúa en el juego, como el jugador de billar, o sea, mira hacia adelante en el juego en vez considerar tan solo la jugada que se encuentra frente a él. Se convierte en un instinto en busca de la posición.

Recuerdo haber oído una historia acerca de Addison Cammack que ilustra estupendamente lo que quiero señalar. Según todo lo que he oído, me inclino a pensar que Cammack era uno de los operadores de acciones más hábiles de Wall Street. No era un bajista crónico, como muchos piensan, sino que sentía una atracción especial por efectuar sus operaciones en el lado bajista y utilizar en su favor los dos grandes factores humanos de esperanza y miedo. Se le atribuye la frase- "¡No vendas valores cuando la sabia está subiendo por los árboles!" y los viejos me dicen que sus grandes ganancias las consiguió siempre en el lado alcista, por lo tanto, queda claro que no tenía prejuicios, sino condiciones. De todos modos, era un operador consumado. Parece ser que una vez, en la cola de un mercado al alza, Cammack estaba a la baja, y J. Arthur Joseph, escritor financiero lo sabía. Sin embargo, el mercado no solo era fuerte, sino además ascendente, en respuesta a las indicaciones de los líderes alcistas y de los informes optimistas de los periódicos. Sabiendo el uso que podía hacer de la información alcista un operador como Cammack, Joseph se apresuró un día a la oficina de Cammack con buenas noticias.

"Mr. Cammack, tengo un buen amigo que es jefe de transferencias en la oficina de St. Paul y acaba de decirme algo que debería saber."

"¿De qué se trata?", preguntó Cammack con indiferencia.

"Usted ha dado la vuelta, ¿no es así? ¿es ahora bajista?", preguntó Joseph, para asegurarse. Si Cammack no estaba interesado, no iba a derrochar una información tan valiosa.

"Sí ¿Cuál es esa información tan maravillosa?"

"He estado hoy en la oficina de Sr. Paul, tal y como hago dos o tres veces a la semana en busca de noticias, y mi amigo me ha dicho lo siguiente: "El viejo está vendiendo", se refería a William Rockefeller. "¿Es eso cierto Jimmy?" le dije, y él respondió, "Sí, está vendiendo mil quinientas acciones por cada tres octavos de punto hacia arriba. Hace ya dos o tres días que estoy haciendo la transferencia de las acciones." No he perdido el tiempo y he venido a decírselo directamente. "

Cammack no se excitó fácilmente, y, lo que, es más, estaba tan acostumbrado a que la gente entrara precipitadamente en su oficina con todo tipo de noticias, cotilleos, rumores, consejos y mentiras, que ahora desconfiaba de todos ellos. Dijo simplemente, "¿estás seguro de haber oído bien Joseph?"

"¿Que si estoy seguro? ¡Por supuesto que estoy seguro! ¿Crees que estoy sordo?", dijo Joseph.

"¿Estás seguro de tu amigo?"

"¡Absolutamente!" declaró Joseph. "Le conozco desde hace años. Nunca me ha mentido. ¡Nunca lo haría! Sé que es absolutamente digno de confianza y pondría la mano en el fuego por lo que él me dice. Le conozco perfectamente bien, mucho mejor de lo que tú pareces conocerme después de tantos años."

"Así que estás seguro de él ¿eh?" Y Cammack miró de nuevo a Joseph. Entonces dijo, "Bien, deberías saberlo". Llamó a su corredor, W.B. Wheeler. Joseph esperaba oírle dar una orden de vender al menos cincuenta mil acciones de St. Paul. William Rockefeller estaba disponiendo de sus acciones en St. Paul, tomando ventaja de la fuerza del mercado. El hecho de que fueran acciones especulativas, o valores de inversión, es algo irrelevante. Lo importante era que el mejor operador de Standard Oil estaba saliendo de St. Paul. ¿Qué habría hecho el hombre medio si hubiera recibido las noticias a través de una fuente fidedigna? No hace falta preguntarlo.

Pero Cammack, el mejor operador bajista de aquel tiempo, que justo en ese momento se encontraba en situación bajista, le dijo a su corredor, "Billy, ve al tablero y compra mil quinientos de St. Paul cada tres octavos hacía arriba. "El valor estaba entonces en los noventa.

"¿No quieres decir vender?", interrumpió Joseph fríamente. No era ningún novato en Wall Street, pero estaba pensando en el mercado desde el punto de vista del hombre de periódico y del público en general. El precio, ciertamente, iba a descender con las noticias de la venta interior. Y no había mejor venta interior que la de Mr. William Rockefeller. ¡El Standard Oil saliendo y Cammack comprando! ¡No podía ser!

"No," dijo Cammack; " ¡Quiero decir comprar!"

"¿No me crees?"

"¡Sí!"

"¿No crees en mi información?" "Sí"

"¿No estás a la baja?" "Sí"

"¿Entonces qué?

"Esa es la razón por la que estoy comprando. Ahora escúchame: Mantente en contacto con tu amigo, y en el momento en que se detenga la venta de valores, avísame. ¡Rápidamente ¿Entiendes?"

"Sí," dijo Joseph, y sin estar muy seguro de entender los motivos de Cammack para comprar las acciones de William Rockefeller. Era el conocimiento de que Cammack estaba bajista en el mercado, lo que hacía que la maniobra fuera tan difícil de explicar. Sin embargo, Joseph vio a su amigo y le dijo que quería que le avisara cuando el Viejo dejara de vender. Joseph, llamaba a su amigo dos veces al día, para preguntarle.

Un día su amigo, le dijo, "Ya no hay ninguna venta por parte del Viejo." Joseph le dio las gracias y corrió hacia la oficina de Cammack con la información.

Cammack escuchó con atención, se dio la vuelta hacia Wheeker y preguntó, "Billy, ¿cuántas acciones de St. Paul tenemos en la oficina?" Wheeler lo miró e informó de que habían acumulado alrededor de sesenta mil acciones.

Cammack, siendo bajista, había estado poniendo líneas a corto en otros varios valores, antes incluso de comenzar a comprar St. Paul. Ahora se encontraba muy a corto en el mercado. Ordenó a Wheeler vender las sesenta mil acciones de St. Paul con las que estaban a largo, y algunas más. Utilizó sus posiciones a largo de St. Paul como palanca para rebajar la lista general y beneficiar sus operaciones para un descenso.

St. Paul no se detuvo en ese movimiento hasta llegar a cuarenta y cuatro y Cammack tuvo un gran éxito financiero. Jugó sus cartas con una habilidad consumada y obtuvo los beneficios en la proporción adecuada. Todo se basaba en su actitud habitual hacia la operación. No le hacía falta reflexionar. Vio, de forma instantánea, lo que para él era más importante que el beneficio en ese determinado valor. Vio ante sí la oportunidad de comenzar sus operaciones a la baja, no solo en el momento adecuado, sino también con el adecuado empujón inicial. El consejo de St. Paul le hizo comprar en vez de vender, porque vio, rápidamente, que le proporcionaba una amplia oferta de la mejor munición para su campaña bajista.

Voy a volver a mí mismo. Tras cerrar mi operación con el trigo y el maíz, volví al sur en mi yate. Hice un crucero por las aguas de Florida, lo pasé estupendamente. La pesca fue genial. Todo era maravilloso. No me importaba absolutamente nada en el mundo. No tenía preocupaciones, ni tampoco las buscaba.

Un día fui a Palm Beach. Me encontré con un montón de amigos de Wall Street. Todos hablaban del especulador de algodón más pintoresco del día. Había llegado un informe de Nueva York que decía que Percy Thomas había perdido hasta el último céntimo. No era una quiebra comercial; era, meramente, el rumor del segundo Waterloo en el mercado del algodón del operador mundialmente famoso.

Siempre había sentido una gran admiración por él. La primera vez que oí hablar de él, fue a través de los periódicos en la época de la caída de la Casa de la Bolsa de Sheldon & Thomas, cuando Thomas trató de arrinconar el algodón. Sheldon, que no tenía la misma visión o el mismo coraje que su socio, tuvo miedo cuando ya estaba al borde del éxito. Al menos, eso es lo que se decía en Wall Street en aquel entonces. De todos modos, en vez de conseguir el éxito, lo que obtuvieron fue el fracaso más terrible de aquellos años. Ya he olvidado cuantos millones. La firma estaba herida, y Thomas se puso a trabajar por su cuenta. Se dedicó al algodón exclusivamente, y no tardó en recuperarse. Pagó sus deudas y sus intereses, deudas que legalmente no estaba obligado a pagar, y le quedaron además un millón de dólares para él. Su vuelta al mercado del algodón era en cierto modo, tan remarcable como la famosa proeza de Deacon ü.V. White, de pagar un millón de dólares en un año. El coraje y la inteligencia de Thomas, me hicieron admirarle inmensamente.

En Palm Beach, todo el mundo hablaba del colapso de Thomas en el algodón de marzo. Ya se sabe cómo se desarrollan los comentarios, y cómo crecen; la cantidad de información tergiversada y de exageraciones que se pueden llegar a oír. He podido ver, cómo cierto rumor, sobre mí mismo, crecía tanto, que la misma persona que lo inició, no lo reconoció cuando el rumor llegó de nuevo a sus oídos en menos de veinticuatro horas, inflado con toda clase de nuevos y pintorescos detalles.

Las noticias de la última desventura de Percy Thomas hizo que mi mente se olvidara de la pesca y se concentrara en el mercado del algodón. Conseguí archivos de periódicos y los leí para hacerme una idea de las condiciones. Cuando volví a Nueva York me rendí y dejé de estudiar el mercado. Todo el mundo era bajista y todo el mundo estaba vendiendo el algodón de julio. Ya se sabe cómo es la gente. Supongo que es el contagio del ejemplo, lo que hace que un hombre haga algo solo por el hecho de que todos los que se encuentran a su alrededor lo están haciendo.

Quizás es alguna fase o variante del instinto gregario. De todos modos, según la opinión de cientos de operadores, vender el algodón de julio era lo más sabio que se podía hacer iy lo más seguro también! No se puede decir que la venta general que se produjo fuera atolondrada; la palabra es demasiado conservadora. Los operadores vieron simplemente un solo lado del mercado y una gran ganancia. Esperaban, desde luego, un colapso en los precios.

Vi todo esto, por supuesto, y me sorprendió que los muchachos que estaban a corto no tuvieran mucho tiempo para cubrirse. Cuanto más estudiaba la situación, más claramente lo veía, hasta que, finalmente, decidí comprar algodón de julio. Me puse a trabajar y compré, rápidamente, cien mil acciones. No tuve ningún problema para conseguirlas, porque había muchos vendedores. Me daba la impresión de que podía haber ofrecido una recompensa por la captura, vivo o muerto, de un solo operador que no fuera a vender algodón de julio, y nadie la habría reclamado.

Debo decir que esto ocurrió en la última mitad de mayo. Yo seguí comprando y ellos siguieron vendiéndomelo hasta que obtuve todos los contratos flotantes y tuve ciento veinte mil acciones. Unos días más tarde de que comprara las últimas, empezaron a subir. Una vez que empezó, el mercado continuo portándose muy bien, o sea, subía de cuarenta a cincuenta puntos al día.

Un sábado, alrededor de diez días después de que comenzara las operaciones, el precio comenzó a subir. No sabía si había todavía algo de algodón a la venta. Descubrirlo dependía de mí, por lo tanto, esperé hasta los diez últimos minutos. En aquel entonces, era muy normal que los muchachos estuvieran a corto, y si el mercado cerraba por el día, ellos estarían a salvo. Por lo tanto, envié cuatro órdenes diferentes, para comprar cinco mil acciones con cada uno, en el mercado y al mismo tiempo. Eso hizo que el precio subiera treinta puntos y los cortos estaban haciendo todo lo que podían para escabullirse. El mercado cerró en el máximo. Y recuerde, todo lo que hice fue comprar esas últimas veinte mil acciones.

El día siguiente era domingo. Pero el lunes, Liverpool tenía que abrir veinte puntos más arriba para estar a la par con el ascenso de Nueva York. En lugar de eso, abrió con cincuenta puntos más arriba. Eso significa que Liverpool había excedido a nuestro ascenso en un 100%.

Yo no tenía nada que ver con el ascenso de ese mercado. Esto me mostró que mis deducciones habían sido seguras y que estaba operando a lo largo de la línea de menor resistencia. Al mismo tiempo, tampoco perdía de vista el hecho de que tenía a mi disposición una maravillosa línea. Un mercado puede avanzar bruscamente o elevarse de forma gradual y a pesar de ello, no disponer del poder suficiente para absorber más de una determinada cantidad de venta.

Por supuesto, las noticias de Liverpool hicieron que nuestro mercado se volviera loco. Pero observé que mientras más subía, más escaso parecía ser el algodón de julio. No iba a deshacerme de mi algodón, en ninguna cantidad. De modo general, ese lunes fue un día muy excitante y no demasiado alegre para los bajistas; pero a pesar de todo no detecté señales de pánico bajista inminente; ni comienzos de una ciega estampida para ponerse a cubierto. Y yo tenía ciento cuarenta mil acciones para las que tenía que encontrar un mercado.

El martes por la mañana, yo iba caminando hacia mi oficina cuando me encontré un amigo en la entrada del edificio.

"Esta mañana había una historia bastante interesante en *The World,*" dijo con una sonrisa

"¿Qué historia?", pregunté.

"¿Qué?, ¿me quieres decir que no lo has visto?"

"Nunca leo *The World,*" dije. "¿Cuál es la historia?"

"Es acerca de ti. Dice que tienes el algodón de julio arrinconado."

"No lo he visto," le dije, y me fui. No sé si me creyó o no. Probablemente pensó que era muy desconsiderado de mi parte no decirle si era cierto o no.

Cuando llegué a la oficina pedí que me trajeran el periódico. Desde luego, ahí estaba, en primera página, en un gran titular:

EL ALGODÓN DE JULIO ARRINCONADO POR LARRY LIVINGSTONE

Por supuesto, sabía que el anuncio haría el juego al mercado. Aunque hubiera estudiado deliberadamente los modos y medios de disponer de mis ciento cuarenta mil acciones con la mejor ventaja, no podría haber dado con un plan mejor. No habría sido posible encontrarlo.

Ese artículo, en ese mismo momento, estaba siendo leído en todo el país, tanto en *The World,* como en otros periódicos que hacían mención del artículo. Se había informado a Europa. Era por los precios de Liverpool. El mercado se había vuelto loco. Y con tales noticias, no era de extrañar.

Por supuesto, sabía lo que iba a hacer Nueva York y lo que iba a hacer yo. El mercado se abría aquí a las diez en punto. Diez minutos después de la diez, ya no me quedaba nada de algodón. Vendí todas y cada una de mis ciento cuarenta mil acciones. Para la mayor parte de la línea recibí los que resultaron ser los precios más altos del día. Los operadores me prepararon el mercado. Todo lo que yo hice fue ver una oportunidad caída del cielo para deshacerme de todo el algodón. Lo hice porque no pude evitarlo. ¿Qué otra cosa podía hacer?

El problema que yo creía tan difícil de resolver, quedó resuelto por accidente. Si *The World* no hubiera publicado el artículo, no habría sido nunca capaz de disponer de toda la línea sin sacrificar una gran parte de mis beneficios en papel. Vender ciento cuarenta mil acciones de algodón sin hacer que descienda el precio, era un truco que estaba más allá de mis poderes. Pero el artículo de *The World* me lo puso muy fácil.

No sé por qué razón publicó *The World* ese artículo. Nunca lo supe. Me supongo que el escritor recibió un soplo de algún amigo del mercado del algodón, y pensó que tenía una buena baza. No me entrevisté con él, ni con nadie del periódico. No sé si el artículo se imprimió esa mañana o después de las nueve; y si no llega a ser porque mi amigo me llamó la atención sobre el asunto, no lo habría sabido.

Sin el artículo, no habría tenido un mercado suficientemente grande como para descargar todo el algodón. Ese es el problema que se plantea cuando se opera a gran escala. No se puede uno escapar tan fácilmente. No puedes vender siempre todo lo que deseas en el momento en que lo deseas. Tienes que salir cuando puedes, cuando tienes un mercado capaz de absorber toda la línea. El fracaso a la hora de aprovechar la oportunidad de salir, puede costar millones. No se puede vacilar. Si lo haces estás perdido. Tampoco puedes intentar maniobras del tipo de aumentar el precio en los bajistas, a través de la compra competitiva, porque con ello, se puede reducir la capacidad de absorción. Y quiero decir que percibir la oportunidad no es tan fácil como suena. Un hombre debe estar muy alerta, para que cuando la oportunidad llame a la puerta, pueda agarrarla bien.

Por supuesto, no todo el mundo supo acerca de mi afortunado accidente. En Wall Street, y al igual que allí, en cualquier otro sitio, cualquier accidente que produzca mucho dinero, se mira con sospechas. Cuando el accidente no produce beneficios, no se le considera accidente, sino el resultado lógico de tu poca capacidad o de tu cabeza hueca. Cuando el accidente produce ganancias lo llaman saqueo, y hablan de lo bien que se paga la falta de escrúpulos, y lo mal que se paga el conservadurismo y la decencia.

No solo eran las *diabólicas mentes a corto,* que sufrían el castigo de su propia imprudencia quienes me acusaban de haber planeado el golpe de forma deliberada. Otra gente pensaba también lo mismo. Uno de los hombres más grandes del mercado del algodón de todo el mundo, me encontró un día o dos más tarde y dijo, "Ha sido ciertamente, la más astuta de todas tus maniobras, Livingston. Me estaba preguntando cuánto ibas a perder cuando quisieras poner en el mercado esa línea. Sabías que el mercado no era suficientemente grande para aceptar más de cincuenta o sesenta mil acciones sin liquidar, y me estaba empezando a plantear qué pensabas hacer con el resto para no perder todos tus beneficios en papel. Pero no había pensado en tu esquema. Ha sido muy astuto, desde luego."

"No tuve nada que ver con ello," le aseguré tan francamente como
pude.

Pero todo lo que él hacía era repetir:" ¡De lo más astuto, chico! ¡De los más astuto! ¡No seas tan modesto!

Fue después de esto, cuando algunos periódicos se referían a mí como al Rey del Algodón. Pero, tal y como dije, no me merecía esa corona. No hace falta decir que no hay suficiente dinero en los Estados Unidos para comprar las columnas del *World* ni suficiente empuje personal como para garantizar la publicación de una historia como ésa. Me dio una reputación que no me merecía.

Pero no he contado esta historia para moralizar sobre las coronas que se colocan algunas veces sobre las cabezas de operadores que no se las merecen, ni para hacer énfasis en la necesidad de estudiar la oportunidad, sin importar cómo o de dónde venga. Mi objetivo era tan sólo dar cuenta de la gran notoriedad que alcancé en los periódicos como resultado de la operación con el algodón de julio. Y si no hubiera sido por los periódicos no habría conocido nunca a un hombre tan remarcable, Percy Thomas

XII

Poco tiempo después de cerrar la operación del algodón de julio, con más éxito del que esperaba, recibí por correo una petición para una entrevista. La carta estaba firmada por Percy Thomas. Por supuesto, contesté inmediatamente que estaba encantado de verle en mi oficina a cualquier hora. Vino al día siguiente.

Le admiraba desde hacía mucho tiempo. Su nombre era muy conocido en cualquier lugar en donde existiera algún tipo de interés en lo referente a la cosecha o compra de algodón. En Europa, así como en todo este país, la gente tenía en cuenta la opinión de Percy Thomas. Recuerdo que, una vez en un centro turístico suizo, tuve una conversación con un banquero de El Cairo, que estaba interesado en la cosecha de algodón en Egipto en asociación con el difunto Sir Ernest Cassel. Cuando oyó que yo era de Nueva York me preguntó sobre Percy Thomas, él acostumbraba a recibir y leer sus informes con regularidad.

Siempre pensé que Thomas se enfrentaba a sus negocios de forma científica. Era un verdadero especulador, un pensador con la visión de un soñador y el coraje de un guerrero, un hombre excepcionalmente bien informado, que conocía la teoría y la práctica de las operaciones del algodón. Le encantaba escuchar y expresar sus ideas, teorías y abstracciones, y al mismo tiempo había muy poco sobre el lado práctico del mercado del algodón, o de la psicología de los operadores del algodón, que él no supiera, ya que hacía muchos años que operaba y había hecho grandes sumas de dinero.

Tras el fracaso de la Stock Exchange firm of Sheldon & Thomas, trabajó por su cuenta. Al cabo de dos años, regresó de forma casi espectacular. Recuerdo haber leído en el *Sun* que lo primero que hizo cuando se volvió a poner de pie financieramente, fue pagar sus viejas deudas por completo, y lo siguiente fue contratar a un experto para que estudiara y determinara el mejor modo de invertir un millón de dólares. Este experto examinó las propiedades y analizó los informes de diversas compañías y después recomendó la compra de acciones de Delaware & Hudson.

Bien, tras haber perdido millones de dólares y haber vuelto con más millones, Thomas fue liquidado como resultado de su operación en el mercado del algodón. No se desperdició mucho tiempo después de su visita. Propuso que formáramos una alianza de trabajo. Cualquier información que él consiguiera me la pasaría inmediatamente antes de que fuera del conocimiento del público en general. Mi trabajo consistiría en llevar a cabo la operación, para lo cual, dijo, yo tenía un genio especial del que él carecía.

Esto no me atrajo, por una serie de razones. Le dije francamente que no me sentía capaz de correr a velocidad doble, y que tampoco tenía intenciones de aprender. Pero él insistía en que sería una combinación ideal, hasta que le dije, claramente, que no quería tener nada que ver con todo lo que significara influenciar a las personas para la operación.

"Si hago el tonto," le dije, "sufro yo solo y pago la factura de una vez". No hay ningún pago a largo ni inconvenientes inesperados. Juego solo con una mano por casualidad, y también porque es el modo más sabio y barato de operar. Me produce placer el hecho de enfrentar mi cerebro contra los cerebros de los otros operadores, hombres que nunca he visto, con los que nunca he hablado,

a los que nunca he aconsejado la compra o la venta, y a los
que no espero conocer. Cuando hago dinero, lo hago
basándome en mis propias opiniones. No las vendo ni las
capitalizo. Si hiciera dinero de algún otro modo, me daría
la impresión de que no lo habría ganado. Su proposición no
me interesa, porque me interesa jugar sólo, para mí, y a mi
manera."

Dijo que sentía que fuera esa mi opinión, e intentó
decirme que estaba equivocado al rechazar su plan. Pero
me aferré a mis puntos de vista. El resto fue sólo charla,
una charla agradable. Le dije que sabía que iba "a volver" y
que consideraría un privilegio que me permitiera
concederle ayuda financiera. Pero dijo que no podía
aceptar ningún préstamo. Después me preguntó sobre mi
operación del algodón de julio
y le dije toda la verdad, cómo me había metido en ello, cuánto
algodón había comprado, a qué precio, y algunos otros detalles.
Charlamos un poco, y después se marchó.

Cuando dije hace tiempo que un especulador tenía muchos
enemigos, muchos de los cuales partían de él mismo, tenía en
mente mis muchos errores. He aprendido que un hombre puede
poseer una mente original y una costumbre de pensamiento
independiente que puede durar toda la vida y, a pesar de todo
ello, ser vulnerable ante los ataques de una personalidad
persuasiva. Soy bastante inmune ante los vicios especulativos
más comunes, la codicia, el miedo y la esperanza. Pero, como soy
un hombre, sé que puedo errar con gran facilidad.

Debería haber estado en guardia en aquel determinado
momento, porque no mucho antes de eso, había tenido una
experiencia que me demostró con qué facilidad se puede
convencer a un hombre de que haga algo que está en contra de
sus juicios y de sus deseos. Sucedió en la oficina de Harding. Yo
tenía una especie de oficina particular, una habitación que me
dejaban ocupar a mi sólo, y se suponía que nadie podía acercarse
a mí durante las horas de mercado sin mi consentimiento. No
quería que me molestaran y, como que estaba operando a muy
alta escala y mi cuenta era bastante beneficiosa, estaba bastante
bien protegido.

Un día, después de que se cerrara el mercado, oí que
alguien decía, "Buenas tardes, Mr. Livingston."

Me volví y vi a un extraño, un muchacho de unos treinta y
cinco años. No entendía cómo había entrado, pero ahí estaba.
Llegué a la conclusión de que estaba interesado en mis negocios,

pero no dije nada. Sólo le miré, y él dijo enseguida, "He venido a verle en relación con Walter Scott," y se fue.

Era un agente de libros. No era particularmente agradable en cuanto a sus maneras o a su modo de hablar. Tampoco era especialmente atractivo. Pero, desde luego, tenía personalidad. Él hablaba y yo pensaba que le escuchaba. Pero no sé lo que dijo. Creo que nunca lo supe, ni siquiera en aquel momento. Cuando terminó su monólogo, me dio primero su bolígrafo y después una hoja en blanco, que yo firmé. Era un contrato para comprar una serie de trabajos de Scott, por quinientos dólares.

En el momento en que firmé, volví a mí. Pero él tenía ya el contrato a salvo en su bolsillo. Yo no quería los libros. No tenía sitio para

ponerlos. Además, no me servían para nada. No tenía a nadie a quien regalárselos. Y, sin embargo, acepté comprarlos por quinientos dólares.

Estoy tan acostumbrado a perder dinero que nunca pienso primero en esa fase de mis errores. Es siempre el juego en sí, la razón, el motivo. En primer lugar, quiero conocer mis propias limitaciones y mis costumbres de pensamiento. Otra razón es que no deseo cometer dos veces el mismo error. *Un hombre sólo puede excusar sus errores capitalizándolos para los beneficios subsiguientes.*

Bien, habiendo cometido un error de quinientos dólares, y no habiendo localizado todavía el problema, miré al muchacho intentando analizarle. ¡Que me cuelguen si no me sonrió, una pequeña sonrisa de comprensión! Parecía estar leyendo mis pensamientos. Supe, de alguna manera, que no hacía falta que le explicara nada; lo sabía sin que yo se lo dijera. Por lo tanto, evité las explicaciones y los preliminares y le pregunté, "¿Cuánta comisión obtendrás de esos quinientos dólares?"

De pronto, agitó la cabeza y dijo," ¡No puedo hacerlo! ¡Lo siento!"

"¿Cuánto obtienes?", insistí.

"Un tercio. ¡Pero no puedo hacerlo!", dijo.

"Un tercio de quinientos dólares es ciento sesenta y seis dólares y sesenta y seis centavos. Te doy doscientos dólares si me devuelves el contrato firmado." Y para demostrarlo, saqué el dinero de mi bolsillo.

"Ya dije que no puedo hacerlo," dijo.

"¿Te hacen todos los clientes la misma oferta?, pregunté.

"No", respondió.

"Entonces, ¿por qué estabas tan seguro de que yo iba a hacértela?"

"Es lo que haría la gente como tú. Eres un perdedor de primera clase, y eso te convierte en un negociante de primera clase. Le estoy muy agradecido, pero no puedo hacerlo."

"Ahora dime por qué no deseas ganar más que tu comisión."

"No es eso exactamente," dijo. "No trabajo tan solo por la comisión."

"¿Para qué trabajas entonces?"

"Por la comisión y por el informe," respondió.

"¿Qué informe?"

"El mío."

"¿A dónde quieres llegar?"

"¿Tú trabajas sólo por dinero?", me preguntó.

"Sí", dije.

"No". Y agitó la cabeza. "No, no lo haces. No te es suficientemente grato el hacerlo. Desde luego, no trabajas tan solo para añadir unos cuantos dólares a tu cuenta del banco y no estás en Wall Street porque te gusta el dinero fácil. Obtienes placer de otro modo. Pues bien, aquí pasa lo mismo.

No discutí, y le pregunté, "¿Y dónde encuentras tú la diversión?"

"Bien", confesó, "todos tenemos nuestro punto débil."

"¿Y cuál es el tuyo?

"Vanidad", dijo.

"Bien," le dije, "has conseguido que firmara. Ahora quiero borrar esa firma, y te voy a pagar doscientos dólares por diez minutos de trabajo. ¿No es suficiente para tu orgullo?"

"No," respondió. "El resto de la gente lleva meses trabajando en Wall Street y no ha conseguido nada. Decían que era debido a los bienes del territorio. Por lo tanto, la oficina me ha mandado a mí para probar que la falta estaba en la capacidad de venta, y no en los libros ni en el lugar. Ellos trabajaban con una comisión del 25%. Yo estaba en Cleveland, en donde vendí ochenta y dos ejemplares en dos semanas. Yo estoy aquí para vender libros, no sólo a las personas que no compraron a los otros agentes, sino también a gente que ellos ni siquiera pudieron ver. Por eso me dan el 33 ,33 por ciento."

"No sé cómo te las ingeniaste para venderme esa serie."

"¿Por qué?, dijo de forma consoladora. "He vendido otra serie a

J.P."

"No, no es posible," dije.

"No se enfadó. Simplemente dijo; "De verdad, se la he vendido."

"¿Una serie de Walter Scott a J.P. Morgan, quien no solo tiene algunas buenas ediciones, sino también los manuscritos originales de algunas de las novelas?"

"Bien, aquí está." y me enseño un contrato firmado por el propio J. P. Morgan. Podía no haber sido la firma de Mr. Morgan, pero en aquel momento no se me ocurrió dudar. ¿No tenía la mía en su bolsillo? Todo lo que sentía era curiosidad. Así que le pregunté, "¿Cómo conseguiste pasar delante del bibliotecario?"

"No vi ningún bibliotecario. Vi al Viejo en persona. En la oficina."

"¡Eso es demasiado!" Dije. Todo el mundo sabía que era mucho más difícil entrar en la oficina privada de Mr. Morgan con las manosvacías, que en la Casa Blanca con un paquete que sonara como un despertador.

Pero él declaraba, "lo hice."

"Pero, ¿cómo conseguiste entrar en la oficina?"

"¿Cómo entré en la suya? replicó.

"No lo sé. Espero que tú me lo digas," dije.

"Bien, el modo de entrar en la oficina de Morgan y el modo de entrar en su oficina, son exactamente el mismo. Tan solo hablé con el muchacho de la entrada, que tiene el encargo de no dejarme entrar. Y el modo de hacer que Morgan firmara, es el mismo que utilicé para que firmara usted. No estaba firmando un contrato de una colección de libros. Tan solo cogió el bolígrafo que le di, e hizo lo que yo le pedí que hiciera. No hay diferencia. Igual que usted."

"¿Y es ésa la verdadera firma de Morgan?" le pregunté alrededor de tres minutos más tarde con escepticismo.

"¡Por supuesto!," contestó. "Sé perfectamente lo que estoy haciendo. Ahí está el secreto. Le estoy muy agradecido. Que tenga un buen día, Mr. Livingston." Y se dispuso a salir.

"Espera," dije. "Insisto en hacerte ganar doscientos dólares." y le di treinta y cinco dólares.

Agitó la cabeza. Después dijo: "No, no puedo hacer eso. ¡Pero puedo hacer esto!" Y sacó el contrato de su bolsillo, lo partió en dos trozos, y me los dio.

Conté doscientos dólares y se los ofrecí, pero él agitó de nuevo la cabeza.

"¿No es eso lo que querías?" dije.

"No."

"Entonces, ¿por qué rompiste el contrato?

"Porque no se ha lamentado, sino que se lo ha tomado tal y como lo hubiera hecho yo de haber estado en su lugar."

"Pero te ofrecí doscientos dólares de modo espontáneo, " le dije increpándole.

"Lo sé. Pero el dinero no lo es todo."

Algo en su voz hizo que le dijera, "Tienes razón; no lo es todo. ¿Y ahora qué es lo que en realidad quieres que haga por ti?"

"Es muy rápido, ¿no?" dijo. "¿Realmente quiere hacer algo por
mí?"

"Sí", le dije, "Quiero, pero que lo haga o no, depende de lo que tengas en mente. "

"Lléveme a la oficina de Mr. Harding y dígale que me deje hablar con él tres minutos de reloj. Después déjeme solo con él. "

Agité la cabeza y dije, "Él es un gran amigo mío."

"Tiene cincuenta años y es un viejo corredor de bolsa," dijo el agente de libros.

Eso era verdaderamente cierto, así que le llevé enseguida a la oficina de Ed.

No oí nada más acerca de aquel agente de libros. Pero una tarde, algunas semanas después, me lo encontré en un tren de la sexta avenida. Se quitó el sombrero, muy educadamente, y yo le devolví el saludo. Se acercó y me preguntó, "¿Qué tal está, Mr. Livingston? ¿Y cómo se encuentra Mr. Harding?"

"Se encuentra bien. ¿Por qué lo pregunta?" Sentí que estaba reservándose una historia.

"Le vendí libros por valor de dos mil dólares el día que usted me llevó a su oficina."

"No me ha dicho nunca nada acerca de eso", dije.

"No, los de su clase nunca hablan de ello."

"¿Quiénes son los de su clase?"

"De los que nunca cometen errores cuando se trata de malos negocios. Los de esa clase saben lo que quieren y nadie puede decirles nada diferente. Es el tipo de gente que está educando a mis hijos y mantiene a mi esposa de buen humor. Me hizo un gran favor, Mr. Livingston. Lo esperaba cuando rechacé los doscientos dólares que usted estaba tan deseoso de ofrecerme."

"¿Y qué habría pasado si Mr. Harding no le hubiera hecho un pedido?"

"Oh, pero yo sabía que lo haría. Yo ya había descubierto qué tipo de hombre era. Era obvio."

"Sí, pero ¿y si no le hubiera comprado ningún libro? Insistí.

"Habría vuelto a usted y le habría vendido algo. Que tenga un buen día Mr. Livingston. Voy a ver al alcalde". Y se levantó y abandonó el tren en Park Place.
"Espero que le venda diez colecciones, " dije. Su señoría fue un hombre de Tammany.

"Yo también soy republicano," dijo, y salió, no rápidamente, sino con tranquilidad, seguro de que el tren esperaría. Y esperó.

He contado esta historia con tantos detalles, porque concierne a un hombre remarcable, que me hizo comprar lo que yo no deseaba comprar. Fue el primer hombre que me hizo algo así. Nunca debió de haber un segundo, pero lo hubo. Nunca se puede contar con el hecho de ser un buen vendedor o con la completa inmunización de cualquier influencia de personalidad.

Cuando Percy Thomas abandonó mi oficina, después de que yo rechazara de forma educada, pero definitiva, su oferta de formar una alianza, yo habría jurado que nuestros senderos en los negocios nunca se cruzarían. Ni siquiera estaba seguro de volver a verle de nuevo. Pero el día siguiente me escribió una carta agradeciéndome mi oferta de ayuda e invitándome a ir a verle. Contesté que lo haría. Él escribió de nuevo. Después yo le llamé por teléfono.

Empecé a verle muy a menudo. Para mí era un gran placer escucharle, ¡sabía tanto y expresaba sus conocimientos de un modo tan interesante! Creo que es el hombre más magnético que he conocido.

Hablamos de muchas cosas, porque él es un hombre que lee mucho, que tiene un gran conocimiento de muchos temas y que posee un don especial para generalizar de modo interesante. La sabiduría de su lenguaje causa impresión; y su credibilidad es admirable. Había oído a muchas personas acusar a Percy Thomas de muchas cosas, incluyendo falta de sinceridad, pero a veces me pregunto si esa gran verosimilitud no procederá del hecho de que se convence a si mismo hasta tal punto, que llega a adquirir un gran poder para convencer a los otros.

Por supuesto, hablamos de temas del mercado de forma general. No estaba en situación alcista con el algodón, pero él sí. Yo no podía ver el lado alcista, pero él sí. Puso sobre el mantel tantos hechos y cifras, que yo me debería haber sentido ofuscado, pero no fue así. No podía negarlas, porque no podía negar su autenticidad, pero no me apartaron de mis creencias en lo que yo había aprendido por mí mismo. Pero él siguió en ello, hasta que dejé de sentirme seguro de mi propia información, la información que yo obtenía de todos los periódicos diarios. Eso significaba que no podía establecer la situación del mercado con mis propios ojos. No se puede convencer a un hombre en contra de sus propias convicciones, pero se le puede llevar a un estado de incertidumbre e indecisión, que es incluso peor, porque eso significa que ya no puede operar con seguridad y comodidad.

No puedo decir que me hice un lío, exactamente, pero sí que perdí mi posición; o más bien, deje de llevar a cabo mis propias reflexiones. No puedo dar detalles sobre los diversos pasos a través de los que alcancé el estado mental, que me iba a costar tan caro. Creo que fue su seguridad ante la precisión de sus cifras, que eran exclusivamente suyas, y la poca fiabilidad de las mías, que no eran exclusivamente mías, sino que eran propiedad pública. Él hacía énfasis en la demostrada fiabilidad de sus diez mil corresponsales colocados en el sur. Al final, terminé por interpretar las condiciones del mismo modo que él, porque estábamos los dos leyendo la misma página del mismo libro, que él sostenía delante de mis ojos. Él tenía una mente lógica. Una vez que acepté sus hechos, era obvio que mis propias conclusiones, derivadas de sus hechos, estarían de acuerdo con las suyas.

Cuando comenzó a hablarme de la situación del algodón, yo no solo estaba en situación bajista, sino que además estaba a corto en el mercado. Gradualmente, a medida que comencé a aceptar sus hechos y sus cifras, empecé a temer que había estado basando mi posición interior en mala información. Por supuesto, no podía sentirme de ese modo y no ponerme a cubierto. Y una vez que cubrí, porque Thomas me hizo pensar que estaba equivocado, no me pensé dos veces la posibilidad de ir a largo. Así es como funciona mi mente.

No he hecho nada en la vida, aparte de invertir en valores y mercancías. Y naturalmente, pienso que si no es correcto estar a la baja, lo correcto debe ser estar al alza. Y si lo correcto es estar al alza, es evidente que hay que comprar. Tal y como mi viejo amigo de Palm Beach decía que PaT Hearne solía afirmar, ¡" No se puede decir hasta que no se apuesta!" Debo comprobar si estoy en la posición adecuada o no; y las pruebas sólo se pueden leer en las declaraciones de mis corredores a final de mes.

Comencé a comprar algodón, y rápidamente conseguí mi línea, alrededor de sesenta mil acciones. Fue el juego más estúpido de toda mi carrera. En vez de mantener o caer por mis propias observaciones y deducciones, lo único que estaba haciendo era jugar al juego de otro. Y era evidente que mis juegos tontos no terminarían con sólo eso. No solo había comprado cuando no tenía ningún sentido estar al alza, sino que además, no había acumulado mi línea de acuerdo con el conocimiento de la experiencia. No estaba operando bien. Había escuchado, y ahora estaba perdido.

El mercado no iba en mi dirección. Nunca tengo miedo o estoy impaciente cuando estoy seguro de mi posición. Pero el mercado no actuaba como debía hacerlo, si Thomas hubiera tenido razón. Tras haber dado el primer mal paso, di el segundo y el tercero y, por supuesto, me llené de barro.

No solo me dejé convencer de no tomar mi pérdida, sino, además, de mantener el mercado. Este estilo de juego es ajeno a mi naturaleza y contrario a mis principios y teorías de operación. Lo había hecho mejor en la época de los bucket-shops. Pero ahora no era yo mismo. Era otro hombre, una persona Thomatizada.

No solo estaba a largo con el algodón, sino que, además, estaba llevando una fuerte línea de trigo. Eso iba perfectamente y me estaba mostrando un gran beneficio. Mis tontos esfuerzos de reforzar el algodón habían incrementado mi línea hasta alcanzar la cantidad de ciento cincuenta mil acciones. Debo decir que ya, en aquel momento, no me sentía muy bien. No digo esto para excusarme, sino para dejar claro un hecho. Recuerdo que me trasladé a Bayshore para descansar.

Mientras estuve ahí, me dediqué a pensar. Me pareció que mis compromisos especulativos eran demasiado grandes. No soy tímido, normalmente, pero comencé a sentirme nervioso y eso hizo que aligerara la carga. Para hacer esto debía liberarme del algodón o del trigo.

Parece increíble que, conociendo el juego tan bien como lo conocía y con la experiencia de doce o catorce años de especulación en valores y mercancías, *hiciera precisamente lo que no tenía que hacer. El algodón me mostró una pérdida y la mantuve. El trigo me mostró una ganancia y lo vendí.*

Fue un juego verdaderamente tonto, pero todo lo que puedo decir a mi favor, es que no se trataba de mi forma de operar, sino de la de Thomas. *Entre todas las patochadas especulativas, la mayor es tratar de hacer la media en un juego de pérdidas.* Mi operación con el algodón lo demostró un poco más tarde. *Venda siempre lo que le muestre una pérdida y mantenga lo que le muestra una ganancia.* Obviamente, eso era lo más inteligente que se podía hacer, y era además algo tan conocido que todavía hoy me maravillo por haber hecho exactamente lo contrario.

Así que vendí el trigo, y con ello acorté mis beneficios. Tras vender, el precio subió sin parar a la velocidad de veinte céntimos el bushel. Si lo hubiera mantenido me habría proporcionado una ganancia de ocho millones de dólares. ¡Y cuando decidí seguir con la proposición de pérdida, compré más algodón!

Recuerdo, claramente, que cada día compraba más algodón. ¿Y por qué cree que lo compraba? ¡Para evitar que el precio bajara! Si eso no es ser superidiota, ¿qué es? Me dediqué a poner más y más dinero, más dinero para perder, por supuesto. Mis corredores y mis amigos íntimos no podían entenderlo; y todavía hoy no lo entienden. Por supuesto, si la operación hubiera resultado de otra manera, habría sido una maravilla. Más de una vez se me aconsejó no fiarme demasiado de los brillantes análisis de Percy Thomas. No hice ningún caso, y seguí comprando algodón para evitar que el precio bajara. Incluso compré algodón en Liverpool. Acumulé cuatrocientas cuarenta mil acciones antes de darme cuenta de lo que estaba haciendo. Y entonces fue ya demasiado tarde. Así que liquidé la línea.

Perdí casi todo lo que había ganado en mis anteriores operaciones con valores y mercancías. No estaba totalmente arruinado, pero tenía muchos menos cientos de miles de dólares, que millones tenía cuando conocí a mi brillante amigo Percy Thomas. Para mí, el hecho de violar las leyes que la experiencia me había enseñado a observar, para poder llegar al éxito, era mucho más que una idiotez.

El hecho de aprender que un hombre puede llevar a cabo actuaciones absurdas, sin ningún tipo de razón, fue una valiosa lección. Me costó millones aprender que otro peligroso enemigo del operador es su susceptibilidad ante las recomendaciones de una personalidad magnética expresada con convicción por una mente brillante. Sin embargo, siempre me ha parecido, que también habría aprendido muy bien la lección si sólo me hubiera costado un millón. Pero el destino no siempre te permite fijar la tarifa de aprendizaje. El destino entrega su material educacional y presenta su propia factura, sabiendo que la vas a pagar, sea cual sea la cantidad. Tras aprender lo tonto que podía llegar a ser, puse cierre a ese incidente. Percy Thomas salió de mi vida.

Ahí estaba, con más de nueve décimos de mi capital, como Jim Fisk solía decir, desaparecidos con el viento, empeñado. Había sido millonario durante menos de un año. Los millones los había hecho

utilizando mi cerebro, y con ayuda de la suerte. Los había perdido invirtiendo el proceso. Vendí mis dos yates, y era menos extravagante en mi modo de vida.

Pero aquel golpe no fue suficiente. La suerte estaba en mi contra. Me enfrenté primero a la enfermedad y después a la urgente necesidad de doscientos mil dólares en efectivo. Hacía solo unos meses, esa cifra no habría significado nada en absoluto; pero ahora era casi todo lo que quedaba de mi fortuna. Tenía que conseguir el dinero y la pregunta era: ¿Dónde lo iba a conseguir? No quería pedírselo a mis corredores, porque si lo hacía me quedaría muy poco margen para mis operaciones; y necesitaba facilidades operativas más que nunca, si quería volver a recuperar los millones rápidamente. Sólo había una alternativa, ¡y consistía en obtenerlo del mercado de valores!

¡Piensa en ello! Si sabes mucho sobre el cliente medio de las oficinas de comisión, estarás de acuerdo conmigo en que la esperanza de hacer que el mercado pague la factura es la más prolífica suerte de pérdidas de Wall Street. Conseguirás todo lo que quieras si te aferras a tus determinaciones.

En la oficina de Harding, un invierno, un pequeño grupo de peces gordos se gastó treinta o cuarenta mil dólares en un abrigo, y ninguno de ellos vivió para llevarlo. Ocurrió también que un importante operador de parqué desde que se había hecho mundialmente famoso, venía al edificio de la bolsa llevando un abrigo de pieles forrado con piel de nutria marina. En aquellos tiempos, antes de que los precios de las pieles subieran hasta el techo, ese abrigo estaba valorado en sólo diez mil dólares. Pues bien, uno de los muchachos de la oficina de Harding, Bob Keown, decidió comprarse un abrigo revestido de piel rusa. Vio uno en la ciudad. El precio era casi el mismo, diez mil dólares.

"Eso es un montón de dinero," objetó uno de los muchachos.

"¡Oh, bien, bien! admitió Bob Keown amigablemente. " Casi el salario de dos semanas, a menos que vosotros chicos me lo queráis regalar como un pequeño, pero sincero, detalle de la estima en que tenéis al hombre más excelente de la oficina. ¿Estoy oyendo el discurso de presentación? ¿no? Muy bien. ¡Dejaré que me lo compre el mercado de valores!

"¿Por qué quieres un abrigo de piel de sable?" preguntó Ed Harding.

"Porque me quedaría muy bien, " replicó Bob.

"¿Y cómo dijiste que lo ibas a pagar?" preguntó Jim Murphy, que era busca pronósticos estrella de la oficina.

"Con una adecuada inversión de carácter temporal, James. Así es como lo voy a pagar," respondió Bob, que sabía que lo único que quería Murphy era un pronóstico.

Y por supuesto, Jimmy preguntó, "¿qué acciones vas a comprar?"

"Equivocado como siempre, amigo. No es momento de comprar nada. Propongo vender cinco mil Steel. Va a bajar al menos diez puntos. Sólo tomaré dos puntos y medio netos. Bastante conservador ¿no?"

"¿Qué has oído sobre el tema?" preguntó Murphy con ansia. Era un hombre alto, de pelo negro y aspecto enfadado, debido a su costumbre de no salir nunca a comer, por miedo a perderse algo de la cinta.

"He oído que el abrigo es lo que he planeado obtener." Se volvió hacia Harding y dijo, "Ed, ¡vende cinco mil U.S. Steel en el mercado! ¡Hoy, cariño!"

Este Bob era un apostador, y le gustaba hacer comentarios graciosos. Era su forma de hacer saber al mundo que tenía nervios de acero. Vendió cinco mil acciones de Steel, y el valor subió rápidamente. Y como no era ni la mitad de tonto de lo que parecía cuando hablaba, Bob detuvo su pérdida en un punto y medio y nos confesó que el clima de Nueva York era demasiado caluroso para llevar abrigos de piel. Eran poco saludables y ostentosos. El resto de los muchachos se mofó de él. Pero no pasó mucho tiempo antes de que uno de ellos comprara Unión Pacific para pagar el abrigo. Perdió mil ochocientos dólares y dijo que la piel de sable estaba muy bien para las mujeres, pero no para la parte interior de un elemento que iba a llevar un hombre modesto e inteligente.

Tras esto, uno tras otro, todos los muchachos intentaron hacer que el mercado pagara el abrigo. Un día dije que lo iba a comprar para evitar que la oficina se fuera a la quiebra. Pero todos dijeron que no era muy deportivo, que, si quería el abrigo para mí, debía dejar que el mercado me lo diera. Ed Harding aprobó mi idea y esa misma tarde fui al peletero a comprarlo. Descubrí que un hombre de Chicago lo había comprado una semana antes.

Ese es el caso. No hay un solo hombre en Wall Street que no haya perdido dinero tratando de hacer que el mercado pagara un automóvil, un brazalete, una lancha o un cuadro. Se podría construir un hospital con

todos los regalos de cumpleaños que el roñoso mercado de valores se ha negado a pagar. De hecho, creo que, de todas las ganancias de Wall Street, la intención de hacer que el mercado de valores haga de hada madrina, es la más persistente.

Al igual que todos los verdaderos vudús, éste tiene su razón de ser. ¿Qué es lo que hace un hombre cuando intenta que el mercado le pague una necesidad repentina? Lo que hace es tener esperanza. Juega, se arriesga. Por lo tanto, corre riesgos mucho más grandes de los que correría si especulara inteligentemente, de acuerdo con sus opiniones o creencias a los que ha llegado de modo lógico, tras un estudio de las condiciones subyacentes. Para empezar, busca un beneficio intermedio. No se puede permitir el lujo de esperar. Si es que el mercado se porta bien con él, deberá hacerlo inmediatamente. Alude que lo único que quiere emplazar es una apuesta nivelada. Como está preparado para salir corriendo rápidamente, o sea, detener la pérdida en dos puntos, cuando todo lo que espera hacer es dos puntos, se abraza a la falacia de que se está arriesgando al cincuenta por ciento. Pues bien, he conocido muchos hombres que han perdido miles de dólares en tales operaciones, particularmente en compras efectuadas a la altura de mercado alcista, justo antes de una reacción moderada. Desde luego, éste no es modo de operar.

Bien, en mi carrera como operador de acciones fue esta cesión la gota que colmó el vaso. Me derrotó. Perdí lo poco que me había dejado mi operación con el algodón. Me hizo incluso más daño, porque yo seguí operando, y perdiendo. Seguía pensando que el mercado de valores, al final, tendría que proporcionarme dinero, por fuerza. Pero el único final a la vista, era el final de mis recursos. Me puse en deuda, no solo con mis principales corredores, sino también con algunos otros que aceptaron mis negocios sin poner un margen adecuado. No sólo tuve deudas entonces, sino que seguí en deuda de ahí en adelante.

XIII

Ahí estaba de nuevo en la ruina, que ya era bastante malo, pero era mucho peor haber estado equivocado en las operaciones. Estaba enfermo, nervioso, afectado y era incapaz de razonar con calma. O sea, estaba en un estado mental en el que ningún operador debería estar cuando está operando.

Todo me iba mal. De hecho, estaba empezando a pensar que nunca recuperaría el sentido de la proporción que había perdido. Habiéndome acostumbrado a grandes líneas, digamos, más de cien mil acciones de un valor, temía no poder tener demasiado juicio al operar a pequeña escala. No parece ser de gran valor el hecho de estar en la situación correcta, cuando todo lo que llevas son cien acciones de un valor. Tras acostumbrarme a tomar beneficios de una línea grande no estaba seguro de saber cuándo tomar mis beneficios en una línea pequeña. No puedo describir todo lo desarmado que me sentía.

En la ruina de nuevo e incapaz de asumir la ofensiva con valor. ¡En deuda y equivocado! Tras todos aquellos años de éxito, mitigados por los errores que me habían servido para prepararme el camino para un éxito mayor, estaba ahora mucho peor que cuando empecé en los bucket-shops. Había aprendido muchas cosas sobre el juego de la especulación, pero no había aprendido tanto sobre el juego de la debilidad humana. No hay ninguna mente suficientemente mecánica, como para que se pueda confiar en que funcione con la misma eficacia en cualquier momento. Ahora había aprendido que no podía evitar que me afectaran los hombres y las desventuras.

La pérdida de dinero nunca me ha preocupado en absoluto. Pero otros problemas sí. Estudié mi desastre en profundidad y por supuesto no tuve ninguna dificultad en hallar en donde había hecho el tonto. Encontré el tiempo y el lugar exacto Un hombre debe conocerse en profundidad si desea sacar buen partido de los mercados especulativos. Llegar a conocer todo lo que era capaz de hacer en un arrebato de locura, fue un gran paso educacional.

Algunas veces pienso que, en el caso de los especuladores, ninguno de los precios que tengan que pagar, es demasiado alto, siempre que esto evite que se vuelva una cabeza hueca. Muchos de los grandes errores cometidos, por hombres brillantes, se pueden atribuir a la cabeza hueca, una enfermedad cara en todos los sitios y para todas las personas, pero mucho más especialmente en Wall Street, y para un especulador.

No era feliz en Nueva York, sintiéndome como me sentía. No quería operar, porque no estaba en condiciones de hacerlo. Decidí marcharme y buscar el capital en algún otro lado. El cambio de paisaje podría ayudarme a encontrarme a mí mismo de nuevo, pensé. Así que, una vez más, dejé Nueva York, derrotado por el juego de la especulación. Estaba más que arruinado, ya que debía más de cien mil dólares entre varios corredores.

Fui a Chicago, y allí encontré capital. No era un capital muy substancioso, pero eso significaba que sólo necesitaba un poco más para volver a recuperar mi fortuna. Una casa con la que había hecho negocios, tenía fe en mi habilidad como operador, y estaban dispuestos a demostrarlo permitiéndome operar en su oficina a pequeña escala.

Comencé muy conservadoramente. No sé lo que habría conseguido si me hubiera quedado allí. Pero una de las más remarcables historias de mi carrera interrumpió mi estancia en Chicago. Es una historia casi increíble.

Un día recibí un telegrama de Lucius Tucker. Le había conocido cuando él era manager de una firma de bolsa a la que había dado a veces algunos negocios, pero había perdido su pista. El telegrama decía:

Ven a Nueva York inmediatamente.

L. Tucker.

Él sabía a través de amigos comunes, cual era mi situación, y por lo tanto estaba claro que escondía algo debajo de la manga. Al mismo tiempo no tenía dinero suficiente, como para permitirme el lujo de un viaje innecesario a Nueva York ; por eso, en vez de hacer lo que me pedía, me puse en contacto telefónico con él.

"He recibido tu telegrama," dije. "¿Qué significa?"

"Significa que un gran banquero de Nueva York quiere verte," respondió.

"¿Quién es?" pregunté. No me podía imaginar quien sería.

"Te lo diré cuando vengas a Nueva York."

"¿Dices que quiere verme?"

"En efecto."

"¿Sobre qué?"

"Te lo dirá él en persona si le das una oportunidad," dijo Lucius.

"¿No me puedes escribir?"

"No."

"Entonces dime algo más," dije.

"No quiero."

"Mira Lucius," dije, "dime esto tan solo: ¿es éste un viaje absurdo?"

"Por supuesto que no. Si vienes el beneficio será tuyo. "

"¿No me puedes dar una pista?

"No," dijo. "No sería justo para él. Y, además, no sé lo que está dispuesto a hacer por ti. Pero acepta mi consejo: Ven, rápidamente."

"¿Estás seguro de que es a mí a quien quiere ver?"

"Nadie más que tu serviría. Lo mejor que puedes hacer es venir, te lo digo de verdad. Telegrafía diciéndome que tren vas a tomar e iré a esperarte a la estación."

"Muy bien," dije, y colgué.

No me gustaba que hubiera tanto misterio, pero sabía que Lucius era un amigo y debía haber una buena razón para que me hablara de la forma que lo hizo. Las cosas no me iban tan maravillosamente en Chicago, como para que se me rompiera el corazón al irme. Tal y como estaba operando, tendría que pasar mucho tiempo antes de que pudiera reunir el dinero suficiente para operar a gran escala.

Volví a Nueva York, sin saber lo que iba a suceder. De hecho, más de una vez, durante el viaje, temí que no ocurriera nada y que había de perder la tarifa del viaje y el tiempo. No podía imaginar que estaba a punto de tener la experiencia más curiosa de toda mi vida.

Lucius me esperaba en la estación, y no tardó en decirme que me había llamado ante la petición urgente de Mr. Daniel Williamson, de la conocida casa de bolsa de Williamson & Brown. Mr. Williamson pidió a Lucius que me dijera que me iba a hacer una proposición relacionada con un negocio, que estaba seguro que yo no rechazaría, ya que iba a ser muy beneficiosa para mí. El carácter de la firma era una garantía de que no se me iba a pedir que hiciera nada impropio.

Dan Williamson era el miembro principal de la firma, que fue fundada por Egbert Williamson en los años 70. Hacía ya tiempo que no había ningún Brown, y en esos momentos tampoco lo había. La casa había sido muy importante en los tiempos del padre de Dan. Dan había heredado una considerable fortuna y no buscaba muchos negocios exteriores. Tenían un cliente que valía por cien clientes de tipo medio, y éste era Alvin Marquand, cuñado de Williamson, que además de ser director de una docena de bancos y fideicomisarios era presidente del gran sistema Chesapeake and Atlantic Railroad. Era la persona más pintoresca del mundo de los ferrocarriles, después de James J. Hill, y era portavoz y miembro principal de un grupo bancario conocido como la panda de Fort Dawson. Su valor oscilaba entre cincuenta y quinientos millones de dólares, la estimación dependía del estado de ánimo del que hablara. Cuando murió, descubrieron que tenía un valor de doscientos cincuenta millones de dólares, todos ganados en Wall Street. Así que con esto se puede ver, por qué se le consideraba tan buen cliente.

Lucius me dijo que acababa de aceptar un trabajo con Williamson & Brown. Se suponía que era una especie de "obtenido de negocios" circulante. La firma estaba detrás de un negocio de comisiones y Lucius había inducido a Mr. Williamson a abrir unas cuantas sucursales, una en uno de los grandes hoteles de la ciudad y otra en Chicago. Me imaginé que me iba a ofrecer un trabajo en el último sitio, posiblemente como manager, que era algo que yo iba a aceptar. No le interrumpí, porque pensé que era mejor esperar a que me hiciera la oferta antes de rechazarla.

Lucius me llevó a la oficina privada de Mr. Williamson, nos presentó y salió de la habitación apresuradamente, como si deseara evitar que le llamaran como testigo en un caso en el que conocía a las dos partes. Me preparé para escuchar y decir luego que no.

Mr. Williamson fue muy amable. Era un hombre íntegro, con muy buena educación y una amistosa sonrisa. Pude imaginarme que no le era difícil hacer amigos y mantenerlos, ¿por qué no? ra rico y por lo tanto tenía buen humor. Tenía mucho dinero y por lo tanto no se podía sospechar que sus motivos fueran sórdidos. Estas cosas, junto con su educación y preparación social, hacían que le fuera fácil ser amable, amistoso y, además, de gran ayuda.

No dije nada. No tenía nada que decir, además, siempre dejo que los demás digan todo lo que tienen que decir antes de hacer ningún comentario. Alguien me dijo que el difunto James Stillman, presidente del National Bank, era íntimo amigo de Williamson, tenía la costumbre de escuchar en silencio, con aspecto impasible, a cualquiera que le hiciera una proposición.

Cuando la persona terminaba de hablar, Mr. Stillman continuaba mirándole, como si todavía no hubiera terminado. Por lo tanto, la persona, sintiendo que tenía que decir algo, lo hacía. Simplemente, mirando y escuchando, Stillman hacia que la persona le hiciera la oferta en unos términos mucho más ventajosos de los que había pensado ofrecer cuando comenzó a hablar.

Yo no mantengo silencio sólo para inducir a la gente a que me hagan buenas ofertas, sino porque me gusta conocer todos los puntos del caso. Si se deja que una persona diga todo lo que tiene que decir, se puede tomar una decisión rápidamente. Es un gran ahorro de tiempo. Evita los debates y las discusiones prolongadas que no van a ninguna parte. Todas las proposiciones de negocios que se me hacen, se pueden establecer con mi sí o con mi no. Pero no puedo decir sí o no, a menos que tenga ante mí una proposición completa.

Dan Williamson dijo todo lo que tenía que decir, y yo escuché todo lo que tenía que escuchar. Me dijo que había oído muchas cosas sobre mis operaciones y que lamentaba mucho mi fracaso con el algodón. A pesar de todo, él tenía el placer de entrevistarme. Pensaba que mi fuerte era el mercado de valores, que había nacido para ello, y que no debía alejarme de él.

"Y esa es la razón, Mr. Livingston," concluyó de forma placentera, "por la que quiero hacer negocios con usted."

"¿Hacer negocios cómo? le pregunté.

"Siendo sus corredores," dijo. "A mi firma le gustaría llevar a cabo sus negocios en bolsa."

"Me gustaría concedérselo," dije, "pero no puedo."

"¿Por qué no? " preguntó.

"Porque no tengo dinero," respondí.

"En eso no hay problema," dijo con una amistosa sonrisa. "Yo lo proporcionaré."Sacó un talonario de cheques del bolsillo, rellenó un cheque por veinticinco mil dólares a mi nombre, y me lo dio.

"¿Para qué es esto? " pregunté.

"Para su depósito en nuestro banco. Retirará sus propios cheques. Quiero que haga todas sus operaciones en nuestra oficina. No me importa si gana o pierde. Si ese dinero se pierde, yo personalmente le daré otro cheque. O sea, que no hace falta que sea demasiado cuidadoso con ése. ¿Lo entiende?

Sabía que la firma era demasiado rica y próspera como para necesitar los negocios de nadie, y mucho menos como para dar a un muchacho el dinero suficiente para poner un margen. ¡Y sin embargo él era tan agradable! En vez de darme un crédito con la casa, me daba el dinero en efectivo, de manera que sólo él sabía de dónde venía, la única condición era que si operaba debía hacerlo a través de su firma. ¡Y después la promesa de que habría más si es que éste desaparecía! A pesar de todo, debía haber alguna razón.

"¿Cuál es la idea?" le pregunté.

"La idea es, simplemente, que queremos tener un cliente en nuestra oficina que sea conocido como un gran operador activo. Todo el mundo sabe que mantiene grandes líneas en el lado corto, que es lo que, a mí, particularmente, me gusta de usted. Se le conoce como el Apostador."

"No acabo de entenderlo," dije.

"Seré franco con usted, Mr. Livinston. Tenemos dos o tres clientes muy ricos que compran y venden valores a gran escala. No quiero que Wall Street empiece a sospechar que venden valores a largo, cada vez que vendemos diez mil o veinte mil acciones de un valor. Si Wall Street sabe que usted está operando en nuestra oficina, sabrá si lo que viene al mercado es su venta a corto o los valores a largo de los otros clientes."

Lo comprendí rápidamente. Vi enseguida que Dan Williamson me estaba ofreciendo la oportunidad de volver, y volver rápidamente. Tomé el cheque, lo llevé al banco, abrí una cuenta con su firma y comencé a operar. Era un mercado bueno y activo, suficientemente amplio como para no tener que limitarse a una o dos especialidades. Como ya dije, había comenzado a temer haber perdido la capacidad de hacerlo bien. Pero parece que no era así. En un periodo de tres semanas había conseguido unos beneficios de ciento doce mil dólares, con los veinticinco mil que Dan Williamson me había prestado.

Fui a verle y le dije, "He venido a devolverle los veinticinco mil dólares."

"¡No!¡No! dijo, y con la mano hizo ademán de que me alejara, como si le hubiera ofrecido un coctel de aceite de ricino. "No, no, muchacho, espere hasta que su cuenta alcance una cantidad prudente. No piense en ello todavía. Ahí solo tiene todavía comida de pollos."

Ahí es donde cometí un error del que me he arrepentido mucho más que de todos los que cometí en mi carrera en Wall Street. Fue responsable de largos y temibles años de sufrimiento. Debí haber insistido en que tomara su dinero. Estaba preparando el camino para hacer una fortuna mucho mayor que la que había perdido, y estaba caminando muy deprisa.

Durante tres semanas, el beneficio medio fue del 150% a la semana. De ahí en adelante mis operaciones irían en escala ascendente. Pero en vez de liberarme de todas mis obligaciones, dejé que se saliera con la suya y no le obligé a aceptar los veinticinco mil dólares. Por supuesto, como él no retiraba los veinticinco mil dólares, que me había prestado, yo tenía la sensación de que tampoco podía retirar mis ganancias. Le estaba muy agradecido, pero no gusta deber dinero ni favores. El dinero lo podía devolver con dinero, pero los favores los tenía que pagar con algo parecido, y a veces te encuentras con que estas obligaciones morales tienen un precio muy alto. Además, no hay estatuto de limitaciones.

Dejé el dinero tal y como estaba y reanudé mis operaciones. Me estaba saliendo todo muy bien. Estaba recuperando el equilibrio y estaba seguro de que no pasaría mucho tiempo antes de alcanzar el ritmo de 1907. Una vez hecho esto, todo lo que quería es que el mercado se mantuviera un poco, mientras yo recuperaba lo que había perdido. Pero el hecho de hacer, o no hacer, el dinero no me preocupaba demasiado. Lo que me hacía feliz era pensar que ya había perdido la costumbre de equivocarme, de no ser yo mismo. Mi situación durante meses había sido catastrófica, pero había aprendido la lección.

Justo por entonces, me volví bajista y comencé a vender a corto varios valores de compañías ferroviarias. Entra ellas estaba Chesapeake &

Atlantic. Creo que puse una línea a corto; alrededor de unas ocho mil acciones.

Una mañana cuando llegué a la ciudad, Dan Williamson me llamó a su oficina particular antes de que abriera el mercado y me dijo: "Larry, no hagas nada en Chesapeake & Atlantic en este momento. Hiciste mal vendiendo ocho mil a corto. Te los puso a corto esta mañana en Londres, y salieron adelante."

Estaba seguro que Chesapeake & Atlantic estaba bajando. La cinta me lo dijo claramente; y además estaba a la baja todo el mercado, no terriblemente bajista, pero lo suficiente como para sentirme a gusto con una línea corta.

Le dije a Williamson, "¿Por qué ha dicho eso? está a la baja todo el mercado y va a bajar más todavía."

Pero él movió la cabeza y dijo, "lo hice porque resulta que sé algo acerca de Chesapeake & Atlantic que usted no podía saber. Mi consejo es que no venda, por el momento, acciones a corto hasta que yo le diga que ya no hay peligro."

¿Qué podía hacer? No era un pronóstico tonto. Era un consejo que venía del cuñado del presidente de la mesa de directores. Dan no era sólo el amigo más íntimo de Alvin Marquand, sino que además había sido amable y generoso conmigo. Había demostrado tener fe en mí y confianza en mi palabra. No podía menos que agradecérselo. Así que, de nuevo, los sentimientos ganaron la partida al juicio y cedí. Subordinar mis juicios a sus deseos me costaba mucho esfuerzo. La gratitud es algo que un hombre decente no puede evitar sentir, pero se debe evitar que un sentimiento te anule. Lo primero que supe, es que no sólo había perdido todas mis ganancias, sino que además debía a la firma ciento cincuenta mil dólares. Me sentí bastante mal, pero Dan me dijo que no me preocupara.

"Le sacaré del apuro," prometió. "Sé que lo haré. Pero sólo puedo hacerlo si usted me deja. Tendrá que dejar de hacer los negocios por su cuenta. No puedo trabajar para usted y después deshacer todo el trabajo en su nombre. Simplemente, salga del mercado y deme una oportunidad de que yo gane algún dinero para usted. ¿Lo hará, Larry?

Preguntó de nuevo: ¿Qué podía hacer? Pensaba en su amabilidad y no podía evitar sentir aprecio. Había llegado a gustarme. Era muy amable y amistoso. Recuerdo que siempre me estaba dando ánimos. No hacía más que asegurarme que todo iba a salir bien. Un día, alrededor de seis meses después, se me acercó con una sonrisa y me dio unos créditos.

"Le dije que le sacaría del apuro, " dijo, "y lo he hecho." Y entonces descubrí que no solo había liquidado toda la deuda, sino que además tenía un pequeño balance a mi favor.

Creo que habría podido aumentar aquello sin mucha dificultad, porque el mercado estaba en buena disposición, pero él me dijo, "Le he comprado diez mil acciones de Southern Atlantic. "Ésta era otra empresa de carreteras controlada por su cuñado, Alvin Marquand, quien controlaba también el destino de los valores.

Cuando un hombre hace por ti, lo que Dan Williamson hizo por mí, no puedes decir nada más que "gracias", sean cuales sean tus puntos de vista sobre el mercado. Puedes estar seguro de tener razón, pero tal y como Pat Hearne acostumbraba a decir. "No se puede decir hasta que se apuesta." y Dan Williamson había apostado por mí, con su dinero.

Pues bien, Southern Atlantic bajó, yo me quedé abajo y perdí, he olvidado la cantidad, con mis diez mil antes de que Dan me liquidara. Le debía más que nunca. Pero seguro que nunca has visto un acreedor más amable y menos importuno. Nunca recibí un mal gesto de él. Todo lo contrario, palabras de ánimo y consejos de que no me preocupara al respecto. Al final, se me liquidó la deuda del mismo modo, tan amable y generoso.

No dio ningún detalle. Todas las cuentas estaban numeradas. Dan Williamson sólo me dijo, "hemos liquidado su pérdida de Southern Atlantic con los beneficios de este otro valor, "y me explicó que había vendido siete mil quinientas acciones de otro valor que habían producido algunos beneficios. Sinceramente, puedo decir que no conocí nada bueno en lo relacionado con estas operaciones, hasta que me dijeron que la deuda estaba liquidada.

Cuando esto sucedió varias veces comencé a pensar, y empecé a mirar mi caso desde un ángulo diferente. Finalmente tropecé. Era obvio que Dan Williamson me había estado utilizando. Pensarlo me ponía furioso, pero me ponía más furioso el hecho de no haberme dado cuenta antes.

En cuanto recapacité y di vueltas a todo el asunto, me dirigí a Dan Williamson, le dije que quería abandonar la firma, y dejé la oficina de Williamson & Brown. No discutí con él ni con ninguno de sus socios.

¿De qué me habría servido? Sin embargo, debo admitir que estaba resentido, resentido con Williamson & Brown y conmigo. La pérdida de dinero no me preocupaba. Siempre que he perdido dinero en el mercado de valores he aprendido algo; había perdido dinero, pero había ganado experiencia, o sea, que el dinero pagaba la factura de la enseñanza. Un hombre tiene que tener experiencia y tiene que pagar por ella. Pero había algo que me dolía mucho en esa experiencia con Dan Williamson, y era la pérdida de una gran oportunidad. El dinero que se pierde no es nada; se puede volver a recuperar. Pero las oportunidades como la que yo había tenido, no llegan todos los días.

El mercado había sido bastante bueno. Yo tenía razón; quiero decir, lo estaba leyendo con precisión. La oportunidad de hacer millones estaba ahí. Pero yo permití que mi agradecimiento interfiriera en mi juego. Tenía las manos atadas. Tenía que hacer lo que Williamson, con su amabilidad, deseaba que hiciese. En resumen, era peor que hacer negocios con un familiar. ¡Malos negocios! -

Y eso era lo peor del caso. Después de eso, apenas tuve oportunidades de hacer dinero. El mercado se allanó. Las cosas fueron de mal en peor. No solo perdí todo lo que tenía, si no que me vi con deudas otra vez, con más deudas que nunca 1911, 1912,

1913 y 1914 fueron largos años de escasez. No había dinero que ganar. Simplemente, no había oportunidades, y por lo tanto mi situación era más pésima que nunca.

No es demasiado desagradable perder cuando la pérdida no va acompañada de una visión de lo que podía haber sido. Eso es, precisamente, lo que no podía apartar de la mente y, por supuesto, esto me desestabilizaba más todavía. Aprendí que las debilidades ante las que se enfrenta un especulador no tienen número. Mi actuación en la oficina de Williamson, fue la apropiada para mí, como hombre, pero como especulador era muy poco sabio dejarme influenciar por cualquier consideración que fuera en contra de mis propios juicios. *Nobleza obliga,* pero no en el mercado de valores, porque la cinta no es ni caballerosa ni leal. Comprendí que no podía haber actuado de otro modo. No podía haberme faltado a mí mismo sólo porque quería operar en el mercado de valores. Pero los negocios son los negocios, y mi negocio como especulador consiste en reforzar siempre mis propios juicios.

Fue una experiencia muy curiosa. Le voy a decir lo que creo que sucedió. Dan Williamson fue perfectamente sincero en lo que me dijo cuando me vio la primera vez. Cada vez que su firma hacia unos cuantos miles de dólares en cualquier valor, Wall Street llegaba a la fácil conclusión de que Alvin Marquand estaba comprando o vendiendo. Él era el gran operador de la oficina, y dio a la oficina todos sus negocios, y era uno de los mejores y más grandes operadores de Wall Street. Pues bien, yo iba a ser utilizado allí como cortina de humo, particularmente para las ventas de Marquand.

Alvin Marquand empezó a enfermar poco después de que yo entrara. Su enfermedad fue diagnosticada como incurable, y por supuesto, Dan Williamson lo sabía mucho antes que el propio Marquand. Por esa razón, Dan cubrió mis valores de Chesapeake & Atlantic. Había empezado a liquidar algunas de las posiciones especulativas de su cuñado, de ese valor y de algunos otros.

Por supuesto, cuando Marquand murió él tuvo que liquidar sus líneas especulativas y semiespeculativas, y para entonces, nos encontrábamos ya en un mercado a la baja. Atándome las manos como lo hizo, Dan se estaba ayudando. No intento presumir cuando digo que yo era un operador bastante fuerte, y que tenía mucha razón en cuanto a mis puntos de vista sobre el mercado. Sé que Williamson recordaba el éxito de mis operaciones en el mercado a la baja de 1907, y no se podía permitir correr el riesgo de tenerme a largo. Si hubiera seguido el camino que había comenzado, habría hecho tanto dinero, que para cuando él hubiera querido liquidar parte del estado de Alvin Marquands, yo estaría operando con cientos de miles de acciones. Como bajista activo, habría causado daño en los millones de dólares de los herederos de Marquand, ya que Alvin dejó sólo poco más de unos cuantos cientos de millones.

Pero era mucho más barato dejarme contraer deudas y después liquidarlas, que tenerme en alguna otra oficina operando activamente en el lado bajista. Eso es, precisamente, lo que habría estado haciendo, de no ser por el sentimiento de que no debía mostrar deslealtad a Dan Williamson. Siempre he considerado esta experiencia como la más interesante y desafortunada de todas las que he tenido como operador de acciones. Como lección me costó un precio demasiado alto. Posterga mi recuperación por varios años. Era suficientemente joven como para esperar con paciencia a que volvieran los millones perdidos. Pero cinco años es demasiado tiempo para ser pobre. Joven o viejo, no es nada agradable.

Me era más fácil prescindir de los yates que del mercado. La mayor oportunidad de mi vida había estado delante de mis narices y la había dejado escapar. No pude alargar la mano y cogerla. Un muchacho muy astuto ese Dan Williamson; ingenioso, avispado y astuto como el que más. Es un pensador, tiene imaginación, detecta los puntos débiles de las personas y planea atacarlos con sangre fría. En realidad, no me sacó ningún dinero. Todo lo contrario, era de lo más amable al respecto. Amaba a su hermana, Mrs. Marquand, y, a su manera, hizo lo que él creía que era su deber.

XIV

Siempre he pensado que después de dejar la oficina de Williamson & Brown, el mercado se quedó sin la crema. Nos chocamos de pleno con un periodo de escasez de dinero; cuatro largos años. No había ni un penique que ganar. Como Billy Henriquez dijo una vez," Era la clase de mercado, en la que ni una mofeta puede producir "olores".

Me daba la impresión que estaba luchando con el destino. Quizás la providencia había planeado castigarme, pero yo, desde luego, no estaba dispuesto a dejarme vencer. No había cometido ninguno de esos pecados especulativos, que un operador debe expiar desde el lado deudor. No era culpable de ninguna de las típicas jugadas de tontos. Lo que había hecho, o más bien, lo que había dejado de hacer, era algo por lo que recibiría alabanzas y no culpas en el norte de la calle cuarenta y dos. Wall Street era absurdo y costoso. Pero lo peor era la tendencia que tenía a hacer que un hombre se sintiera menos inclinado a permitirse tener sentimientos humanos en el distrito del ticker.

Dejé la oficina de Williamson y probé algunas otras. En todas ellas perdí dinero. Me lo merecí, porque estaba intentando forzar al mercado para que me diera lo que no podía darme, oportunidades de hacer dinero. No tuve problemas para obtener créditos, porque los que me conocían tenían fe en mí. Se podrá hacer una idea de la gran confianza que tenían en mí, si digo que cuando finalmente dejé de operar a crédito, debía más de un millón de dólares.

El problema no era que yo hubiera perdido el dominio, sino que, durante esos cuatro años de escasez, las oportunidades de hacer dinero,
simplemente, no existían. A pesar de todo yo seguí apostando, tratando de hacer un capital, pero sólo conseguí incrementar mis deudas. Después de dejar de operar por mi cuenta, porque no quería deber más dinero a mis amigos, me gané la vida llevando las cuentas de gente que creía que yo conocía el juego suficientemente bien como para ganarlo en un mercado tan sombrío. A cambio de mis servicios recibía un porcentaje de las ganancias, cuando las había. Así es como vivía. O más bien, digamos que así es como sobrevivía.

Por supuesto, no siempre perdía, pero nunca gané lo suficiente como para permitirme reducir mis deudas. Finalmente, las cosas comenzaron a ir cada vez peor, y comencé a sentir lo que era el desaliento, por primera
vez en mi vida.

Todo parecía haberme salido mal. No iba por ahí lamentándome del cambio que se había producido en mi nivel de vida, de tener millones y yates, a tener deudas y llevar una vida simple. No disfrutaba de la situación, pero no me llené de autocompasión. No tenía la intención de esperar pacientemente a que la providencia me trajera el fin de mis penalidades. Por lo tanto, estudié la situación. Era obvio que el único modo de acabar con mis problemas era hacer dinero. Simplemente, necesitaba dinero para poder operar con éxito. Había operado antes y debía hacerlo de nuevo. En el pasado, en más de una ocasión, había convertido un margen pequeño en cientos de miles de dólares. Tarde o temprano, el mercado me ofrecería una oportunidad.

Me convencí de que, si algo iba mal, iba mal conmigo, y no con el mercado. Ahora, ¿cuál podía ser mi fallo? Me hacía esta pregunta con el mismo espíritu con el que estudiaba las diversas fases de mis problemas en la operación. Pensé en ello con calma y llegué a la conclusión de que mi principal problema venía de la preocupación que me producía el hecho de tener deudas. Nunca me sentí liberado de la preocupación que esto me producía.

Debo explicarle que no era simplemente la consciencia de estar en deuda. Todos los hombres de negocios contraen deudas en el curso regular de los negocios. La mayoría de mis deudas no eran más que deudas de negocios, debidas a unas condiciones desfavorables, y no peores de las que sufren los comerciantes, por ejemplo, cuando una estación del año o un determinado clima se prolonga más tiempo de lo normal.

Por supuesto, a medida que pasaba el tiempo y no podía pagar, comencé a tomar mis deudas con menos filosofía. Me explicaré: debía más de un millón de dólares, recuerde, todas ellas en el mercado de valores. La mayoría de los acreedores eran amables conmigo y no me incordiaban, pero había dos que me volvían loco. Acostumbraban a seguirme. Cada vez que conseguía un beneficio, ahí estaban los dos, queriendo saber todo al respecto e insistiendo en ejercer sus derechos. Uno de ellos, a quien debía ochocientos dólares, amenazó con demandarme, valorar mi mobiliario, etc., No concibo porqué pensaba que yo estaba tratando de ocultar dinero, a menos que no tuviera el aspecto de un vagabundo a punto de morirse de indigencia.

A medida que estudiaba el problema me hacía más consciente de que el problema no consistía en leer la cinta, sino en leerme a mí mismo. Recapacitando con sangre fría, llegué a la conclusión de que nunca conseguiría nada si seguía preocupándome, y también era obvio que iba a seguir preocupado mientras tuviera deudas. O sea, mientras que un acreedor tuviera el poder de fastidiarme o de interferir en mi regreso, insistiendo en que le pagara antes de poder obtener un capital decente. Esto era tan cierto, que me dije a mi mismo, " debo declararme en quiebra." ¿Qué otra cosa podría aliviar mi mente?

Parece fácil y lógico, ¿verdad? Pero era de lo más desagradable, se lo puedo asegurar. Odiaba tener que hacerlo. Odiaba ponerme en una posición en la que iba a ser mal entendido y mal juzgado. Nunca me importó mucho el dinero. Nunca consideré que fuera suficientemente importante como para tener que mentir por él. Pero sabía que no todo el mundo pensaba lo mismo. Por supuesto, sabía que volvería a sostenerme de nuevo con mis propios pies, y que pagaría a todo el mundo, porque la obligación persistía. Pero a menos que pudiera operar como antes, nunca sería capaz de devolver aquel millón.

Me llené de valor y fui a ver a mis acreedores. Fue algo muy difícil para mí, porque la mayoría eran amigos personales o antiguos conocidos.Les expliqué la situación con toda franqueza. Dije "No voy a dar este paso porque no quiera pagaros, sino porque en justicia, para mí y para ti, me debo poner en situación de ganar dinero. He estado pensando dar este paso de forma espontánea durante dos años, pero no tenía el valor de venir y decirlo, tal y como lo estoy haciendo ahora. Hubiera sido mil veces mejor si lo hubiera hecho. En resumen: Me es imposible volver a ser yo mismo cuando estoy afectado y preocupado por las deudas. He decidido hacer ahora lo que debía haber hecho hace un año. Y no tengo ninguna otra razón, sólo la que te acabo de dar."

Lo que dijo el primero de ellos fue, en todos los sentidos, lo mismo que dijeron todos los demás. Hablaba por su firma.

"Livingston," dijo, "lo entendemos. Nos damos perfecta cuenta de tu posición. Te diré lo que vamos a hacer: te vamos a dar un descargo. Haz que tu abogado prepare todo lo necesario y lo firmaremos."

Eso es, de forma global, lo que dijeron todos los acreedores. Así es un lado de Wall Street. No era simplemente buena disposición y deportividad. Era también una decisión muy inteligente, era desde luego un buen negocio. Yo apreciaba tanto la buena voluntad como el sentido para los negocios.

Estos acreedores me concedieron un descargo en las deudas que llegó a sumar una cantidad superior al millón de dólares. Pero había dos acreedores de menor importancia que no estaban dispuestos a firmar. Uno de ellos es aquél del que he hablado, aquél al que debía ochocientos dólares. También debía sesenta mil dólares a una firma de corretaje que había ido a la quiebra, y los receptores, que no me conocían a través de Adam, estaban siempre colgados de mi cuello. Creo, además, que, aunque ellos hubieran estado dispuestos a seguir el ejemplo de los otros acreedores, el tribunal no les habría dejado firmar. De todos modos, mi documento de quiebra era sólo de cien mil dólares, aunque, como ya he dicho, debía más de un millón.

Fue extremadamente desagradable ver la historia en los periódicos. Siempre había pagado todas mis deudas y esta nueva experiencia me estaba mortificando. Sabía que algún día devolvería todas las deudas, si es que vivía, pero no todos los que leían el periódico lo sabían. Me daba vergüenza salir después de ver el artículo en el periódico. Pero todo eso se pasó, y no puedo explicar lo intenso que fue mi sentimiento de alivio al saber que ya no iba a ser acosado por gente que no entendía que un hombre debe entregar toda su mente a los negocios, si desea tener éxito en la especulación con valores.

Ahora que mi mente ya estaba libre, para empezar a operar con esperanzas de éxito, el paso siguiente consistía en obtener otro capital. La bolsa había permanecido cerrada desde finales de julio hasta mediados de septiembre, 1914, y Wall Street estaba de capa caída. No existió ningún tipo de negocio durante mucho tiempo. Debía dinero a todos mis amigos. No podía perderles que me ayudaran de nuevo, sólo porque hubieran sido tan buenos amigos, cuando sabía que nadie estaba en situación de hacer mucho por mí.

Conseguir un capital decente era una tarea difícil, además con el cierre de la bolsa, no podía pedir a ningún corredor que hiciera nada por mí. Lo intenté en varios sitios. No sirvió de nada.

Al final, fui a ver a Dan Williamson. Era el mes de febrero del año 1915. Le dije que me había deshecho del íncubo mental de la deuda y que estaba preparado para operar como antes. Recordarán que cuando me necesitó me ofreció la cantidad de veinticinco mil dólares sin que yo se los pidiera. Ahora que yo le necesitaba dijo:" Cuando vea algo que tenga buen aspecto y quiera comprar quinientas acciones, hágalo y estaré de acuerdo."

Le di las gracias y me fui. Él había evitado que yo hiciera una gran cantidad de dinero y en cambio, la oficina había ganado conmigo mucho dinero en comisiones. Debo admitir que estuve un poco resentido al pensar que Williamson & Brown no me había dado un capital decente. Tenía la intención de operar de forma conservadora al principio. La recuperación financiera sería más fácil y rápida si podía empezar con una línea superior a las quinientas acciones. Pero, de todos modos, me di cuenta, de que tal y como estaba, era mi oportunidad de volver.

Dejé la oficina de Dan Williamson y estudié la situación de un modo general y mi problema de un modo particular. El mercado era alcista. Eso era tan obvio para mí como para miles de operadores. Pero mi capital consistía tan solo en una oferta para llevar quinientas acciones. No tenía tiempo que perder, limitado como estaba. No podía permitirme ni siquiera un ligero contratiempo al principio. Esa primera compra inicial de quinientas acciones debía producir beneficios. Tenía que conseguir dinero real. Sabía que, a menos que tuviera suficiente capital operativo, no podría llevar a cabo los juicios apropiados. Sin los márgenes adecuados sería imposible tomar una actitud desapasionada, con sangre fría, hacia el juego que viene de la habilidad de permitirse unas cuantas pérdidas pequeñas, como me ocurrió tantas veces poniendo a prueba el mercado antes de lanzar la apuesta.

Ahora pienso que, en aquellos momentos me encontraba en el periodo más crítico de mi carrera como especulador. Si fallaba esta vez, no sabía dónde o cuándo podría conseguir otro capital para intentarlo de nuevo, si es que alguna vez lo conseguía.

Estaba claro que lo único que debía hacer era esperar el momento psicológico exacto.

No me acerqué a Williamson & Brown. Quiero decir, me mantuve alejado de ellos, intencionadamente, durante seis largas semanas de un profundo estudio de la cinta. Temía que si iba a la oficina, sabiendo que podía comprar quinientas acciones, podía caer en la tentación de operar en un momento malo, con un valor no apropiado. Un operador, además de estudiar las condiciones básicas, recordando los precedentes del mercado, y teniendo en cuenta la psicología del público exterior así como las limitaciones de sus corredores, debe también conocerse a sí mismo y enfrentarse a su propia debilidad. No hace falta sentir enojo contra el ser humano. He llegado a sentir que es necesario saber cómo leerme a mí mismo al igual que como leer la cinta. He estudiado y asumido mis propias reacciones ante impulsos determinados o ante las inevitables tentaciones de un mercado activo, del mismo modo que he considerado las condiciones de las cosechas o he analizado los informes de beneficios.

Por lo tanto, día tras día, en la quiebra y ansioso de volver a operar, me sentaba en frente del tablero de cotizaciones de la oficina de otro corredor en donde no podía comprar o vender más de una acción de un valor, y estudiaba el mercado, no pasaba por alto ni una sola transacción de las que mostraba la cinta, buscando el momento psicológico para apretar el timbre de alta velocidad.

A causa de las condiciones conocidas por todo el mundo, el valor con el que más al alza estaba, en aquellos días críticos de principios de 1915, era Bethlehem Steel. Estaba seguro de que iba a subir, pero para asegurarme de que iba a ganar en mi primera jugada, decidí esperar hasta que subiera por encima del par.

Creo que ya he dicho que, según mi experiencia, *siempre que un valor cruza 100,200 o 300 por primera vez, casi siempre sigue subiendo 30 o 50 puntos, y después de 300 con mucha más velocidad que después de 100y 200.* Uno de mis primeros golpes fue en Anaconda, que compré cuando cruzó 200 y vendí más tarde en 260. Mi práctica de comprar un valor justo después de que cruzara la par, databa de mis primeros días en los bucket shops. Es un viejo principio operativo.

Se puede imaginar las ganas que sentía de volver a operar a mi antigua escala. Sentía tantos deseos de empezar que no podía pensar en nada más; pero me contuve. Vi que Bethlehem Steel subía, cada día, cada vez más alto, como yo ya sabía, y sin embargo yo estaba todavía ahí analizando mi impulso de correr hacia la oficina de Williamson & Brown y comprar quinientas acciones. Sabía que mi operación inicial había de ser tan obvia como fuera posible.

Cada punto que subía el valor, significaban quinientos dólares que no había hecho. El ascenso de los primeros diez puntos, significaba que habría podido piramidar, y en vez de quinientos dólares, podía tener ahora mil acciones que me darían unos beneficios de mil dólares por punto. Pero me senté, y en vez de prestar atención a mis esperanzas o a mis clamorosas creencias, presté atención a la voz de la experiencia y al consejo del sentido común.

Una vez que reuniera un capital decente, me podía permitir el lujo de probar fortuna. Pero sin un capital decente, cualquier riesgo, incluso el más ligero, era un lujo totalmente fuera de mi alcance. Seis semanas de paciencia, pero, al final, ¡la victoria del sentido común sobre la lujuria y la esperanza!

Comencé a temblar y a sudar sangre cuando el valor subió hasta 90. Piense en lo que no había hecho, al no comprar, cuando estaba tan al alza. Pues bien, cuando llegó a 98 me dije a mí mismo, "¡Bethlehem va a sobrepasar los 100!". La cinta decía lo mismo, con toda seguridad. De hecho, utilicé un megáfono. Lo digo de verdad, vi un 100 en la cinta cuando el ticker estaba imprimiendo un 98. Y yo sabía que ésa no era la voz de mi esperanza ni la visión de mi deseo, sino la afirmación de mi instinto en la lectura de la cinta. Así que me dije, "No puedo esperar hasta que sobrepase 100. Tengo que hacerlo ahora. Es tan bueno como si hubiera sobrepasado la par."

Me dirigí apresuradamente a la oficina de Williamson & Brown, entregué una orden de compra de quinientas acciones. El mercado estaba entonces en 98. Compré quinientas acciones entre 98 y 99. Tras esto experimentó una subida, y esa noche cerró, creo, en 1140 115. Compré quinientas acciones más.

El día siguiente Bethlehem Steel estaba en 145 y yo tenía mi capital. Me lo había ganado. Aquellas seis semanas esperando el momento adecuado fueron las seis semanas más estresantes y agotadoras de mi vida. Pero merecieron la pena, porque ahora tenía capital suficiente para operar a gran escala. Nunca habría llegado a ninguna parte con sólo quinientas acciones.

Sea cual sea la empresa, es muy aconsejable empezar bien, y a mí me fue muy bien tras mi operación con Bethlehem, tan bien, que usted no hubiera creído que se trataba del mismo hombre. De hecho, no era el mismo hombre, porque en donde había estado acosado y equivocado, estaba ahora relajado y en lo correcto. No había acreedores que me acosaran ni falta de fondos que pudieran interferir en mi pensamiento o en el seguimiento de la verdadera voz de la experiencia, por lo tanto, estaba seguro de que iba a ganar.

De repente, estaba encaminado a una gran fortuna, se produjo la ruptura *de Lusitania*. Cada poco tiempo, un hombre recibe un crack de ese tipo en el plexo solar, seguramente para recordarle el triste hecho de que ningún ser humano puede estar en una posición tan correcta en el mercado, como para estar fuera del alcance de los accidentes improductivos. He oído decir, a la gente, que a ningún especulador profesional le debían haber impactado fuertemente las noticias de los torpedos de Lusitania y seguían diciendo que ellos lo habían sabido antes que la calle. No era inteligente escaparse por medio de la información por adelantado, y todo

10 que puedo decir es que a cuenta de lo que perdí a través de la ruptura de Lusitania y uno o dos contratiempos que no fui capaz de prever, me encontré a finales de 1910 con que el balance con mis corredores era de ciento cuarenta mil dólares. Eso es todo lo que hice, aunque estuve en la posición correcta durante la mayor parte del año.

El año siguiente me fue mucho mejor. Tuve mucha suerte. Las cosas estaban saliendo bien por si solas, así lo único que había que hacer, era ganar dinero. Me hizo recordar un dicho de H.H.Rogers, de Standard

11   Company, sobre el hecho de algunas veces, una persona no podía evitar hacer dinero, del mismo modo que no podía evitar mojarse, si llovía y salía a la calle sin paraguas. Fue el mercado al alza más claramente definido que tuvimos. Era obvio para todo el mundo, que la compra de los aliados de toda clase de ofertas, hacían que los Estados Unidos fuera la nación

más próspera del mundo. Teníamos a la venta, cosas que nadie más tenía, y nos estábamos haciendo rápidamente con el dinero del resto del mundo. Me refiero a que todo el oro del mundo estaba entrando a chorros en este país. La inflación era inevitable y, por supuesto, esto marcó la subida en todos los precios.

Todo esto fue tan evidente, desde el principio, que apenas hizo falta manipular el ascenso. Esa es la razón por la que el trabajo preliminar fue mucho menor que en otros mercados al alza. El boom de la guerra no solo se desarrolló con más naturalidad que ningún otro, sino que, además, demostró ser de lo más beneficioso para el público en general. Ósea, las ganancias en el mercado de valores, durante 1915, se distribuyeron más ampliamente que en ningún otro boom de la historia de Wall Street. El hecho de que el público no cambiara sus beneficios en papel por dinero en metálico o que no mantuvieran durante mucho tiempo los beneficios que habían tomado, mostraba que la historia se repetía de nuevo. La historia no se repite en ningún lugar con tanta frecuencia y uniformidad como en Wall Street. Cuando uno lee acerca de los booms o pánicos contemporáneos, lo que más sorprende es la poca diferencia que existente entre la especulación de hoy y la de ayer. El juego no cambia y la naturaleza humana tampoco.

Me fue bien en el ascenso de 1916. Yo estaba al alza, pero por supuesto, con los ojos abiertos. Sabía, al igual que todo el mundo, y yo estaba alerta ante las señales de aviso. No tenía un especial interés en adivinar de donde vendría el aviso, así que no observaba sólo un punto. No estaba, y creo que nunca he estado, indisolublemente enraizado en uno u otro lado del mercado.

El hecho de que un mercado al alza haya aumentado mi cuenta del banco, o de que un mercado a la baja haya sido particularmente generoso, no creo que sea razón suficiente para aferrarse al lado alcista o bajista tras recibir la señal de aviso de salida. *Un hombre no jura lealtad eterna al lado alcista o bajista de un mercado. Su único interés consiste en estar en el lado correcto.*

Y hay algo más que se debe recordar, y es que un mercado no culmina en un gran resplandor de gloria. Tampoco termina con un repentino cambio de forma. Un mercado puede, y de hecho sucede a menudo, dejar de ser alcista, mucho antes de que los precios comiencen a romperse. La señal de aviso que había esperado durante tanto tiempo, llegó cuando noté que, uno tras otro, *los valores líderes del mercado* reaccionaron varios puntos por debajo del techo y, por primera vez en muchos meses, no volvieron. *Se había terminado la carrera, y esto exigía claramente, un cambio en mis tácticas operativas.*

Era muy simple. En un mercado al alza la tendencia de los precios, por supuesto, va hacia arriba. Por lo tanto, siempre que un valor va en contra de la tendencia general es lógico asumir que algo va mal con ese determinado valor. Esto es suficiente para que el operador experimentado perciba que ocurre algo raro. No se debe esperar que la cinta dé un sugestivo discurso. Su trabajo consiste en escuchar cuando la cinta diga "¡sal!" y no esperar a que presente ante tus ojos un escrito legal de aprobación.

Como ya he dicho antes, *observé que los valores que habían liderado el maravilloso avance, habían dejado de avanzar. Cayeron seis o siete puntos y se quedaron ahí. Al mismo tiempo, el resto del mercado siguió avanzando bajo nuevas señales standard.* No se había producido ningún conflicto en las compañías, por lo tanto, la razón se debía buscar en otro sitio. Estos valores se habían movido con la corriente durante meses. Cuando dejaron de hacerlo, aunque la onda alcista era todavía muy fuerte, significó el final del mercado al alza para esos determinados valores. Para el resto de la lista, la tendencia era todavía decididamente alcista.

No había razón para quedarse perplejo e inactivo, porque, realmente, no hubo corrientes de cruce. No me volví bajista en el mercado entonces, porque la cinta me dijo que lo hiciera. El final del mercado alcista no había llegado, aunque no faltaba mucho. En espera de su llegada, había todavía mucho dinero alcista para ganar. *Ante este caso, sólo me volví bajista con los valores que habían dejado de avanzar y como el resto del mercado tenía a sus espaldas poder ascendente, compré y vendí.*

Vendí los valores líderes que habían dejado de serlo. Puse una línea corta de quinientas acciones en cado uno de ellos; y después me puse a largo con los nuevos valores líderes. Los valores con los que estaba a largo no hicieron gran cosa, pero los valores a largo siguieron subiendo. Cuando finalmente estos dejaron de avanzar los vendí y me puse a corto, quinientas acciones de cada uno. Para entonces era ya más bajista que alcista, porque obviamente, el próximo beneficio importante lo iba a conseguir en el lado bajista. Aunque estaba seguro de que el mercado al alza había finalizado, sabía que todavía no era momento de estar muy a la baja. No tenía ningún sentido ser más "Real" que el Rey; y sobre todo serlo tan pronto. La cinta solo había dicho que las patrullas de la armada principal habían salido ya. Era hora de prepararse.

Seguí comprando y vendiendo, hasta que después de un mes de operaciones tuve una línea a corto de sesenta mil acciones, cinco mil acciones de doce valores diferentes, que habían sido con anterioridad los favoritos del público, porque habían sido los líderes del gran mercado al alza. No era una línea muy fuerte; pero no olvidemos que el mercado tampoco era definitivamente bajista.

Después, un día, todo el mercado se debilitó bastante y empezaron a caer los precios de todos los valores. Cuando tenía una ganancia de al menos cuatro puntos en todos y cada uno de los doce valores con los que estaba a corto, sabía que tenía razón. La cinta me dijo que era seguro estar a la baja, así que doblé rápidamente.

Ya tenía mi posición. Estaba a corto en un mercado claramente bajista. No había necesidad de tirar de la cuerda. El mercado iba a seguir el camino que yo esperaba, y, sabiendo esto, me podía permitir el lujo de esperar. Después de doblar no hice ninguna operación durante algún tiempo. Alrededor de siete semanas después de poner la línea completa, tuvimos el famoso "escape," y los precios experimentaron una terrible ruptura. Se dijo que alguien había adelantado la noticia desde Washington, de que el Presidente Wilson iba a lanzar un mensaje que devolvería la paloma de la paz a Europa rápidamente. Por supuesto, el boom comenzó y se mantuvo a causa de la guerra mundial, y la paz era un término bajista. Cuando uno de los más inteligentes operadores del parqué, fue acusado de beneficiarse de información de avance, dijo, simplemente, que él no había vendido valores en base a ninguna noticia, sino porque consideraba que el mercado al alza era demasiado maduro. Yo mismo había doblado mi línea a corto siete semanas antes

Con las noticias, el mercado experimentó un gran descenso y yo, naturalmente, me puse a cubierto. Era la única jugada posible. *Cuando ocurre algo con lo que no contabas cuando hiciste tus planes, lo mejor es que aproveches la oportunidad que te pueda ofrecer un destino agradable. En un gran descenso como éste, dispones de un gran mercado, un mercado en el que puedes girar, y esto es igual que convertir tus beneficios en papel en dinero real. Incluso en un mercado a la baja, un hombre no puede siempre cubrir ciento veinte mil acciones de un valor sin ponerse un precio. Debe esperar a que el mercado le permita comprar esa cantidad sin daño para los beneficios en la cantidad que muestran sus beneficios en papel.*

Me gustaría señalar que no estaba contando con esa determinada ruptura, en ese momento determinado y por esa razón determinada. Pero, como ya he dicho con anterioridad, mi experiencia de treinta años como operador me dice que *tales accidentes se producen, generalmente, a lo largo de la línea de menor resistencia sobre la cual* baso mi posición en el mercado. Otra cosa que hay que tener en cuenta es esto: *Nunca intentes vender en el techo. No es inteligente. Vende después de la reacción si no hay recuperación.*

En 1916 conseguí casi tres millones de dólares posicionándome alcista mientras duraba el mercado alcista y siendo bajista, cuando comenzaba el mercado bajista. Como ya dije antes, una persona no tiene necesidad de casarse con un lado del mercado hasta que la muerte les separé.

Aquel invierno fui al Sur, a Palm Beach, como en casi todas mis vacaciones, porque soy un gran aficionado a la pesca en agua salada. Estaba a corto con los valores y con el trigo, y ambas líneas me mostraban un beneficio considerable. No me preocupaba nada y me lo estaba pasando bien. Por supuesto, a menos que vaya a Europa, no puedo estar totalmente fuera de contacto con el mercado de valores o mercancías. En las Adirondacks, por ejemplo, tengo línea directa entre mi casa y la oficina de mi corredor.

En Palm Beach, solía ir con regularidad a la oficina sucursal de mis corredores. Observé que el algodón, en el que no tenía interés, era fuerte y ascendente. En aquel entonces, esto era en 1917, se oían muchos comenta- riso acerca de los esfuerzos del presidente Washington para conseguir la paz. Los informes venían desde Washington, en forma de despachos de prensa y consejos privados a los amigos de Palm Beach. Por ese motivo, un día tuve la sensación de que los diversos mercados reflejaban confianza en el éxito de Mr. Wilson. Con una visión tan cercana de la paz, los valores y el trigo descenderían y el algodón subiría. Lo tenía todo solucionado en relación con los valores y el algodón, pero hacía algún tiempo que no había hecho nada con el algodón.

Esa tarde, a las 2,20 no tenía en mi poder ni una sola acción, pero a las dos 2,25 mi creencia de que la paz era inminente hizo que comprara quince mil acciones para empezar. Me había propuesto seguir mi antiguo sistema de operación, o sea, comprar la línea completa, que ya he descrito.

Esa misma tarde, después de que el mercado se cerrara, tuvimos noticia del fin de la guerra. No se podía hacer nada, sólo esperar a que el mercado se abriera el día siguiente. Recuerdo que aquella noche en Gridley, uno de los más grandes líderes de la industria del país, ofrecía la venta de cualquier cantidad de United States Steel a cinco puntos por debajo del precio de cierre de aquella tarde. Nadie aceptó la oferta. Sabían que se iba a producir una gran ruptura con la apertura.

Por supuesto, como se puede uno imaginar, a la mañana siguiente hubo un terrible alboroto. Algunos valores abrieron ocho puntos por debajo del precio de cierre de la tarde anterior. Esto fue para mí, una oportunidad enviada por el cielo para cubrir todos mis cortos de modo ventajoso. Como ya he dicho antes, *en un mercado a la baja, siempre es inteligente ponerse a cubierto si se produce una desmoralización repentina.* Si se tiene una línea grande, éste es el único modo de convertir un importante beneficio en papel en dinero real, de forma rápida y sin reducciones de las que uno se pueda arrepentir. Por ejemplo, yo estaba a corto con cincuenta mil acciones de United States Steel, sólo. Por supuesto estuve a corto con otros valores, pero cuando vi que el mercado era el apropiado para ponerme a corto, lo hice. Mis beneficios alcanzaron un millón y medio de dólares. No era una oportunidad de las que se pasan por alto.

El algodón, con el que estaba a largo con quince mil acciones, comprado en la última media hora de operaciones de la tarde anterior, abrió cinco puntos por debajo. ¡Vaya ruptura! Significa una pérdida, en una sola noche, de setenta y cinco mil dólares. Aunque era claro que el único juego inteligente, con los valores y el trigo, era ponerse a cubierto en la ruptura, no era tan claro lo que se debía hacer con el algodón. Había varias cosas que considerar, y aunque siempre tomo las pérdidas en el momento en que estoy convencido de que me he equivocado, esa mañana no me apetecía hacerlo. Después reflexioné en el hecho de que había ido al sur para pasarlo bien pescando y no para quedarme perplejo por el curso del mercado del algodón. Además, mis beneficios en los valores y el trigo habían sido tan grandes, que decidí tomar las pérdidas en el algodón. Me haría a la idea de que los beneficios habían sido superiores al millón, en vez de pensar que eran de un millón y medio. Era todo cuestión de contabilidad, como solían decir los promotores cuando hacías demasiadas preguntas.

Si no hubiera comprado ese algodón justo antes de que el mercado se cerrara el día anterior, me habría ahorrado cuatrocientos mil dólares. Esto muestra con que velocidad se puede perder dinero en una línea moderada. Mi posición principal era absolutamente correcta y me beneficié de un accidente de naturaleza diametralmente opuesta a las consideraciones que me llevaron a tomar la posición que tomé con los valores y el trigo. Observe, por favor, que la línea especulativa de menor resistencia demostró de nuevo su valor para el operador. Los precios se movieron como yo esperaba, a pesar del inesperado factor de mercado introducido por Alemania. Si las cosas hubieran salido como yo esperaba, habría estado en una posición totalmente correcta en las tres líneas, porque con la paz, los valores y el trigo habrían bajado y el algodón habría subido. Habría tenido beneficios en los tres. Dejando de lado la paz y la guerra, mi posición era la correcta en el mercado. En el algodón, basé mi juego en algo que podía haber ocurrido fuera del mercado, o sea, aposté por el éxito de Mr. Wilson en sus negociaciones de paz. Fueron los líderes militares alemanes los que me hicieron perder mi apuesta de algodón.

Cuando volvía a Nueva York a principios de 1917 devolví todo el dinero que debía, que superaba el millón de dólares. Para mí fue un gran placer pagar mis deudas. Las podía haber pagado unos meses antes, pero no lo hice por una razón muy simple. Estaba operando de modo activo y con éxito y necesitaba todo el capital que tenía. Me debía a mí mismo, al igual que a todos los hombres a los que yo consideraba acreedores, el placer de aprovechar los maravillosos mercados que tuvimos en 1915 y 1916. Sabía que iba a hacer mucho dinero y no me preocupaba que tuvieran que esperar unos cuantos meses más, para recibir un dinero que ellos ya no esperaban recibir. No deseaba pagar mis deudas poco a poco, sino a todos mis acreedores al mismo tiempo. Por lo tanto, mientras el mercado hiciera por mi todo lo que pudiese, yo seguiría operando a gran escala, hasta donde mis recursos me lo permitieran.

Yo quería pagar los intereses, pero todos los acreedores que habían firmado el descargo se negaron a aceptarlos. El hombre a quien pagué en último lugar fue aquel al que debía ochocientos dólares, aquel que había hecho que mi vida fuera una carga, y que me acosó hasta el punto de no poder operar. Le dejé esperar hasta que oyera que había pagado a todos los otros. Después, le devolví su dinero. Le quería enseñar a ser considerado la próxima vez que alguien le debiera unos cientos de dólares.

Y así es como regresé.

Tras pagar todas las deudas, invertí una cantidad considerable en pensiones vitalicias. No estaba dispuesto a hallarme de nuevo en la misma situación. Por supuesto, después de casarme, puse algún dinero en inversión para mi esposa. Y después, cuando vino el niño, puse también algún dinero en inversión para él.

Había hecho esto, no sólo por miedo a que el mercado me lo arrebatara, sino porque sé que un hombre es capaz de gastar todo lo que tenga en sus manos. Haciendo lo que hice, mi esposa y mi hijo estaban a salvo de mí.

Conozco a más de un hombre que ha hecho lo mismo que yo, pero después convenció a su mujer para que firmara, cuando necesitó el dinero, y lo perdió. Pero yo lo he arreglado de forma que sean cuales sean mis deseos, o los de mi esposa, no podamos retirarlo. Está absolutamente a salvo de todos nuestros posibles ataques; a salvo de las necesidades del mercado; a salvo, incluso, del amor de una devota esposa. ¡No voy a correr ningún riesgo!

XV

Entre todos los riesgos de la especulación, el suceso de lo inesperado, puedo incluso decir de lo inesperable, es el que alcanza las cotas más altas. *Se puede justificar que un hombre prudente corra ciertos riesgos, riesgos que debe correr si quiere ser algo más que un molusco mercantil.* Los riesgos normales de los negocios no son peores que los riesgos que puede correr un hombre cuando sale de su casa o inicia un viaje por carretera. Cuando pierdo dinero, a causa de un acontecimiento que nadie podía prever, pienso en ello con el mismo rencor que cuando pienso en una tormenta inesperada. La propia vida, desde la cuna hasta el féretro, es un juego, y todo lo que me ocurre, porque carezco de un don o visión especial, lo puedo soportar sin problemas. Pero ha habido veces, en mi carrera como especulador, en las que he tenido razón y he actuado adecuadamente y, a pesar de todo, la sórdida injusticia de oponentes, poco deportivos, me han timado mis ganancias.

El hombre de negocios, con una mente clara y rápida, se puede defender de las faenas de los timadores, de los cobardes y de las masas. Nunca me he alzado en contra de la falta de honestidad, excepto en una o dos bucket shops, porque incluso ahí, la honestidad es la mejor política; el gran dinero es el que se hace con justicia, no con acciones deshonestas. Nunca he pensado que era un buen negocio aquel en el que hubiera que vigilar al operador, porque si se dejaba de hacerlo, lo más probable es que recurriera a las trampas. Pero ante el timador que se lamenta, el hombre decente no tiene poder. El juego justo es el juego justo. Podría contar una docena de casos en los que he sido la víctima de mi creencia en la palabra sagrada o la inviolabilidad de un acuerdo entre caballeros. No los voy a relatar porque no servirían de mucho.

A los escritores de ciencia ficción, a los clérigos y a las mujeres les gusta referirse a la Bolsa como campo de batalla y a los negocios diarios de Wall Street como a la guerra. Es bastante dramático, pero erróneo. No creo que mi negocio sea el equivalente a la lucha y la contienda. Nunca luchas contra los individuos o grupos especulativos. Sólo difiero en mis opiniones, o sea, en la lectura de las condiciones básicas. Lo que los dramaturgos denominan batallas de negocios no son luchas entre seres humanos. Son tan sólo exámenes de la visión de negocio. *Trato de atenerme a los hechos, y sólo a los hechos, y controlar mis acciones de acuerdo con ello. Esta es la receta de M. Baruch para el éxito en el logro de riquezas.* Yo algunas veces no veo los hechos; o no razono con lógica. Cada vez que ocurre una de estas dos cosas, pierdo. Estoy equivocado. Y estar equivocado siempre me cuesta dinero.

Ningún hombre razonable se niega a pagar por sus errores. Cuando se cometen errores no hay acreedores, ni excepciones, ni exenciones. Pero me opongo a perder dinero cuando tengo razón. No me refiero tampoco a esas operaciones que me han costado dinero, a causa de cambios repentinos en las reglas de un determinado mercado. Tengo en mente algunos riesgos de la especulación que, de vez en cuando, recuerdan a la persona, que no se puede asegurar que una ganancia sea segura hasta que no esté depositada en tu cuenta del banco.

Tras el estallido de la Gran Guerra en Europa, comenzó el ascenso de los precios de las mercancías que era de esperar. Eso era tan fácil de prever como la inflación de la guerra. Por supuesto, el avance general continuó a medida que se prolongaba la guerra. Como puede recordar, yo en 1915 estaba muy ocupado tratando de "volver". El boon en los valores estaba ahí, y mi deber era utilizarlo. Mi jugada más segura, fácil y rápida se produjo en el mercado de valores, y tuve suerte, como ya sabe. Para julio de 1917, no sólo había pagado ya todas mis deudas, sino que además disfrutaba de una buena situación económica. Esto significaba que ahora tenía el tiempo, el dinero y el interés de operar también con mercancías. Hacía muchos años que tenía la costumbre de estudiar todos los mercados. El avance en los precios de las mercancías, antes de la guerra, se elevó de un 100% a un 400%. Sólo había una excepción, el café. Y, por supuesto, había una razón para ello. El estallido de la guerra significó el cierre de los mercados europeos y a este país se enviaban grandes cargas, pues aquí es donde estaba el gran mercado. Esto produjo un excendente de café, y esto, a su vez, hizo que el precio se mantuviera bajo. Cuando comencé a considerar las posibilidades especulativas del café, éste se estaba vendiendo por debajo de los precios de la pre-guerra. Si las razones para esta anomalía eran obvias, no era menos obvio que la activa y cada vez más eficiente operación de los submarinos alemanes y austriacos significaba la drástica reducción del número de barcos disponibles para propósitos comerciales. Esto llevaba, a su vez, a las decrecientes importaciones de café. Con unas entradas reducidas y un consumo invariable, los excedentes de café se absorberían, y cuando esto ocurriera, el precio del café haría lo que habían hecho los precios de las demás mercancías, subir

No hacía falta ser Sherlock Holmes para estudiar la situación. No puedo decir por qué nadie compraba café. Cuando decidí comprarlo no lo consideré una especulación. Era más bien una inversión. Sabía que tardaría algún tiempo en convertirlo en metálico, pero sabía también que me iba a dar un gran beneficio. Fue una operación de inversión bastante conservadora, tenía más de actuación de banquero que de jugador.

Comencé mis operaciones de compra en el invierno de 1917. Compré bastante café. Sin embargo, el mercado no hizo nada digno de mención. Continúo inactivo, y el precio no subió de la forma esperada. El resultado es que yo llevé mi línea durante nueve meses sin ningún propósito. Mis contratos expiraban entonces y vendí todas las opciones. Tuve una gran pérdida en esa operación, pero a pesar de todo estaba seguro de que mis enfoques eran correctos. Me había equivocado en lo relativo al tiempo, pero estaba seguro de que el café debía ascender tal y como habían hecho el resto de las mercancías, así que tan pronto como acabé de vender mi línea, comencé a comprar otra vez. Compré una cantidad de café tres veces mayor a la que había mantenido durante esos nueve decepcionantes meses. Por supuesto, compré opciones diferidas, por el periodo más largo que pude conseguir.

Ahora no estaba tan equivocado. Tan pronto como adquirí mi línea triple, el mercado subió. De pronto la gente pareció comprender lo que iba a suceder en el mercado del café. Daba la impresión de que la inversión me iba a proporcionar una buena tasa de interés.

Los vendedores de los contratos que mantuve eran "tostadores", la mayoría de nombre y afiliación alemana, que habían comprado el café en Brasil esperando introducirlo en este país. Pero no había barcos para introducirlo, y en ese momento se encontraban en la desagradable situación de no encontrar un final para el café y estar a corto. Por favor, tenga en cuenta que me puse al alza con el café mientras el precio se encontraba prácticamente en un nivel de pre-guerra y que después de comprarlo y mantenerlo durante casi un año, obtuve una considerable pérdida. El castigo por estar equivocado es la pérdida de dinero. La recompensa por estar en lo cierto es ganar dinero. Como estaba claramente en lo cierto, llevaba una línea importante, esperaba obtener una gran ganancia. No hacía falta que el ascenso fuera demasiado grande para obtener una ganancia satisfactoria, ya que llevaba varios cientos de miles de acciones. No me gusta hablar de mis operaciones citando cifras, porque pueden parecer demasiado elevadas, y la gente puede pensar que estoy presumiendo. De hecho, operaba de acuerdo con mis medios y dejaba siempre un amplio margen de seguridad. En este caso mi posición era suficientemente conservadora. Compraba acciones tan libremente, porque no lograba ver el modo de perder. Las condiciones estaban a mi favor. Había tenido que esperar un año, pero ahora se me iba a pagar por la espera y por la exactitud de mi posición. Podía ver que el beneficio estaba de camino y, además* venía a bastante velocidad. No se trataba de poseer ninguna inteligencia especial, era tan solo de que no estaba ciego.

¡Los millones en beneficios venían de forma rápida y segura! Pero nunca llegaron. No, no se trataba de un brusco cambio de las condiciones. El mercado no experimentó ninguna inversión abrupta en su forma. El café no entró en el país. ¿Qué ocurrió? Lo que no se podía esperar. Lo que no le ha ocurrido a nadie; y por lo tanto algo contra lo que yo no tenía razones para ponerme en guardia. Había añadido uno más, a la larga lista de riesgos de la especulación que debía tener siempre en mente. Era muy claro que, los muchachos que me habían vendido el café, los cortos, sabían a lo que se debían atener, y sus esfuerzos por salir de la posición, en la que se habían colocado, exigía un nuevo tipo de táctica. Acudieron a Washington en busca de ayuda, y la obtuvieron.

Quizás recuerde que el gobierno había elaborado diversos planes para evitar las ganancias excesivas en artículos de primera necesidad. Ya saben cómo funcionan la mayoría. Pues bien, los cortos de café filantrópicos, se presentaron ante el "PriceFixingCommitteeof theWar Industries Board" creo que era ésta la denominación oficial, e hicieron una patrioótica apelación a dichoxuerpo para protejer los desayunos americanos. Dijeron que un especulador profesional, un tal Lawrence Livings- ton, había arrinconado, o estaba a punto de arrinconar el café. Si sus planes especulativos no se malograban, podría aprovecharse de las circunstancias creadas por la guerra y los americanos se verían forzados a pagar precios exorbitantes por su café diario. Para los patriotas que me habían vendido enormes cargas de café para las que no podían encontrar barcos, era impensable que cien millones de americanos debieran rendir homenaje a especuladores sin conciencia. Ellos representaban la operación del café, no el juego especulativo del café, y estaban dispuestos a ayudar al gobierno.

No me gusta lamentarme, y no quiero decir con esto que el Price Fixing Committee no hiciera lo posible para evitar las ganancias y los abusos. Pero eso no impide que yo pueda opinar, que el comité no tenía que haber ido tan lejos en este problema del mercado del café. Fijaron un precio máximo para el café crudo, y fijaron también un límite de cierre de todos los contratos existentes. Por supuesto, esta decisión significaba que la bolsa del café tendría que dejar los negocios. Sólo había una cosa que yo pudiera hacer, y la hice, vendí todos mis contratos. Esos millones de beneficios que yo había visto en camino, no se materializaron. Estaba, y todavía estoy, tan en contra de los beneficios en las mercancías de primera necesidad, pero en el momento en que el Price Fixing Committee fijó estas normas relacionadas con el café, todas las demás mercancías se vendían a unos precios entre 200% y 400% por encima de los precios de pre-guerra, mientras que el precio del café estaba por debajo de la media reinante durante varios años antes de la guerra. No creo que importara quien poseía el café. El precio estaba a punto de subir; y no era a causa de los especuladores, sino a causa del exceso del que era responsable, el descenso en las importaciones, y ellos, a su vez, se veían afectados sólo por la terrible destrucción de los barcos de todo el mundo a manos de los submarinos alemanes. El comité no esperó a que el café despegara; se lanzaron a los frenos. En materia de política y de conveniencia, era un error hacer que la bolsa del café cerrara justo entonces. Si el comité no hubiera interferido, los precios habrían subido por las razones dadas, y que no tienen nada que ver con el arrinconamiento.

Pero el alto precio, que no tenía por qué haber sido exorbitante, habría sido un incentivo para atraer las ofertas del mercado. He oído decir a Mr. Bernard M. Baruch que el War Industries Board tuvo este factor en consideración, a la hora de fijar los precios, y por esta razón algunas de las quejas sobre el alto límite de diversas mercancías eran injustas. Cuando la bolsa del café reanudó los negocios, más adelante, el café se vendía a veintitrés centavos. Los americanos pagaron ese precio debido a poca oferta, y la oferta era pequeña porque el precio fijado era demasiado bajo, a causa de la sugerencia de los cortos filantrópicos, para hacer posible el pago de las cargas de alta mar, y asegurar la continuación de las importaciones.

Siempre he pensado que mi operación con el café, era la más legítima de todas mis operaciones con mercancías. Lo consideraba más una inversión que una especulación. Me mantuvo ocupado durante más de un año. Si existía algún tipo de juego era por parte de los patrióticos tostadores de nombre y ascendencia alemana. Tenían café en Brasil y me lo habían vendido a mí en Nueva York. El Price Fixing Committee fijó el precio de la única mercancía que no había avanzado. Protegieron al público contra el exceso de ganancias antes de que comenzara, pero no contra el inevitable ascenso de los precios que se iba a producir a continuación. Y no solo eso, sino que cuando el café verde oscilaba alrededor de los nueve centavos la libra, el café tostado subió con todo lo demás. Sólo se beneficiaron los tostadores. Si el precio del café verde hubiera subido dos o tres centavos la libra, me hubiera proporcionado varios millones de dólares. Y al público no le habría costado tanto como le costó el avance posterior.

Los post-mortems en la especulación son una pérdida de tiempo. No te llevan a ninguna parte. Pero esta operación concreta tiene un cierto valor educacional. Era tan buena como cualquier otra. El ascenso era tan seguro, tan lógico, que yo imaginé que era inevitable ganar varios millones de dólares, pero no los gané.

En otras dos ocasiones he sufrido la actuación de los comités de cambio, que elaboraban reglamentos que cambiaban las normas operativas sin ningún tipo de aviso. Pero en aquellos casos, mi posición, aunque técnicamente era correcta, comercialmente no era tan segura como la operación con el café. Nunca se puede estar completamente seguro de nada en una operación especulativa. Esta experiencia que acabo de relatar es la que me hizo sumar lo inevitable a lo inesperado de mi lista de riesgos. Tras el episodio del café tuve tanto éxito con otras mercancías y en el lado corto del mercado, que comencé a sufrir de cotilleos tontos.

Los profesionales de Wall Street y los escritores en periódicos, tomaron la costumbre de culparme a mí y a mis aliados de las inevitables rupturas en los precios. A veces mis ventas se denominaban "Poco patrióticas", tanto si estaba verdaderamente vendiendo como sí no. Supongo que la necesidad de exagerar la magnitud y el efecto de mis negociaciones, era la necesidad de satisfacer la insaciable demanda del público de razones para todos y cada uno de los movimientos de precio que se producían.

Tal y como ya he afirmado cientos de veces, ningún tipo de manipulación puede hacer que los precios bajen y se mantengan bajos. La razón es bastante obvia para cualquiera que se tome la molestia de pensar en ello durante medio minuto. Suponga que un operador atacara un valor, o sea, hiciera que el precio se colocara a un nivel inferior a su valor real, ¿qué sucedería inevitablemente? El atacante tendría ante sí una de las mejores compras internas. La gente que conoce el valor real de una acción, lo comprará siempre y cuando éste se venda a precio de ganga. *5/ los iniciados no pueden comprar, será porque las condiciones generales están en contra de la orden de sus propios impulsos, y tales condiciones no son alcistas.* Cuando la gente habla de ataques, la conclusión es que estos son injustificados, casi criminales. Pero vender una acción a un precio mucho más bajo de su valor real es un negocio bastante arriesgado. Hay que tener en cuenta que una acción atacada que no logra tener una recuperación, no produce mucha venta interior, y allí donde se produce un ataque, o sea, una venta a corto injustificada, es muy posible que se produzca una compra interior; y cuando esto ocurre los precios no se mantienen abajo. Debo decir que en el noventa y nueve por ciento de los casos, los denominados ataques son realmente descensos legítimos, acelerados algunas veces, pero no causados por las operaciones de un operador profesional, sea cual sea el tamaño de la línea que pueda poseer.

La teoría de que la mayoría de los descensos bruscos o rupturas abruptas son el resultado de alguna operación de apuestas, se inventó probablemente como medio de proporcionar razones a aquellos especuladores que lo único que hacen es jugar a ciegas, y que se creerán todo lo que les digan antes de ponerse a pensar. La excusa de los ataques en lo relacionado con las pérdidas, que los especuladores desafortunados reciben tan a menudo de los corredores y de los cotilleos financieros, es en realidad un pronóstico invertido. La diferencia está en lo siguiente: un pronóstico bajista es inconfundible, es un consejo de venta a corto. Pero el pronóstico invertido, o sea, la explicación que no se explica, sólo sirve para evitar que lleves a cabo lo que sería una inteligente venta a corto. *Ltí tendencia natural, cuando un valor se rompe, es venderlo.*

Existe una razón, una razón desconocida, pero a pesar de ello, una buena razón; por lo tanto, salga. Pero no es muy inteligente vender cuando la ruptura es el resultado del ataque de un operador; porque en el momento en que se detenga, el precio rebotará. ¡Pronósticos invertidos!

XVI

¡Pronósticos! ¡La gente quiere pronósticos! No sólo quieren recibirlos, también quieren darlos. En todo ello hay avaricia y vanidad. Algunas veces, es asombroso ver como personas realmente inteligentes intentan "pescarlos". Y el que ofrece el pronóstico no necesita recapacitar sobre la calidad, ya que el que quiere recibir pronósticos, no desea buenos pronósticos, le sirve cualquiera de ellos. Si funciona ¡bien! si no funciona, quizá tengan más suerte con el siguiente. Estoy pensando en el cliente medio de la casa de comisión media. Existe un tipo de promotor o manipulador que cree en los pronósticos antes, después y en cualquier momento. Un número elevado de pronósticos es para él, un sublime trabajo publicitario, la mejor mercancía del mundo, porque, como los "buscadores y tomadores de pronósticos" son invariablemente, "transmisores de pronósticos" la difusión de pronósticos es una especie de cadena interminable. El que promueve los pronósticos trabaja bajo el lema de que no existe ningún ser humano que se resista ante un pronóstico expuesto de forma adecuada. Estudia el arte de manejarlos artísticamente.

Todos los días, recibo cientos de pronósticos de todo tipo de personas. Le contaré una historia acerca de Borneo Tin. ¿Recuerda cuándo se emitió la acción? Era a la altura del boom. El consorcio de promotores había aceptado el pronóstico de un banquero muy inteligente y decidieron sacar la nueva compañía en el mercado abierto inmediatamente para no dar tiempo a un sindicato de apoyo. El único error que cometieron los miembros del consorcio, vino de la falta de experiencia. Ellos no sabían lo que era capaz de hacer el mercado de valores durante un boom loco, y además no fueron inteligentemente liberales. Estaban de acuerdo en la necesidad de subir el precio para poner el valor en el mercado, pero comenzaron la operación con una cifra, a la que los operadores y los especuladores no podían comprar sin recelo.

Los promotores se debían haber aferrado a él, pero en el salvaje mercado alcista, la avaricia se convirtió en un digno conservadurismo. El público compraba cualquier cosa, siempre que el pronóstico fuera aceptable. No se querían inversiones. La demanda estaba por el dinero fácil; por el juego con beneficio seguro. El oro estaba entrando en este país a través de las enormes compras de material bélico. Me dicen que los promotores, mientras hacían planes para sacar adelante las acciones de Borneo, marcaron el precio de apertura tres veces, antes de que se registrara la primera transacción para el beneficio del público.

Se me había ofrecido adherirme al consorcio, y yo lo había considerado, pero no acepté porque si hay que hacer algún tipo de maniobra me gusta hacerla por mí mismo. Opero según mi información y sigo mis propios métodos. Cuando salieron las acciones de Borneo Tin, sabiendo cuales eran los recursos del consorcio y sus planes, y sabiendo también de lo que era capaz el público, compré diez mil acciones durante la primera hora del primer día. Su debut en el mercado tuvo éxito. De hecho, los promotores vieron que la demanda era tan activa que decidieron que era un error perder tantas acciones en tan poco tiempo. Descubrieron que yo había comprado diez mil acciones casi al mismo tiempo que descubrieron que podían vender todas las acciones que tenían con solo marcar el precio en veinticinco o treinta puntos por encima. Por lo tanto, llegaron a la conclusión de que el beneficio de mis diez mil acciones les quitaría una parte importante de los millones que ellos veían tan seguros como si estuvieran en la cuenta del banco. Así que detuvieron sus operaciones alcistas e intentaron deshacerse de mí. Pero yo me senté. Ellos se dieron por vencidos conmigo, porque no querían que el mercado se les escapara, y empezaron a subir el precio, tratando de no perder ninguna acción en la medida de lo posible.

Vieron la gran altura que habían alcanzado otros valores y comenzaron a pensar en billones. Bien, cuando Borneo Tin alcanzó los 120, les dejé tener mis diez mil acciones. Esto verificó el ascenso y los managers del consorcio empezaron a tomarse el proceso de empuje hacia arriba con más calma. En la siguiente recuperación, intentaron hacer un mercado activo de nuevo, y se deshicieron de algunas acciones, pero la mercancía demostró ser demasiado cara. Finalmente, el precio se marcó en 150. Pero la eclosión había pasado de modo permanente, así que el consorcio se vio obligado a poner en el mercado las acciones que pudo, para aquellas personas a las que les encanta comprar tras una buena reacción, con la falacia de que una acción que se vendió una vez a 150, es barata cuando se vende a 130 y una ganga cuando se vende a 120. También, transmitieron el pronóstico a los operadores del parqué, que pueden hacer a veces un mercado temporal, y más tarde a las casas de comisión. Todo puso algo de su parte, y el consorcio utilizó todas las estratagemas habidas y por haber. El problema era que ya había pasado el tiempo de las acciones alcistas. Los tontos se habían tragado otros anzuelos. La pandilla de Borneo no lo vio, o quizás no quiso verlo.

Estaba en Palm Beach con mi esposa. Un día hice un poco de dinero en Gridley y cuando llegué a casa entregué a Mrs. Livingston el recibo. Fue una curiosa coincidencia, pero esa misma noche, ella conoció en una cena al presidente de la Borneo Tin Company, un tal Mr. Wisenstein, que se había convertido en manager del consorcio de acciones. Hasta algún tiempo después, no supimos que había llevado a cabo, deliberadamente, una serie de maniobras para sentarse al lado de Mrs. Livingston en la cena. Se esmeró en ser particularmente agradable con ella y hablar de un modo muy entretenido. Hacia el final, de un modo muy confidencial, le dijo, "Mrs. Livingston, voy a hacer algo que no he hecho nunca. Estoy satisfecho de hacerlo porque usted sabe exactamente lo que significa. " Dejó de hablar y miró ansiosamente a Mrs. Livingston, para asegurarse de que ella no sólo era inteligente, sino además discreta. Ella lo pudo leer en su cara, tan claro como una inscripción. Pero todo lo que dijo fue "sí".

"Sí, Mrs. Livingston. Ha sido un gran placer conocerla a usted y a su marido, y quiero demostrar que soy sincero cuando digo esto y es porque espero verles a menudo a ambos. ¡Estoy seguro de que no tengo que decirle que lo que voy a decir es estrictamente confidencial!" Después susurró, "Si compraran algunas acciones de Borneo Tin, obtendrían unos enormes beneficios."

"¿Eso cree?" preguntó ella.

"Justo antes de abandonar el hotel," dijo él, "recibí unas cuantas noticias que no serán del dominio público durante al menos unos días. Voy a comprar todas las acciones que pueda. Si las compra mañana en la apertura, las comprara al mismo tiempo y al mismo precio que yo. Le doy mi palabra, de que es muy probable que las acciones de Borneo suban. Usted es la única persona a quien he dicho esto. ¡Absolutamente la única!"

Ella le dio las gracias y después le dijo que no sabía nada acerca de la especulación con acciones. Pero él la aseguró que no era necesario que supiera más que lo que él le había dicho. Para asegurarse de que ella lo había oído correctamente le repitió su consejo:

"Todo lo que tiene que hacer es comprar tantas acciones de Borneo Tin como desee. Le puedo dar mi palabra de que si lo hace no perderá un céntimo. Nunca en mi vida he dicho a una mujer, ni tampoco a un hombre, que compre algo. Pero estoy tan seguro de que el valor no se detendrá en 200, que me gustaría que usted hiciera algún dinero. Yo solo no puedo comprar todas las acciones, y si alguien más, se ha de beneficiar del ascenso, preferiría que fuera usted antes que ningún otro extraño. Le digo esto en confianza porque sé que usted no hablará de ello. ¡Acepte mi palabra Mrs. Livingston y compre Borneo Tin!"

Se comportó de un modo tan elegante y la impresionó de tal modo, que ella comenzó a pensar que había encontrado un excelente uso para los quinientos dólares que yo le había dado esa tarde. Ese dinero no me había costado nada, y estaba fuera de su pensión. En otras palabras, era dinero fácil que se podía perder si la suerte iba en su contra. Pero él había dicho que seguramente ganaría. Sería agradable que ella pescara dinero con su propia caña, y que después me dijera cómo le había ido.

Pues bien, a la mañana siguiente, antes de que el mercado abriera, se dirigió a la oficina de Harding y le dijo al mánager:

"Mr. Haley, quiero comprar algunas acciones, pero no quiero incluirlas en mi cuenta regular porque no me gustaría que mi marido supiera nada hasta que haya conseguido hacer algún dinero. ¿Puede arreglármelo?"

Haley, el manager, dijo, "Oh, sí. Podemos hacer una cuenta especial. Dígame de que acciones se trata y cuántas quiere comprar."

Ella le dio los quinientos dólares y le dijo, "Escuche, por favor. No quiero perder más dinero que éste. Si lo pierdo no quiero deberle a usted

nada; y recuerde, no quiero que Mr. Livingston sepa nada acerca de esto. Cómpreme todas las acciones que pueda de Borneo Tin, en la apertura."

Haley tomó el dinero, dijo que no diría una palabra a nadie, y le compró cien acciones en la apertura. Creo que las obtuvo a 108. El valor estaba muy activo ese día y se cerró con una subida de tres puntos. Mrs. Livinston estaba tan encantada con su actuación, que hizo todo lo que pudo para no decirme nada acerca de ello.

Yo, entonces, estaba colocándome en una situación cada vez más bajista en el mercado. Me llamó la atención la inusual actividad en Borneo Tin. No pensaba que fuera el momento adecuado para que se produjera un ascenso en ningún valor, y mucho menos en ése. Había decidido comenzar mis operaciones bajistas ese mismo día, y comencé vendiendo diez mil acciones de Borneo. Si no lo hubiera hecho, creo que el valor habría subido cinco o seis puntos en lugar de tres.

El día siguiente, vendí dos mil acciones en la apertura y dos mil justo antes del cierre, y el valor se rompió en 102.

Haley, el manager de Harding Brothers de la sucursal de Palm Beach, estaba esperando que Mrs. Livingnston llamara a la tercera mañana. Ella generalmente se dejaba ver por ahí alrededor de las once para ver cómo iban las cosas, si yo estaba ocupado.

Haley la apartó y le dijo, "Mrs. Livingston, si quiere que siga manteniendo sus cien acciones .de Borneo Tin, tendrá que darme más margen."

"Pero no tengo nada más", dijo ella.

"Puedo transferirlo a su cuenta regular," dijo él.

"No," objetó ella, "L.L. se enteraría de ello."

"Pero la cuenta muestra ya una pérdida de ..." comenzó a decir
Haley.

"Pero yo dejé bien claro que no quería perder más de los quinientos dólares. Ni siquiera quería perder eso," dijo ella.

"Lo sé, Mrs. Livingston, pero no quería venderlas sin consultarlo con usted, y ahora, a menos que usted me autorice a mantener, tendré que venderlas."

"Pero, ¡tuvieron una actuación tan buena el día que las compré," dijo, "que no pensé que fueran a actuar así tan pronto. ¿Y usted?"

"No," respondió Haley, "yo tampoco." En las oficinas de corretaje tienen que ser diplomáticos.

"¿Qué es lo que ocurre Mr. Haley?"

Haley lo sabía, pero no se lo podía decir sin delatarme, y un cliente es sagrado. Así que dijo, "no he oído nada especial, ¡ahí va! ¡hacia abajo!" y señaló el tablón de cotizaciones. Mrs. Livingston miró rápidamente, y vio que el valor se hundía: "¡Oh, Mr. Haley! ¡No quiero perder mis quinientos dólares! ¿Qué puedo hacer?"

"No lo sé, Mrs. Livingston, pero si yo fuera usted, se lo preguntaría a Mr. Livingston."

"¡Oh, no! Él no quiere que yo especule por mi cuenta. Me lo dijo. Él me compra o me vende las acciones si se lo pido, pero nunca había hecho ninguna operación sin que él lo supiera. No me atrevería a decírselo."

"Está bien," dijo Haley dulcemente. "Es un operador estupendo y sabrá lo que debe hacer." Pero al verla agitar su cabeza violentamente diciendo que no, añadió: " Vd. tendrá que poner mil o dos mil dólares para cuidar de sus acciones Borneo."

Ante la alternativa tomó la decisión. Se quedó en la oficina, pero como el mercado se iba haciendo cada vez más débil, se acercó a donde yo estaba sentado mirando el tablero y me dijo que quería hablar conmigo. Fuimos a la oficina privada y me contó toda la historia. Sólo le dije: "Eres una pequeña niña tonta, es mejor que te mantengas apartada de este negocio."

Prometió que lo haría, así que le devolví sus quinientos dólares y se fue contenta. Para entonces el valor estaba a la par.

Yo vi lo que había sucedido. Wisenstein era una persona muy astuta. Él se figuraba que Mrs. Livingston me diría lo que él le había dicho y que yo estudiaría la situación. Él sabía que la actividad siempre me atrae y que en estos momentos tenía una línea bastante fuerte. Supongo que él pensaba que yo compraría diez mil o veinte mil dólares.

Fue uno de los pronósticos más artística e inteligentemente planeados. Pero salió mal. Tenía que salir mal. En primer lugar, la persona que lo recibió había recibido ese mismo día quinientos dólares de forma inesperada y por lo tanto tenía un ánimo mucho más aventurero de lo normal. Deseaba hacer algún dinero por sí misma, y dramatizó la situación de un modo tan atractivo que le resultó irresistible. Sabía lo que yo opinaba de la especulación de valores a manos de personas noiniciadas, y no se atrevió a mencionarme la cuestión. Wisenstein no analizó su psicología del modo apropiado.

Además, estaba totalmente equivocado sobre la clase de operador que yo era. Nunca presto atención a los pronósticos y, además, estaba a la baja en todo el mercado. Las tácticas que él consideró efectivas a la hora de inducirme a comprar Borneo, o sea, la actividad y el ascenso de tres puntos, fue precisamente lo que me hizo tomar Borneo como botón de arranque cuando decidí vender todo el mercado.

Tras oír la historia de Mrs. Livingston tuve más deseos que nunca de vender Borneo. Todas las mañanas en la apertura y todas las tardes, justo antes de cerrar, me deshacía de algunas acciones regularmente, hasta que vi la oportunidad de tomar mis cortos con un beneficio sustancioso.

Siempre me ha parecido el colmo de la idiotez operar basándose en pronósticos. Supongo que no estoy hecho para actuar de ese modo. Algunas veces pienso que los que aceptan pronósticos son como los borrachos.

Hay algunos que no pueden resistirse al deseo, y están siempre a la búsqueda de las jarras de alcohol que representan su felicidad. ¡Es tan fácil abrir los oídos y dejar que entre el pronóstico! El hecho de que le digan a uno lo que ha de hacer para ser feliz, de manera que puedas obedecer fácilmente, es algo inmediatamente anterior a la felicidad, y que está muy lejos del logro de los deseos del corazón. No se trata de avaricia cegada por el ansia, sino de esperanza vendada con el deseo de no tener que pensar.

Y no sólo se encuentran "tomadores de pronósticos" empedernidos entre el público aficionado. También dejan bastante que desear algunos operadores profesionales del parqué de la bolsa de Nueva York.

Soy plenamente consciente de que abrigan nociones equivocadas de mí, sólo por el hecho de que yo nunca ofrezco pronósticos a nadie. Si yo le dijera al hombre medio, "¡Vende cinco mil de Steel!" lo haría rápidamente. Pero si le dijera que estoy a la baja en todo el mercado y le explicara las razones con todo detalle, le costaría trabajo escucharme, y después de dejarme hablar, me miraría ferozmente por hacerle perder su tiempo expresando mis visiones de las condiciones generales del mercado, en vez de ofrecerle un pronóstico determinado y directo, tal y como hacen los verdaderos filántropos de Wall Street, los de la clase que disfruta poniendo dinero en los bolsillos de amigos, conocidos y extraños.

La creencia en los milagros, que todos los hombres albergan, nace de una indulgencia inmoderada ante la esperanza. Hay personas que tienen esperanzas de modo periódico, pero todos conocemos al borracho de esperanza crónica, que aparece ante nosotros como un optimista ejemplar. Son, únicamente, "tomadores de pronósticos."

Tengo un conocido, un miembro de la bolsa de Nueva York, que era uno de esos que pensaban que yo era un cerdo egoísta, de corazón de piedra porque nunca ofrecía pronósticos ni aconsejaba a los amigos. Un día, esto fue hace ya muchos años, él estaba hablando con un periodista que mencionó, casualmente, que sabía de buena tinta que G.O.H. iba a subir. Mi amigo compró, rápidamente, cien acciones y vio que el precio bajaba tan estrepitosamente que perdió tres mil quinientos dólares antes de que pudiera detener la pérdida. Un día o dos más tarde, se volvió a encontrar con el periodista, todavía estaba resentido.

"¡Menudo pronóstico me diste!", se lamentó.

"¿De qué pronóstico me hablas?, preguntó el periodista que ya no se acordaba.

"Acerca de G.O.H. Dijiste que lo sabías de buena tinta."

"Y así era. Me lo dijo un director de la compañía que es miembro del comité de finanzas."

"¿Cuál de ellos era?, preguntó el operador con aire vengativo.

"Si desea saberlo," contestó el periodista, "fue su propio suegro, Mr. Westlake." "¿Y por qué demonios no me dijo que se trataba de él?", gritó el corredor. "¡Me ha costado tres mil quinientos dólares! "Él no creía en pronósticos. Cuanto más lejana fuera la fuente de información, más puro era el pronóstico.

El viejo Westlake era un rico banquero y promotor de éxito. Un día se encontró con John. W. Gates. Gates le preguntó si sabía algo. " Si actúas en base a ello, te daré un buen pronóstico, si no piensas hacerlo, dímelo porque así me ahorras un trabajo," respondió el viejo Westlake malhumorado.

"Por supuesto que actuaré en base a ello," prometió Gates.

"¡Vende Reading! hay en juego unos veinticinco puntos seguros, y posiblemente más. Pero los veinticinco puntos están seguros," le dijo.

"Le estoy muy agradecido," y apuesto un millón de dólares a que Gates le estrechó la mano cálidamente y se fue en dirección a la oficina de corretaje.

Westlake se había especializado en Reading. Sabía todo lo relacionado con la compañía y contribuía igual que los iniciados, así que el mercado de ese valor era un libro abierto para él, y todo el mundo lo sabía. Ahora estaba aconsejando al apostador del Western que se pusiera a corto con ese valor.

Pues bien, Reading no dejó de subir. Experimentó un ascenso de unos cien puntos en unas cuantas semanas. Un día el viejo Westlake se encontró de frente con John W. en la calle, pero hizo como que no le había visto y siguió caminando. John W. Gates, le alcanzó, su cara era todo sonrisas y le ofreció la mano. Oíd Westlake le saludó asombrado.

"Quiero darle las gracias por el pronóstico que me dio sobre Reading," dijo Gates.

"No le di ningún pronóstico," dijo Westlake frunciendo el ceño.

"Pues claro que lo hizo. Y, además, fue un buen pronóstico. Hice sesenta mil dólares."

"¿Hizo sesenta mil dólares?"

" ¡Por supuesto! ¿no lo recuerda? Me dijo que vendiera Reading; ¡así que lo compré! Siempre he hecho dinero dando la vuelta a sus pronósticos, Westlake," dijo John W. Gates placenteramente." ¡Siempre!"

El viejo Westlake le miró y remarcó con admiración, "Gates, ¡que rico sería si tuviera su cerebro!"

El otro día me encontré con Mr. W. A. Rogers, el famoso dibujante, por cuyos dibujos de los corredores de Wall Street siento tanta admiración. Sus dibujos diarios en el *Herald* de Nueva York han sido durante años el placer de muchas personas. Pues bien, me contó una historia. Fue justo antes de que entráramos en guerra con España. Él estaba pasando la tarde con un amigo corredor. Cuando se marchó cogió su sombrero de la percha, al menos él pensaba que era su sombrero, porque era de la misma forma y le encajaba perfectamente.

En la calle, en aquellos momentos, sólo se hablaba y se pensaba de la guerra con España. ¿Se iba a producir o no? Si había guerra el mercado bajaría; no por nuestras compras, sino por la presión de los accionistas europeos sobre nuestras acciones. Si había paz, lo mejor era comprar acciones, ya que se habían producido muchos descensos a causa
de las declaraciones de la prensa sensacionalista. Mr. Rogers me contó el resto de la historia:

"Mi amigo, el corredor, en cuya casa había estado la noche anterior, estuvo en la bolsa el día siguiente, debatiendo ansiosamente en su cerebro en qué lado del mercado debía colocarse. Analizó las ventajas e inconvenientes, pero era imposible cerciorarse de lo que eran hechos y lo que eran solo rumores. No había ninguna noticia auténtica que le sirviera de guía. En un momento pensaba que la guerra era inevitable, y al minuto siguiente se convencía de que eso era casi imposible. La perplejidad le debió provocar un ascenso en la temperatura de su cuerpo, porque se quitó el sombrero para secarse la frente. No sabía si debía comprar o vender.

"Dio la casualidad de que miró en el interior del sombrero. Allí, en letras doradas, estaba la palabra WAR (guerra). Eso era todo lo que necesitaba. ¿No fue eso un pronóstico de la providencia a través de mi sombrero? Así que vendió acciones, la guerra estaba ya declarada, se puso a cubierto en la ruptura y obtuvo una terrible ganancia." Y después W. A. Rogers acabó diciendo," ¡nunca recuperé mi sombrero!"

Pero la mejor historia de pronósticos de mi colección, concierne a uno de los más populares miembros de la bolsa de Nueva York, J.T. Hood. Un día, otro operador del parqué, Bert Walker, le dijo que le había dado un buen susto a un prominente director de Atlantic & Southern. Como agradecimiento esta persona le dijo que comprara todas las acciones de A. & S. que pudiera llevar. Los directores iban a hacer algo que elevaría el valor en, al menos, veinticinco puntos. No todos los directores estaban metidos en el asunto, pero la mayoría estaban seguros de votar de ese modo.

Bert Walker, llegó a la conclusión de que la tasa de dividendo iba a ascender. Se lo dijo a su amigo Hood y ambos compraron varios miles de acciones de A.& Ü. El valor estaba muy débil, antes y después de la compra, pero Hood dijo, que con ello se pretendía facilitar la acumulación por parte de los iniciados, encabezados por el agradecido amigo de Bert.

El jueves siguiente, después de cerrar el mercado, los directores de Atlantic & Southern se reunieron y bajaron el dividendo. El valor se rompió en seis puntos durante los primeros seis minutos de operación de la mañana del viernes.

Bert Walker estaba muy resentido. Llamó al agradecido director, que tenía el corazón roto. Dijo que no recordaba haberle dicho a Walker que comprara. Dijo que esa era la razón por la que no le había llamado para ponerle al corriente del cambio de planes de la facción dominante de la junta. El director tenía tantos remordimientos de conciencia y estaba tan ansioso de ayudar, que ofreció a Bert otro pronóstico. Le explicó amablemente que unos cuantos colegas suyos querían comprar acciones baratas y en contra de su voluntad, iban a recurrir a trabajos sucios. Tenía que hacer algo para ganar sus votos. Pero ahora que todos habían acumulado las líneas completas no se podía hacer nada para detener el avance. Comprar A.& S. seguro que ahora era lo mejor que se podía hacer.

Bert no sólo le perdonó, sino que además estrechó su mano calurosamente. Naturalmente, fue de inmediato en busca de su amigo y víctima, Hood, para ponerle al corriente de las noticias. Iban a ganar millones. Antes el pronóstico había sido un ascenso y habían comprado. Pero ahora estaba quince puntos por debajo. Eso era obvio. Así que compraron cinco mil acciones, cuenta conjunta.

Daba la impresión de que se había apretado un botón para ponerlo en marcha, el valor se rompió en lo que era obviamente una venta por parte de los iniciados. Dos especialistas confirmaron sus sospechas. Hood vendió las cinco mil acciones. Cuando se puso en comunicación con Bert Walker le dijo, "Si ese maldito imbécil no se hubiera ido a Florida anteayer, le sacaría las tripas. Sí, juro que lo haría. Ven conmigo."

"¿A dónde?" preguntó Hood.

"A la oficina de telégrafos. Quiero mandarle a esa rata un telegrama para que nunca me olvide. Vamos."

Hood salió. Bert se encaminó hacia la oficina de telégrafos. Después llevado por sus sentimientos, habían tenido una pérdida considerable con las quinientas acciones, compuso una pieza maestra en el arte de la vituperación. Se lo leyó y acabó diciendo, "Eso le dará una idea de lo que pienso de él."

¡Estaba a punto de pasarlo a través de la ventanilla cuando Hood dijo, "Espera Bert!"

"¿Qué sucede?"

"Yo no lo enviaría," le aconsejó Hood.

"¿Por qué no?", replicó Bert.

"Esto hará que le de un buen dolor de tripas."

"Y eso es lo que queremos, ¿o no?" dijo Bert, mirando a Hood con sorpresa.

Pero Hood agitó la cabeza de modo desaprobatorio, y dijo con toda seriedad, "¡Nunca nos volverá a dar otro pronóstico si le mandas ese telegrama!"

Fue un operador profesional quien dijo eso. Así que, ¿de qué vale hablar de la imbecilidad que pueda demostrar un "tomador de pronósticos"? Las personas no aceptan los pronósticos porque sean completamente idiotas, sino porque les gustan esos cócteles de esperanza de los que hablaba antes.

La receta del viejo Barón Rothschild para la obtención de riquezas se aplica con más fuerza que nunca a la especulación. Alguien le preguntó si no era difícil hacer dinero en la Bolsa, y él replicó que, al contrario, pensaba que era muy fácil.

"Eso es porque usted es muy rico," objetó el entrevistador.

"En absoluto. He hallado el camino fácil y me aferró a él. No puedo evitar ganar dinero. Le diré mí secreto si lo desea. Es éste: No compro nunca en el suelo y vendo siempre demasiado pronto."

Los inversionistas son gallinas de otro corral. La mayoría de ellos buscan con ahínco inventarios, estadísticas de beneficios y toda clase de datos matemáticos, como si estos fueran equivalentes a los hechos. *Como norma se minimiza el factor humano*. A muy poca gente le gusta comprar en el negocio de un sólo hombre. Pero el inversionista más sabio que he conocido fue un hombre que empezó siendo un Holandés de Pensilvania y acabó en Wall Street viendo muy a menudo a Russell Sage.

Era un gran inversionista, un hombre de Missouri infatigable. Creía en la importancia de hacerse sus propias preguntas y ver con sus propios ojos. Los anteojos de los demás no le servían para nada. Esto fue hace muchos años. Parece que mantenía bastantes acciones de Atchison. Entonces comenzó a oír informes inquietantes sobre la compañía y su gestión. Le dijeron que Mr. Reinhart, el presidente, en lugar de ser la maravilla que se creía que era, era en realidad un manager de lo más extravagante, cuya imprudencia iba a hacer que su compañía se metiera en líos. Habría que pagar la deuda del desastre, cuando llegara la hora de la verdad.

Este tipo de noticias eran para él como el aire que se respira. Se dirigió rápidamente a Boston para entrevistar a Mr. Reinhart y hacerle unas cuantas preguntas. Las preguntas consistían en repetir las acusaciones que había oído y preguntarle después si eran ciertas o no.

Mr. Reinhart no solo negó las acusaciones de modo taxativo, sino que dijo algo más: Procedió a demostrar con cifras que los que hacían tales afirmaciones no eran más que mentirosos llenos de malicia. El holandés de Pensilvania le había pedido información exacta y el presidente de Atchison se la había dado, demostrándole que la compañía llevaba un buen camino y que se mantenía financieramente, hasta el último centavo.

El holandés de Pensilvania dio las gracias al presidente Reinhart, regresó a Nueva York y vendió rápidamente todas sus acciones de At- chison. Una semana o dos más tarde utilizó sus fondos para comprar un buen lote de acciones de Delaware, Lackawanna & Western.

Unos años más tarde estábamos hablando de golpes de suerte, y él citó su propio caso. Explicó los motivos que le llevaron a hacerlo.

"Pues verá," dijo, "observé que el Presidente Reinhart, cuando escribía las cifras, cogía las hojas de papel de una casilla de su mesa de mahoganí. Era un papel muy fino con unas letras grandes grabadas en dos colores. No sólo eran caros, sino peor, era innecesariamente caros. Escribía unas cuantas cifras en una hoja para mostrarme exactamente las ganancias que estaba experimentando la compañía con unas determinadas divisiones, o para mostrarme el modo de reducir gastos, o costes de operación, después estrujaba la hoja y la tiraba a la papelera.

Después decidía impresionarme con las economías que estaban introduciendo y volvía a coger otra hoja limpia de la maravillosa libreta con enunciados gravados en dos colores. Unas cuantas cifras, y ¡bingo! a la papelera. Más dinero tirado sin pensar. Me sorprendió que, si el presidente era así, era muy extraño que insistiera demasiado en tener asistencia económica. Así que, por lo tanto, decidí creer a la gente que me había dicho que era un extravagante, en vez de aceptar la versión del presidente y vendí todas las acciones de Atchison que tenía.

"Unas semanas más tarde tuve ocasión de ir a las oficinas de Delaware, Lackawanna & Western. El viejo San Sloan era el presidente. Su oficina estaba al lado de la entrada y su puerta estaba abierta del todo. Siempre estaba abierta. En aquellos días, nadie podía entrar en las

oficinas generales de D.L.&W. y no ver al presidente de la compañía sentado en su mesa. Cualquiera podía entrar y hacer negocios con él directamente, si es que había algún negocio que hacer. Los reporteros financieros me solían decir que nunca se habían tenido que andar por las ramas con el viejo Sam Sloan, si no que le hacían las preguntas y siempre obtenían un sí o un no directo, fueran cuales fueran las exigencias de los directores de las demás empresas del mercado de valores.

"Cuando entré vi que el viejo estaba ocupado. Al principio pensé que estaba abriendo el correo, pero cuando entré y me acerqué vi lo que estaba haciendo. Supe, después, que tenía la costumbre de hacerlo todos los días. Después de clasificar y abrir el correo, en vez de tirar los sobres vacíos, los juntaba y se los llevaba a su oficina. En sus ratos libres recortaba los bordes de los sobres. Con esto obtenía dos trozos de papel, cada uno de ellos con un lado blanco y limpio. Después los apilaba y los repartía, para utilizarlos como borrador, para hacer aquellos cálculos que Reinhart había hecho en las hojas de papel fino con letras gravadas en dos colores. No se desperdiciaban ni los sobres ni los ratos libres del presidente. Se utilizaba todo.

Tuve la seguridad de que si éste era el tipo de hombre que la compañía D. L. &W. tenía por presidente, la compañía tendría el mismo tipo de gestión en todos los departamentos. ¡El presidente se encargaría de ello! Por supuesto, sabía que la compañía pagaba dividendos regularmente y estaba en una buena situación financiera. Compré todas las acciones que pude de D.L. & W. Desde entonces el capital en acciones se ha doblado y cuadruplicado. Mis dividendos anuales son del mismo valor que mi primera inversión. Todavía tengo mis acciones de D.L. &W. y Atchison pasó a otras manos unos meses después de que yo viera como el presidente tiraba a la papelera una hoja tras otra de un fino papel con letras grabadas en dos colores, para demostrarme, con números, que no era extravagante."

Y la belleza de esta historia radica en que es cierta y en que no había ningún otro valor que pudiera haber significado una mejor inversión para el holandés de Pensilvania.

XVII

A uno de mis más íntimos amigos le encanta contar historias acerca de lo que él llama, mis presentimientos. Siempre dice que mis poderes desafían al análisis. Declara que lo que hago es seguir ciegamente ciertos impulsos misteriosos y con ellos salgo del mercado en el momento adecuado. Su historia preferida es acerca de un gato negro que me dijo, desde su mesa de desayuno, que vendiera muchas de las acciones que tenía, y de cómo después de recibir el mensaje del cachorro estuve malhumorado y nervioso hasta que vendí todas las acciones con las que estaba a largo. Obtuve, prácticamente, los precios más altos, lo que dio más fuerza a la teoría del cabezota de mi amigo.

Había ido a Washington para convencer a unos cuantos congresistas de que no era muy sabio matarnos a base de impuestos, y no le estaba prestando mucha atención al mercado de valores. La decisión de vender toda la línea, me vino de repente, de ahí la historia de mi amigo.

Admito que algunas veces tengo impulsos irresistibles de hacer algo determinado en el mercado. No importa si estoy a corto o a largo. Debo salir. No estoy a gusto hasta que lo hago. Yo pienso que lo que ocurre es que veo muchas señales de advertencia. Quizás ninguna de estas señales es suficientemente clara o poderosa como para proporcionarme una razón positiva y definida para hacer lo que siento deseos de hacer. Probablemente, se trata de lo que llaman el "sentido del pronóstico" que el viejo James R. Keene desarrolló enormemente, y también algunos otros antes que él. Confieso que, generalmente, la advertencia no solo
resulta ser segura, sino además exacta y precisa en el tiempo. Pero en este caso no hubo presentimiento. El gato negro no tuvo nada que ver. La historia que mi amigo cuenta a todo el mundo de que yo me levanté aquella mañana malhumorado, supongo que se puede explicar, si es que dé. verdad me levanté malhumorado, por el hecho de que estaba decepcionado. Sabía que no estaba logrando convencer a los congresistas con los que había hablado, y el comité no veía el problema de los impuestos en Wall Street desde el mismo punto de vista que yo. No estaba

intentando prorrogar ni evadir impuestos sobre las transacciones de valores, lo que intentaba hacer era sugerir una tasa que yo, como operador experimentado, creía justa e inteligente. No quería que el tío Sam matara la gallina de los huevos de oro, que tantos huevos podía incubar si se le daba el trato adecuado. Posiblemente, mi falta de éxito no sólo me irritó, sino que además me hizo sentirme pesimista ante un futuro en los negocios con unas tasas injustas. Pero haré una relación exacta de lo que sucedió.

Al comienzo del mercado al alza, me gustó el aspecto de los mercados del acero y del cobre y sentí deseos de ponerme al alza con ambos. Así que empecé a acumular algunas acciones. Comencé comprando 0000 acciones de Utah Copper y me detuve porque no tuvieron una actuación demasiado buena. O sea, no se comportaron como debían haberlo hecho para hacerme sentir que había hecho bien al comprar. Creo que el precio estaba alrededor de 114. También empecé a comprar United States Steel a casi el mismo precio. Compré 20.000 acciones el primer día porque tuvieron una buena actuación. Seguí el método que he descrito anteriormente.

El acero siguió teniendo una buena actuación y yo, por lo tanto, seguí acumulando hasta llegar a las 72.000 acciones. Pero mis posesiones de Utah Copper seguían siendo las de mi compra inicial. Nunca sobrepasé las 0.000 acciones. Su comportamiento no me animó mucho a seguir.

Todo el mundo sabía lo que había pasado. Teníamos un gran movimiento alcista. Yo sabía que el mercado estaba subiendo. Las condiciones generales eran favorables. Incluso después de que los valores subieran extensamente, y de que mis beneficios en papel no fueran nada despreciables, la cinta seguía proclamando. *¡Todavía no/Todavía no!* Cuando llegué a Washington la cinta todavía me estaba diciendo eso. Por supuesto, no tenía la intención de incrementar mi línea en ese último día, aunque yo todavía estaba al alza. Al mismo tiempo, estaba claro que el mercado se estaba moviendo en mi dirección y no tenía ocasión de sentarme todo el día en frente del tablón de cotizaciones, esperando una repentina advertencia de que saliera. Antes de que se diera el toque de retreta, a menos que se produjera una catástrofe inesperada, el mercado se mostraría indeciso, o si no, me prepararía para un giro en la situación especulativa. Esa es la razón por la que llevé a cabo los negocios con el congresista.

Al mismo tiempo, los precios seguían subiendo, y esto significaba que el final del mercado al alza estaba próximo. No esperaba que el final se produjera en un día específico. Determinar esto era algo que estaba muy por encima de mis poderes. Pero no hace falta que diga, que estaba en espera de una señal que me indicara que era el momento adecuado para salir. De un modo u otro siempre estoy a la espera. Se ha convertido en una especie de costumbre.

No lo puedo jurar, pero sospecho que el día antes al que yo vendiera, la visión de los precios altos me hizo pensar en la magnitud de mis beneficios en papel y en la línea que llevaba, y más tarde en mis vanos esfuerzos para inducir a nuestros legisladores a llevar a cabo unas negociaciones justas e inteligentes con Wall Street. Probablemente, ése fue el modo y el momento en el que se sembró la semilla. La mente subconsciente trabajó durante toda la noche. A la mañana siguiente pensé en el mercado y me pregunté cómo se portaría ese día. Cuando fui a la oficina vi que los precios eran todavía más altos, que yo tenía unos beneficios muy satisfactorios y que, además, se trataba de un gran mercado con un enorme poder de absorción. En aquel mercado podía vender tantas acciones como deseara; y, por supuesto, cuando un hombre lleva toda una línea de acciones, debe estar alerta ante la oportunidad de cambiar sus beneficios en papel por beneficios en metálico. Debe intentar perder lo menos posible en el cambio. La experiencia me ha enseñado que siempre se puede encontrar una oportunidad para hacer que los beneficios sean reales y que esta oportunidad aparece, generalmente, al final del movimiento. Y esto no implica ni lectura de la cinta ni presentimientos. Por supuesto, cuando esa mañana me encontré con un mercado en el que podía vender todas mis acciones sin ninguna dificultad, lo hice.

Cuando se está vendiendo todo, no es más sabio ni más valiente vender cincuenta acciones que vender cincuenta mil; pero las cincuenta acciones se pueden vender en un mercado flojo sin romper el precio y cincuenta mil acciones, de un solo valor, necesitan una proposición diferente. Tenía setenta y dos mil acciones de U.S. Steel. Puede no ser una línea enorme, pero no siempre puedes vender tanto sin perder una parte de los beneficios en papel que tan buen aspecto tienen cuando se calculan, y cuya pérdida duele tanto como cuando se pierde un dinero que se tiene seguro en el banco.

Tenía un beneficio total de alrededor de 1.500.000 dólares y lo mantuve. Pero no es esa la principal razón para pensar que hice bien en vender en el momento en que lo hice. El mercado me demostró ser una fuente de satisfacciones. Fue así: Pude vender toda la línea de setenta y dos mil acciones de U. S. Steel a un precio medio que estaba a solo un punto del máximo del día y del movimiento. Demostró que mis cálculos habían sido correctos, hasta en cuestión de minutos. Pero cuando en esa misma hora de ese mismo día decidí vender mis acciones de Utah Copper, el precio se rompió en cinco puntos. Recuerde que comencé a comprar acciones al mismo tiempo y que actué sabiamente al incrementar mi línea de U.S.Steel desde veinte mil acciones hasta setenta y dos mil, tampoco fue mala idea no incrementar mi línea de Utah a partir de las 5.000 acciones originales. La razón por la que no vendí mis acciones de Utah Copper antes, era el hecho de que yo estaba al alza en la operación del cobre, el mercado era alcista para los valores y, además, no pensé que las acciones de Utah me perjudicarían mucho, aunque no consiguiera obtener grandes beneficios. Pero en lo referente a presentimientos, no tenía ninguno.

La formación de un operador de valores se puede comparar a la educación médica. El físico tiene que pasar largos años aprendiendo anatomía, fisiología, materias médicas y docenas de asignaturas colaterales. Aprende la teoría y después dedica toda su vida a la práctica. Observa y clasifica todo tipo de fenómenos patológicos. Aprende a diagnosticar. Si el diagnóstico es correcto, y eso depende de la precisión de su observación, el pronóstico será bueno, sin embargo, recuerde siempre que la falibilidad humana y lo imprevisto, evitaran que acierte en un 100%. Y, entonces, a medida que gana experiencia, aprende, no sólo a hacer lo más adecuado, sino a hacerlo instantáneamente, de manera que la gente piensa que es algo instintivo. En realidad, no es automatismo. Es, simplemente, que ha diagnosticado el caso según las observaciones de casos semejantes durante muchos años; y naturalmente, después de diagnosticarlo, sólo puede tratarlo, sólo lo tratará según lo que le ha enseñado la experiencia. Puedes transmitir los conocimientos, o sea, tu colección particular de hechos clasificados, pero no tu experiencia. *Una persona puede saber lo que hay que hacer y, a pesar de ello, perder dinero, si no lo hace con suficiente rapidez.*

Observación, experiencia, memoria y matemáticas, de esto es de lo que debe depender el operador que busque el éxito. No sólo debe observar con precisión, también debe recordar lo que ha observado. No puede apostar por lo irracional o lo inesperado, aunque sus convicciones personales sobre la irracionalidad humana sean muy fuertes, o aunque esté muy seguro de que lo inesperado sucede con mucha frecuencia. Siempre debe apostar por las probabilidades, o sea, debe tratar de anticiparse a ellas. Los años de práctica en el juego, de estudio constante, de recordar, capacitan al operador para actuar en el instante en que se produce lo inesperado o lo que ya era de esperar.

Un hombre puede tener una gran habilidad matemática y un enorme poder de exactitud en las observaciones, y a pesar de ello no tener éxito en la especulación, a menos que posea también *experiencia y memoria*. Y después, al igual que el físico que se mantiene al corriente de los adelantos de la ciencia, *el operador inteligente, nunca deja de estudiar las condiciones generales, y seguir de cerca todo tipo de desarrollo que pueda afectar o influenciar el curso de los diversos mercados*. Tras años en el juego, el hecho de mantenerse informado, se convierte en un hábito. Se actúa casi de modo automático. Hace falta una valiosa actitud profesional y esto le capacita para ganar en el juego, ¡a veces! No se puede hacer demasiado énfasis en la diferencia entre el operador profesional y el aficionado. Sé, por ejemplo, que la memoria y las matemáticas me son de gran ayuda. Wall Street produce su dinero sobre una base matemática. Quiero decir, *produce su dinero tratando con hechos y cifras*.

Cuando digo que un operador tiene que estar al corriente y que debe tomar una actitud puramente profesional hacia todos los mercados y su desarrollo, lo que quiero decir, de nuevo, es que los presentimientos y los misteriosos "sentidos del pronóstico" no tienen mucho que ver con el éxito. Por supuesto, sucede, muy a menudo, que un operador experimentado actúa tan rápidamente, que no tiene tiempo para dar razones de antemano, pero a pesar de eso, existen razones buenas y suficientes, porque están basadas en hechos recogidos por él, durante sus años de trabajo, reflexión y observación desde el punto de vista del profesional, que puede sacar agua de una piedra. Voy a explicar lo que quiero decir con actitud profesional.

Me mantengo al corriente de los mercados de mercancías, siempre. Es un hábito adquirido con los años. Como sabe, los informes del gobierno indicaban una cosecha de trigo, durante el invierno, similar a la del año anterior y una cosecha de trigo, durante la primavera, superior a la del año 1921. Las condiciones eran mucho más favorables, y probablemente la cosecha sería más temprana de lo normal. Cuando obtuve los cálculos de las condiciones observé lo que se podía esperar en cuanto a la producción, y pensé también en la huelga de mineros y en la huelga de ferrocarril. No pude evitar pensar en ello, porque mi mente siempre piensa en cualquier tipo de suceso que pueda tener alguna influencia en el mercado.

Rápidamente, comprendí que la huelga que había afectado ya el movimiento de transporte en todas partes, afectaría a los precios del trigo de modo adverso. Pensé lo siguiente: Era muy probable que existiera un retraso en el traslado del trigo del invierno hacia el mercado, a causa de las dificultades en el transporte, y para cuando estos mejoraran, el trigo de primavera estaría ya listo para el traslado. Eso quería decir que cuando los ferrocarriles fueran capaces de transportar el trigo en cantidades suficientes, transportarían ambos tipos de trigo a la vez, y eso significaba que habría una enorme cantidad de trigo entrando en el mercado de un solo golpe.

Teniendo esto en cuenta, las probabilidades evidentes, los operadores, que pensaran y llegaran a las mismas conclusiones que yo, no se posicionarían al alza con el trigo durante bastante tiempo. No lo comprarían, a menos que el precio descendiera hasta alcanzar unas cifras que hicieran de la compra de trigo una buena inversión. Si no había poder de compra en el mercado, el precio tendría que bajar. Esa era mi forma de pensar, y debía averiguar si estaba en lo cierto o no. Tal y como el viejo Pat Hearne solía decir, "no se sabe hasta que no se apuesta. "Entre estar a la baja y vender no había necesidad de perder el tiempo.

La experiencia me ha enseñado que el comportamiento de un mercado es una guía excelente para un operador. Es como tomarle la fiebre o el pulso a un paciente u observar el color de los ojos o la lengua.

Normalmente, una persona debería ser capaz de comprar o vender un millón de bushels de trigo, dentro de una gama de 1/4 de centavo. Ese día, cuando vendí los 250.000 bushels para poner a prueba el mercado en cuanto al tiempo, el precio descendió en 1/4 de centavo. Después, como la reacción no me había dicho de forma definitiva todo lo que deseaba saber, vendí otro cuarto de millón de bushels. Observé que estaba entrando en el mercado por adarmes; o sea; la compra se estaba haciendo en grupos de 10.000 o 15.000 bushels, en vez de dos o tres transacciones, que hubiera sido lo más normal. Además de esta compra tan homeopática, el precio descendió hasta 1 1/4 centavos con mi venta. Ahora no hacía falta que perdiera el tiempo señalando como había tomado el mercado mi trigo y el desproporcionado descenso que produjo mi venta me dijo que no había poder de compra. Estando así las cosas ¿qué era lo único que podía hacer?

Seguir vendiendo muchas. El método de seguir los dictados de la experiencia, puede que falle de vez en cuando. Pero él no seguirlos nunca, te convierte en un tonto. Así que vendí 2.000.000 de bushels y el precio bajó algo más. Unos días más tarde, el comportamiento del mercado, prácticamente, me obligó a vender otros 2.000.000 de bushels y el precio descendió todavía más; unos días más tarde, el trigo comenzó a romper y descendió en 6 centavos por bushel. Y no se detuvo ahí. Siguió descendiendo, con recuperaciones cortas.

No estaba dejándome llevar por un presentimiento. Nadie me dio un pronóstico. Fue mi actitud mental habitual o profesional hacia el mercado de mercancías la que me proporcionó los beneficios, y esa actitud fue el resultado de los muchos años de experiencia en el negocio. Estudio porque mi negocio consiste en operar. En el momento en que la línea me dijo que estaba en buen camino, mi deber profesional era incrementar la línea. Eso es todo lo que sucedió.

He descubierto que la experiencia paga muy buenos dividendos en este juego, y que la observación te proporciona el mejor de los pronósticos. Algunas veces, todo lo que se necesita es conocer el comportamiento de un determinado valor. Lo observas. La experiencia muestra cómo beneficiarse de las diversas variantes de lo normal, o sea, de lo más probable. Por ejemplo, sabemos que *todos los valores no se mueven juntos en una*

p

dirección, sino que todos los valores de un grupo subirán en un mercado al alza y descenderán en un mercado a la baja. Este es un tipo de especulación de lo más normal. Es el más común de todos los pronósticos, las casas de comisión son muy conscientes de ello, y se lo transmiten a todos los clientes que no han pensado en ello; Quiero decir, aconsejan operar con aquellos valores que se han quedado detrás de los demás valores del mismo grupo. Si U.S. Steel sube, se supone, lógicamente, que sólo es cuestión de tiempo, y que Crucible o Republic o Bethlehem le seguirán en la subida. Las condiciones de la operación y las perspectivas deberían funcionar del mismo modo en todos los valores de un mismo grupo, y todos deberían disfrutar de la misma prosperidad. Según la teoría, corroborada por una gran experiencia, de que cada perro tiene su día en el mercado, el público comprará A.B. Steel, porque no ha avanzado, mientras C.D. Steel y X.Y.Steel han subido.

Yo nunca compro un valor, ni siquiera en un mercado al alza, si no actúa como debiera en ese tipo de mercado. Algunas veces he comprado un valor durante un mercado al alza fuera de toda duda, he descubierto que otros valores del mismo grupo no estaban actuando del mismo modo y he vendido mi valor. ¿Por qué? *La experiencia me dice que no es muy acertado ir en contra de lo que se puede llamar, la tendencia de grupo manifiesta.* No puedo jugar sólo con la certeza. Debo tener en cuenta las probabilidades, y anticiparme a ellas. Un viejo corredor me dijo una vez: "Si estoy caminando por los railes de una vía ferroviaria y veo que viene un tren en mi dirección a setenta millas por hora, qué hago ¿sigo caminando por la vía? no amigo mío, me aparto. Y no me doy una palmadita en la espalda por ser tan sabio y prudente.

El año pasado, después de que el movimiento general al alza estuviera de camino, observé que uno de los valores de un grupo determinado no iba con el resto del grupo, aunque el resto del grupo se movía con todo el resto del mercado. Estaba a largo, con una cantidad considerable de Blackwoods Motors. Todo el mundo sabía que la compañía estaba en muy buena situación. El precio ascendía de uno a tres puntos cada día y el público entraba cada vez más. Naturalmente, esto centró la atención en el grupo e hizo que los diversos valores de motores empezaran a subir. Sin embargo, uno de ellos seguía quedándose atrás, se trataba de Chester. Se quedaba detrás de los otros y, al poco tiempo, la gente comenzó a hablar. El bajo precio y la apatía de Chester contrastaba con la fuerza y
la actividad de Blackwood y de los demás valores de motores, la gente comenzó a prestar atención a los comentarios, a los pronosticadores y comenzó a comprar Chester con la teoría de que iba a empezar a subir con el resto del grupo.

A pesar de la compra moderada por parte del público, Chester en vez de subir, descendió. No habría servido de nada comprarlo en ese mercado bajista, teniendo en cuenta que Blackwood, un valor del mismo grupo, era uno de los grandes líderes del avance general y sólo se oía hablar de la increíble mejora en la demanda de todo tipo de automóviles y del record de producción.

Por lo tanto, era obvio que el grupo interior de Chester no estaba haciendo ninguna de las cosas que se hacen invariablemente en un mercado al alza. Para esto podían existir dos razones. Quizás los del interior no lo habían adquirido porque deseaban acumular más acciones antes de que subiera el precio. Pero esta teoría se cae por su propio peso, si se analiza el volumen y el carácter de la operación de Chester. La otra razón es que tenían miedo de obtener el valor si lo intentaban.

Si quien debería querer un valor no lo quiere, ¿por qué iba a quererlo yo? Pensé que no importaba la prosperidad que podían tener otras compañías automovilísticas, era obvio que había que vender Chester a corto. *La experiencia me ha enseñado a tener cuidado con la compra de un valor que se niega a seguir al líder del grupo.*

Pronto comprendí que no solo no había compra interior, si no que había venta interior. Había otras señales sintomáticas en contra de la compra de Chester, aunque todo lo que yo necesitaba era su inconsistente comportamiento en el mercado.

De nuevo fue la cinta la que me aconsejó la salida y la razón por la que vendí Chester a corto. Un día, no mucho tiempo después, el valor se rompió del todo. Más tarde, supimos, de modo oficial, que los de dentro habían estado vendiéndolo, sabiendo perfectamente, que la situación de la compañía no era buena. La razón, como siempre, se supo tras la ruptura. Pero el aviso llegó antes de la ruptura. *Yo no busco las rupturas. Busco las advertencias.* No sabía cuál era el problema con Chester; tampoco tenía un presentimiento. Lo único que sabía es que algo iba mal.

El otro día, sucedió lo que los periódicos denominaron "un sensacional movimiento en Guiana Gold. Tras vender en el límite a 50, que se
cotizó en la bolsa de valores. Comenzó alrededor de 35, empezó a descender y finalmente se rompió en 20.

Yo nunca habría dicho que esa ruptura fuera sensacional, porque era algo de esperar. Si lo hubieras preguntado, habrías conocido la historia de la compañía. Nadie la sabía. A mí me la contaron del siguiente modo: Se formó un sindicato compuesto por media docena de capitalistas y bancos muy conocidos. Uno de los miembros era la cabeza de la Belle Isle Exploration Company, que adelantó a Guiana más de 10.000.000 de dólares, y que recibió a cambio 250.000 de un total de un millón de acciones de la Guiana Gold Mining Company. El valor salió en base a un dividendo y se le hizo mucha publicidad. Los de Belle Isle pensaron que era una buena idea convertir esas acciones en metálico y se pusieron de acuerdo con los banqueros, y estos llevaron a cabo las disposiciones necesarias para introducir en el mercado las 250.000 acciones de Belle Isle y las suyas propias. Pensaron dejar la manipulación a un profesional cuya tarifa sería de 1/3 de los beneficios de la venta de las 250.000 acciones por encima de 36. Yo creo que el contrato estaba ya redactado y preparado para la firma, pero en el último momento los banqueros decidieron hacerse cargo del asunto ellos mismos y ahorrarse la tarifa. Así que organizaron un consorcio interno. Los banqueros establecieron la venta de las 250.000 acciones de Belle Isle en 36. Lo pusieron en 41. Ósea, los del interior, pagaron a sus propios colegas bancarios 5 puntos de beneficio para empezar. No sé si ellos lo sabían o no. Está perfectamente claro que a los banqueros este asunto les pareció de lo más fácil. Nos habíamos adentrado en un mercado al alza y los valores del grupo, al que pertenecía Guiana, estaban entre los líderes del mercado. La compañía obtenía grandes beneficios y pagaban dividendos regulares. Esto, junto con el gran carácter de los patrocinadores, hizo que el público contemplara a Guiana como un valor de inversión. Me dijeron que se habían vendido unas 400.000 acciones hasta llegar a 47.

El grupo del oro era muy fuerte. Pero Guiana comenzó a aflojar. Descendió diez puntos. Eso estaba bien si el consorcio tenía el valor en el mercado. Pero muy pronto se comenzó a oír que las cosas no eran demasiado satisfactorias y que la propiedad no estaba en consonancia con las altas expectativas de los promotores. Pero antes de que la razón se diera a conocer, yo tuve un aviso y di los pasos necesarios para poner a prueba el mercado para Guiana. El valor estaba actuando, en gran medida, del mismo modo que Chester Motors. Vendí Guiana. El precio bajó. Vendí más. El precio bajo todavía más. El valor estaba repitiendo la actuación de Chester y de otros valores cuyo historial clínico recuerdo todavía. La cinta me dijo claramente que algo iba mal, algo que hacía que los de dentro no compraran, los de dentro, que eran personas que sabían con toda exactitud por qué no debían comprar su propio valor en un mercado alcista. Por otro lado, los de fuera, que no lo sabían, estaban comprando ahora, porque después de haberse vendido a 45 o más, el valor parecía barato ahora que se vendía a 35 o menos. Todavía se pagaban dividendos. El valor era una ganga.

Entonces llegaron las noticias. Me llegaron a mí, tal y como hacen la mayoría de las noticias importantes, antes que al público. Pero la confirmación, a través de los informes, de que se trataba de piedra estéril y no de mineral puro, lo único que hizo fue darme la razón para que se produjera la venta interna. Yo no vendí cuando conocí las noticias. Había vendido mucho antes, a causa del comportamiento del valor. Mi interés no era filosófico. Soy operador y por lo tanto buscaba una señal; la compra interna. No había ninguna. No me hacía falta saber por qué los del interior no tenían a su propio valor en suficiente estima como para comprarlo en el descenso. Era suficiente saber que sus planes no incluían ningún tipo de manipulación para el ascenso. Eso hizo que fuera fácil vender el valor a corto. El público había comprado casi medio millón de acciones y el único cambio posible que se iba a producir, en relación con los propietarios, es que pasarían de pertenecer a un grupo de ignorantes del exterior que los vendían con la esperanza de detener las pérdidas, para pertenecer a otro grupo de ignorantes del exterior que los comprarían con la esperanza de ganar dinero.

No estoy contando esto para moralizar sobre las pérdidas del público por la compra de Guiana, o sobre mis ganancias por venderla, sino para hacer énfasis en la importancia del estudio del comportamiento de un grupo, y para demostrar que muchos operadores mal equipados, pasan por alto estas lecciones. Y la cinta no solo te da la advertencia en el mercado de valores. También en el mercado de mercancías toca el silbato con mucha fuerza.

Tuve una experiencia muy interesante con el algodón. Estaba a la baja y puse una línea a corto bastante moderada. Al mismo tiempo vendí algodón a corto; 50.000 acciones. La operación demostró ser rentable y desatendí el algodón. La primera cosa que supe es que había tenido una pérdida de 250.000 dólares en mis 50.000 acciones. Como ya he dicho, la operación era tan interesante y me estaba dando tan buenos resultados que no deseaba apartar mi mente de ella. Cada vez que pensaba en el algodón me decía a mí mismo: "Esperaré a que se produzca la reacción y me pondré a cubierto." El precio reaccionaba un poco, pero antes de que me decidiera a tomar la pérdida y ponerme a cubierto, el precio volvía a recuperarse de nuevo, y a subir más que nunca. Así que yo decidía esperar otra vez y volver a mis operaciones y centrar mi atención en ellas. Finalmente, cerré todos los valores con un considerable beneficio y me fui a Hot Springs de vacaciones para tomarme un descanso muy merecido.

Entonces fue cuanto tuve la mente libre para enfrentarme al problema de mis pérdidas en el algodón. La operación había ido en mi contra. Algunas veces, incluso parecía que yo iba a poder ganar. Observé que siempre que alguien hacía una venta fuerte, se producía una buena reacción. Pero casi de inmediato, el precio se volvía a recuperar y alcanzaba un nuevo máximo.

Finalmente, cuando llevaba ya varios días en Hot Springs, me di cuenta de que las pérdidas serían de un millón de dólares y de que no había ninguna interrupción en la subida. Recapacité sobre lo que había, y lo que no había hecho y me dije a mi mismo:" ¡debo estar equivocado!" En mí, el sentir que estoy equivocado y salir es, prácticamente, un solo proceso. Así que me puse a cubierto con una pérdida de alrededor de un millón.

A la mañana siguiente estaba jugando al golf y no pensaba en nada más. Había hecho mi jugada en el algodón. Me había equivocado. Había pagado por equivocarme y el recibo de la factura estaba en mi bolsillo. El mercado del algodón no me preocupaba entonces más de lo que me preocupa en estos momentos. Cuando volvía al hotel para comer, me detuve en la oficina de corretaje y eché un vistazo a las cotizaciones. Vi que el algodón había descendido en 50 puntos. Eso no era nada. Observé también que no se había recuperado, tal y como había venido sucediendo desde hace semanas, cuando disminuyó la presión de esa determinada venta que la había hecho descender. Esto indicaba que la línea de menor resistencia estaba hacia arriba y que me había costado un millón de dólares cerrar mis ojos ante este hecho.

Sin embargo, la razón que me impulsó a ponerme a cubierto, con una gran pérdida, dejó de ser una buena razón, ya que no se había producido la vigorosa e inmediata recuperación que se producía normalmente. Así que vendí 10.000 acciones y esperé. Muy pronto el mercado bajo 50 puntos. Esperé un poco más. La recuperación no se producía. Para entonces me había entrado ya bastante hambre, así que entré en el comedor y pedí la comida. Antes de que el camarero me la sirviera, me puse en pie de un salto, fui a la oficina de corretaje, vi que no se había producido la recuperación, y vendí 10.000 acciones más. Pero esto tampoco fue un presentimiento. Fue un impulso producido por la convicción de que había llegado el momento de vender algodón, aunque mi error anterior hubiera sido enorme. Tenía que sacar ventaja de este error. Era mi oportunidad. Probablemente, la mente subconsciente seguía en funcionamiento, y estaba sacando conclusiones. La decisión de vender en Washignton fue resultado de mi observación. Mis años de experiencia con las operaciones me dijeron que la línea de menor resistencia había cambiado de estar hacia arriba a estar hacia abajo.

No le guardo ningún rencor al mercado del algodón por arrebatarme un millón de dólares, y no me odio a mí mismo por cometer un error de semejante calibre, porque también me siento orgulloso de ponerme a cubierto en Filadelfia y contrarrestar la pérdida. Mi cerebro operativo sólo se preocupa de los problemas operativos y creo que tengo razones justificadas para afirmar que pude amortiguar mi primera pérdida porque disponía de experiencia y memoria

XVIII

La historia se repite siempre en Wall Street. ¿Recuerda una historia que conté en la que cubría los cortos, aquella vez que Stratton arrinconó el maíz? Pues bien, en otra ocasión, utilicé prácticamente las mismas tácticas en el mercado de valores. El valor era Tropical Trading. Había hecho dinero poniéndolo a corto y a largo. Siempre había sido un valor activo, y el preferido de los operadores aventureros. Los de dentro habían sido acusados, una y otra vez, por los periódicos, de estar más preocupados por las fluctuaciones del valor que por estimular una inversión permanente. El otro, uno de los más hábiles corredores que conozco, afirmaba que ni Daniel Drew en Erie ni H.O. Havemayer en Sugar habían desarrollado un método de ordeño del mercado para un valor, tan perfecto como el que el Presidente Mulligan y sus amigos habían llevado a cabo en Tropical Trading. En muchas ocasiones habían estimulado a los bajistas para que vendieran T.T. a corto, y después se dedicaron a estrujarlos con una entereza de lo más profesional. El sentimiento de venganza no era mayor que el que se podía sentir por una prensa hidráulica.

Por supuesto, algunas personas hablaban de ciertos "incidentes desagradables" en la carrera del mercado de T.T. Pero me atrevo a decir que estos críticos estaban sufriendo de estrujamiento. ¿Por qué los operadores de la sala, que habían sufrido tan a menudo las malas jugadas de los del interior, seguían subiendo en contra del juego? Bien, por un lado, les gusta la acción y eso, desde luego, lo tienen en Tropical Trading. No hay periodos de inactividad. No hay razones que pedir o que dar. No hay pérdida de tiempo. No se quiebran los nervios esperando a que dé comienzo el movimiento que se había pronosticado. Siempre hay suficientes valores para operar en el mercado, excepto cuando el interés a corto es suficientemente grande como para que la escasez merezca la pena.

Hace ya algún tiempo, yo me encontraba, en Florida, disfrutando de mis vacaciones de invierno. Estaba pescando y disfrutando, y no dedicaba al mercado de valores ningún tipo de pensamiento, excepto cuando recibía los periódicos. Una mañana, cuando llegó el correo semisemanal, di un vistazo a las cotizaciones y vi que T.T se estaba vendiendo a 155. La última vez que había visto su cotización, creo que estaba en 140. Mi opinión era que nos estábamos introduciendo en un mercado a la baja y yo estaba calculando el tiempo para ponerme a corto. Pero no había demasiada prisa. Por eso estaba pescando sin prestarle demasiada atención a la cinta. Sabía que cuando se produjera el verdadero aviso, volvería a casa. Mientras tanto, nada de lo que yo hiciera o dejara de hacer, aceleraría las cosas.

El comportamiento de T.T, era la característica sobresaliente del mercado, según los periódicos que había recibido esa mañana. Me sirvió para cristalizar mi idea bajista en general, porque pensaba que era particularmente absurdo que los de dentro aumentaran el precio de T.T, a la vista de la firmeza de la cotización general. Algunas veces se debe suspender el proceso de ordeño. Lo que es irregular, no suele ser un factor deseable en los cálculos de un operador, y me daba la impresión de que el intento de hacer subir el precio, de ese valor, era una patochada capital. Tras leer todos los periódicos, volví a la pesca, pero seguí pensando en lo que los de dentro estaban intentando hacer. Que iban a fracasar, era tan seguro como que un hombre se aplasta si se tira desde el tejado de un edificio de 20 plantas sin paracaídas. No podía pensar en nada más y, finalmente, dejé la pesca y envié un telegrama a mis corredores, para que me vendieran 2.000 acciones de T.T en el mercado. Después pude volver a mi pesca. Me salió bastante bien. Esa tarde recibí la respuesta a mi telegrama por correo especial. Mis corredores informaban de que habían vendido mis 2.000 acciones de Tropical Trading a 153. Hasta ahí toda iba bien. Estaba vendiendo a corto en un mercado descendente, así era como debía de ser. Pero no pude seguir pescando. Estaba demasiado lejos del tablero de cotizaciones. Lo descubrí cuando empecé a pensar por qué Tropical Trading no iba hacia abajo con el resto del mercado en vez de ir hacia arriba a causa de una manipulación interior. Así que dejé de lado la pesca y regresé a Palm Beach, o más bien, a la línea directa con Nueva York. Cuando llegué a Palm Beach, vi lo que los del interior, bastante despistados, estaban intentando hacer todavía. Les vendí un segundo grupo de 2.000 acciones de T.T. Llegó otro informe y volví a vender otras 2.000 acciones. El mercado se comportaba excelentemente. O sea, descendía con mi venta. Como todo iba estupendamente, salí a dar una vuelta, pero no estaba contento. Cuanto más pensaba, más me entristecía el pensar que no había vendido más. Así que regresé a la oficina de corretaje y vendí otras 2.000 acciones.

Sólo estaba contento cuando vendía esas acciones. En la actualidad estaba a corto con 10.000 acciones. Después decidí regresar a Nueva York. Tenía negocios que hacer. Ya tendría tiempo de pescar en alguna otra ocasión.

Cuando llegué a Nueva York intenté obtener información sobre los negocios de la compañía. Lo que supe, reforzó mi convicción de que los del interior habían sido más que inconscientes, tratando de hacer subir el precio, en un momento en que ese ascenso no estaba justificado ni por el tono del mercado general ni por las ganancias de la compañía.

El ascenso, aunque ilógico y fuera de tiempo, había creado un cierto seguimiento por parte del público y esto, sin duda, había animado a los del interior a seguir adelante con sus absurdas tácticas. Así que yo vendí más acciones. Los del interior dejaron de hacer la tontería que estaban haciendo. Puse a prueba el mercado una y otra vez, de acuerdo con mis métodos operativos, hasta que, finalmente, estuve a corto con 30.000 acciones del valor de la Tropical Trading Company. Para entonces el precio estaba en 133.

Se me había advertido que, los del interior, conocían las condiciones exactas de cada certificado de acción, las dimensiones precisas y la identidad de las ventas a corto, así como otros factores de importancia táctica. Eran hombres con capacidad y operadores retorcidos. De todos modos, se trataba de una combinación peligrosa contra la que luchar. Pero los hechos son los hechos y los más fuertes aliados son las condiciones.

Por supuesto, en el descenso de 153 a 133, las ventas a corto habían crecido, y el público que compra en las reacciones comenzó a discutir, como siempre: Ese valor se consideraba una buena compra cuando su precio estaba en 153 e incluso más arriba. Ahora, 20 puntos más abajo, era necesariamente, una compra mucho mejor. El mismo valor; la misma tasa de dividendos; las mismas oficinas; el mismo negocio. ¡Una verdadera ganga!

La compra del público redujo la oferta y los del interior, sabiendo que muchos operadores de la sala estaban a corto, pensaron que era el momento adecuado para estrujar. El precio estaba en 150. Me atrevo a decir que había mucho a cubierto, pero yo me mantuve firme. ¿Por qué no iba a hacerlo? Los del interior podían saber que no había sido cancelada una línea corta de 30.000 acciones, pero ¿por qué me iba a asustar por eso? Las razones que me habían llevado a comenzar a vender en 153 y seguir vendiendo en el descenso hasta 133, no sólo existían, sino que además eran más fuertes que nunca. Los del interior podían desear forzarme a cubrir, pero no tenían ningún argumento convincente. Las condiciones fundamentales luchaban por mí. No era difícil permanecer tranquilo y sin miedo. Un especulador debe tener fe en sí mismo y en sus juicios. El difunto Dickson G.Watts, ex-presidente del New York Cotton Exchange y famoso autor de "Speculation as a fine art," dice que el coraje, en un especulador, es simplemente confianza para poder actuar en base a las decisiones de su mente. En mi caso, no puedo temer estar equivocado, porque nunca pienso que lo estoy, hasta que algo o alguien me lo demuestra. De hecho, no estoy a gusto a menos que esté sacando partido de la experiencia. El curso del mercado, en un momento determinado, no me prueba, necesariamente, que esté equivocado. Es el carácter del ascenso, o del descenso, lo que me determina si mi posición en el mercado es correcta o incorrecta. Sólo puedo seguir adelante con el conocimiento. Si lo dejara de lado, estaría cometiendo una verdadera torpeza.

No había nada en el carácter de la recuperación de 133 a 150 que me asustara y me hiciera ponerme a cubierto y, además, el valor, como ya era de esperar, comenzó a descender de nuevo. Se rompió en 140 antes de que los del interior comenzaran a darle soporte. Su compra coincidió con una gran cantidad de rumores alcistas acerca del valor. La compañía, según oíamos, estaba obteniendo unas ganancias fabulosas, y estas
ganancias justificaban un incremento en la tasa de dividendos. También se decía, que las ventas a corto eran enormes, y que se iba a producir el estrujamiento del año, la víctima sería la parte bajista en general y, en particular, un determinado operador que se había extendido demasiado. Tan pronto como oí lo que acabo de decir, empujaron el precio diez puntos hacia arriba.

La manipulación no me parecía particularmente peligrosa, pero cuando el precio tocó 149, decidí que no era inteligente dejar que se aceptaran como verdaderas, todas las afirmaciones alcistas que estaban flotando en el aire. Por supuesto, no había nada que yo, ni nadie del exterior, pudiéramos decir, que convenciera a los que estaban a corto, realmente asustados, o los incrédulos clientes de las casas de comisión, que operan según los comentarios que oyen. La réplica más efectiva es la que imprime la cinta. La gente creería en ello, pero no creerían en la declaración jurada de ningún ser vivo, y mucho menos la de un hombre que está a corto con 30.000 acciones. Así que utilicé las mismas tácticas que usé cuando Stratton arrinconó el maíz, cuando vendí avena para que los operadores se posicionaran a corto con el maíz. De nuevo, la experiencia y la memoria.

Cuando los del interior hicieron subir el precio de Tropical Trading, con la intención de asustar a los que estaban a corto, no intenté asegurarme del ascenso vendiendo el valor. Estaba ya a corto con 30.000 acciones, lo que era un gran porcentaje de la oferta existente. No tenía la intención de colocar mi cabeza en la cuerda de ahorcado, que se me ofrecía, la segunda recuperación fue realmente una invitación urgente. Lo que hice cuando T.T tocó 149 fue vender alrededor de 10.000 acciones de Equatorial Commercial Corporation. Esta compañía debía una gran cantidad de dinero a Tropical Trading. Equatorial Commercial no era tan activo como T.T, se rompió con mi venta, tal y como había previsto; y, por supuesto, yo conseguí mi propósito. Cuando los operadores, y los clientes de las casas de comisión que habían escuchado la contradictoria información alcista de T.T, vieron el ascenso de Tropical sincronizado con una fuerte venta y una brusca ruptura en Equatorial, llegaron a la conclusión de que la fuerza de T.T era tan solo una pantalla de humo, un ascenso manipulado, designado, obviamente, a facilitar la liquidación interior en Equatorial Commercial, que era el mayor poseedor de acciones T.T. Debió ser, tanto el valor

a largo como el valor interior de Equatorial, porque nadie del exterior soñaría con vender tantas acciones a corto en un momento en que Tropical Trading tenía tanta fuerza. Así que vendieron Tropical Trading y verificaron la subida, los del interior no deseaban tomar todas las acciones que estaban a la venta. En el momento en que los del interior retiraron su soporte, el precio de T.T descendió. Los operadores y las principales casas de comisión, vendieron también entonces algunas acciones de Equatorial y yo tomé mi línea a corto con un pequeño beneficio. No lo había vendido para obtener dinero de la operación, sino para verificar el ascenso de T.T.

Una vez y otra, los de dentro de Tropical Trading y los eficientes hombres de su servicio publicitario, llenaban Wall Street con toda clase de comentarios alcistas y tratando de hacer que el precio subiera. Y cada vez que lo hacían, yo vendía Equatorial Commercial a corto, lo cubría con T.T, reaccionaba y arrastraba a EC. Esto hizo que el viento dejara de soplar para los veleros de los manipuladores. Finalmente, el precio de T.T descendió hasta 125 y las ventas a corto crecieron tanto que los de dentro fueron incapaces de hacerlo subir 20 o 25 puntos. Esta vez se trataba de una fuerza legítima en contra de unas ventas a corto demasiado extensas; pero, aunque pude prever la recuperación, no me puse a cubierto, ya que no deseaba perder mi posición. Antes de que Equatorial Commercial pudiera ascender compartiendo el criterio de la ascensión de T.T, hice una buena venta a corto, con los resultados normales. Esto dio lugar a los comentarios alcistas de T.T, que se había vuelto bastante turbulento tras el último gran ascenso.

Para entonces, el mercado general se había debilitado bastante. Como ya dije, fue la convicción de que estábamos en un mercado a la baja, lo que me hizo comenzar a vender T.T a corto en el campamento de pesca de Florida. Estaba a corto con otros valores, pero T.T era como mi cachorrillo. Finalmente, las condiciones generales demostraron ser un reto demasiado grande para los del interior y T.T se lanzó por el tobogán. Se quedó por debajo de 120 por primera vez en muchos años; después por debajo de 110; bajo el par; y yo seguía sin ponerme a cubierto. Un día, cuando todo el mercado estaba terriblemente débil Tropical Trading se rompió en 90 y entonces me puse a cubierto. ¡Por la misma razón de siempre! Tenía la oportunidad, el gran mercado, la debilidad y más vendedores que compradores. Puedo decir, aunque corra el riesgo de parecer engreído y presumir demasiado de mi inteligencia, que tomé mis 30.000 acciones de T.T, a prácticamente, el precio más bajo del movimiento. Pero no pensaba cubrir en el suelo. Tenía la intención de convertir mis beneficios en papel en beneficios en metálico, sin perder mucho en el cambio.

Me mantuve firme durante todo el proceso porque sabía que mi posición era segura. No me enfrentaba a la tendencia del mercado, ni iba en contra de las condiciones básicas, sino todo lo contrario, y eso es lo que me hacía estar tan seguro del fracaso de los confiados componentes del grupo del interior. Lo que ellos estaban intentando hacer, ya lo habían intentado otros antes, y siempre habían fracasado. Las frecuentes recuperaciones, aunque sabía tan bien como cualquiera que se iban a producir, no me daban miedo. Sabía que, al final, daría mejor resultado mantenerse firme que tratar de cubrirme para conseguir una línea a corto a un precio más alto. Aferrándome a la posición que yo creía correcta, obtuve más de un millón de dólares. No estaba en deuda con ningún presentimiento, con una habilidosa lectura de la cinta, ni con un exceso de valentía. Era un dividendo merecido por la fe en mis propios juicios, y no por mi inteligencia o mi vanidad. El conocimiento es poder, y el poder no tiene que sentir miedo ante las mentiras, aunque la cinta las imprima. La retracción sigue de modo inmediato.

Un año más tarde, T.T se vio empujada hasta 150 y se mantuvo ahí durante unas cuantas semanas. Se esperaba que todo el mercado experimentara una buena reacción, porque había subido ininterrumpidamente, y ya no estaba al alza. Lo sabía porque lo había comprobado. Ahora, el grupo al que pertenecía T.T estaba teniendo unas operaciones muy pobres, y no podía ver ninguna razón para que esos valores siguieran subiendo, aunque el resto del mercado lo hiciera, que tampoco era el caso. Así que empecé a vender Tropical Trading. Tenía la intención de sacar 10.000 acciones en total. El precio se rompió con mi venta. No podía ver ningún tipo de soporte. Entonces, repentinamente, el carácter de la compra cambió.

No estoy tratando de parecer un mago, cuando aseguro que pude predecir el momento en el que iba a venir el soporte. Me llamó la atención, el hecho de que los del interior, de ese valor, que no sienten nunca la obligación moral de mantener el precio arriba, compraran ahora el valor, ante un descenso general. Debía existir una razón para ello. No eran ni ignorantes, ni filántropos, ni banqueros preocupados por mantener el precio arriba para vender más acciones para contrarrestar. El precio subió a pesar de mi venta y de la de los otros. En 153, puse a cubierto mis 10.000 acciones y en 156 me puse a largo porque para entonces la cinta me había dicho que la línea de menor resistencia estaba hacia arriba. Estaba a la baja en el mercado general, y estaba enfrentando una condición operativa en un determinado valor y no a una teoría especulativa en general. El precio desapareció de la vista, por encima de 200. Fue lo más sensacional de todo el año. Fui sorprendido por algunos informes que decían de forma hablada y escrita que se me había estrujado hasta hacerme perder ocho o nueve millones de dólares. En realidad, no estaba a corto, sino a largo con T.T durante todo el ascenso. De hecho, mantuve demasiado tiempo y dejé escapar parte de mis ganancias en papel. ¿Quiere saber por qué lo hice? Porque pensaba que los del interior de T.T, harían lo que yo habrá hecho si hubiera estado en su lugar. Pero eso es algo que a mí no incumbía, porque mi trabajo consiste en operar, o sea, aferrarme a los hechos que tengo ante mí, y no en pensar qué es lo que deberían hacer los demás.

XIX

No sé cuándo, ni quien utilizó la palabra "manipulación" por primera vez en conexión con lo que, en realidad, no son más que procesos mercantiles aplicados a la venta de un volumen de acciones en bolsa. Falsificar el mercado para facilitar compras baratas de un valor que se desea acumular, es también manipulación. Pero es diferente. Quizás no sea necesario detener las prácticas ilegales, pero sería difícil evitar hacer lo que algunos pensarían que es ilegítimo. ¿Cómo vas a comprar un número elevado de acciones en un mercado al alza sin determinar el precio tú mismo? Ese sería el problema. ¿Cómo se puede resolver? Depende de tantas cosas que no se puede dar una solución general, a menos que digas; posiblemente por medio de una diestra manipulación, ¿por ejemplo? Pues bien, depende de las condiciones, no se puede dar una respuesta más concreta.

Me intereso profundamente por todas las fases de mi negocio y, por supuesto, aprendo de las experiencias de los otros, así como de las mías propias. Pero es muy difícil aprender a manipular los valores hoy en día, en base a las historias que se pueden oír cualquier tarde tras el cierre, en una oficina de corretaje. La mayoría de los trucos, ideas e invenciones de los días pasados, o bien están obsoletos, o son ilegales e impracticables. Las normas y las condiciones de la bolsa han cambiado, y la historia, incluso la historia más detallada, de lo que Daniel Drew o Jacob Little o Jay Goul pudieron hacer durante cincuenta o setenta y cinco años, es algo que casi no me merece la pena escuchar. El manipulador de hoy en día, no necesita considerar lo que ellos hacían y cómo lo hacían, del mismo modo que un cadete de West Point no necesita ya estudiar arquería, tal y como hacían sus antepasados, para incrementar sus conocimientos de balística.

Por otro lado, es muy beneficioso estudiar los-factores humanos, la facilidad con que los seres humanos creen en lo que quieren creer; y cómo permiten dejarse influenciar por su codicia o por el coste del dólar de la falta de cuidado del ciudadano medio. El temor y la esperanza siguen siendo iguales que antes, no han experimentado cambios; por lo tanto, el estudio de la psicología del especulador es tan válida como antes. Las armas cambian, pero la estrategia sigue siendo estrategia, en lo relacionado con el campo de batalla de la bolsa de Nueva York. Creo que el más inteligente resumen de todo el asunto, estuvo en boca de Thomas F. Woodlock cuando declaró: " Los principios del éxito en la especulación de valores se base en la suposición de que la gente, en el futuro, seguirá cometiendo los mismos errores que se cometieron en el pasado."

En los "booms" que es cuando el público se encuentra en el mercado en un número muy elevado, no hay nunca necesidad de sutilezas, así que no hay necesidad de perder el tiempo discutiendo sobre la manipulación o sobre la especulación durante esos periodos; sería como intentar hallar la diferencia entre las gotas de lluvia que caen en nuestro tejado, y las que caen en el tejado de enfrente. Los tontos han intentado siempre conseguir algo a cambio de nada, y la gran atracción de todos los "booms"es siempre, un instinto de juego elevado por la avaricia y por un desmedido deseo de prosperidad. La gente que busca dinero fácil, siempre ha de pagar un precio para aprender que ése es un privilegio al que no se puede acceder en esta sórdida tierra. Al principio, cuando escuchaba las fantásticas historias de los viejos tiempos, y las ideas que tenían, solía pensar que la gente era más crédula en los años 1860 y 70 que en los años 90. Pero estaba seguro de que ese mismo día, o al día siguiente, leería en los periódicos algo sobre el último Ponzi, o sobre el fracaso de un corredor, o sobre los millones de dinero tonto que habían ido a unirse con los ahorros desvanecidos de una silenciosa mayoría.

Cuando vine a Nueva York por primera vez, había un gran alboroto en relación con las ventas de lavados y las órdenes compartidas, porque todas esas prácticas estaban prohibidas entonces. Algunas veces, el lavado era demasiado crudo como para engañar a nadie. Los corredores no se lo pensaron dos veces antes de decir que "la lavandería estaba en activo "cada vez que alguien trataba de lavar algún valor, y como ya he dicho antes, más de una vez se produjo lo que ellos denominaban " impulsos de bucket shops", cuando se ofrecía un valor en dos o tres puntos por debajo, sólo para establecer el descenso en la cinta y aniquilar a los operadores de margen pequeño, que estaban a largo con el valor en la bucket shop. En cuanto a las órdenes compartidas, se utilizaban siempre con recelo, a causa de la dificultad en las operaciones de coordinación y sincronización por parte de los operadores, todo esto estaba en contra de las normas del mercado. Hace unos años, un famoso operador canceló la venta, pero no la parte de compra de sus órdenes compartidas, y el resultado fue que un inocente corredor hizo que el precio subiera unos veinticinco puntos en pocos minutos, para verlo romperse a la misma celeridad tan pronto como se detuvo la compra. La intención original era crear una apariencia de actividad. No es nada bueno jugar con unas armas tan poco fidedignas. No puedes dar demasiada confianza a tus mejores corredores, no si de verdad quieres seguir siendo miembro de la Bolsa de Nueva York. También las tasas han sido de mucha importancia en todo lo relacionado con las transacciones y son mucho más caras de lo que eran en el pasado.

La definición de diccionario de la palabra manipulación hace referencia a la palabra rincón. Un rincón puede ser el resultado de una manipulación, o puede ser el resultado de una compra competitiva, como ocurrió, por ejemplo, con el rincón de Northern Pacific el 9 de mayo de 1901, en cuyo caso no se trataba de manipulación. El rincón de Stutz resultó ser muy caro para todas las personas involucradas, tanto en dinero como en prestigio. Y no fue un rincón ingeniado deliberadamente.

En realidad, muy pocos rincones resultaron ser beneficiosos para los que los ingeniaron. Los dos rincones de Commodore Vanderbilt's Harlem dieron buen resultado, pero el viejo camarada se merecía los millones que hizo, con la ayuda de un montón de deportistas a corto, legisladores y concejales corrompidos que trataron de hacerle un doble juego. Por otro lado, Jay Gould perdió en su rincón de Northwestern. Deacon S. V. White hizo un millón en su rincón de Lackawanna, pero Jim Keene perdió un millón en la operación de Hannibal & St. Joe. El éxito financiero de los rincones depende, por supuesto, del comportamiento en el mercado de acciones acumuladas a un precio más alto que el de coste y, para que eso ocurra con facilidad, las ventas a corto deben tener una cierta magnitud.

Me preguntaba a menudo, porqué los rincones eran tan populares entre los grandes operadores de hace medio siglo. Eran hombres hábiles y experimentados, de mente abierta, y con poca inclinación a comportamientos infantiles, basados en la filantropía de sus compañeros operadores. A pesar de todo, se les clavaba el aguijón con una frecuencia sorprendente. Un sabio operador me dijo que todos los grandes operadores de los años 60 y 70, tenían una ambición, sacar adelante un rincón. En muchos casos, se trataba de vanidad, en otros se trataba de un deseo de revancha. De todos modos, el hecho de que se te señalara como el hombre que había arrinconado con éxito un valor u otro, era en realidad el reconocimiento público de tu inteligencia y bravura. Esto proporcionaba al autor del rincón, un cierto derecho a sentirse superior. Aceptaba los aplausos de sus compañeros, como algo plenamente merecido. No era sólo el beneficio monetario, lo que impulsaba a estas personas a hacer todo lo que podían con tal de conseguirlo. Era un complejo de vanidad, que se daba en los operadores de sangre fría.

En aquellos días, los perros se comían a los perros con toda facilidad. Creo que ya he dicho antes, que he conseguido escaparme antes de que me estrujaran en más de una ocasión, no porque poseyera un misterioso sentido de pronóstico, sino porque, generalmente, puedo decir en qué momento el carácter de la compra hace que sea una imprudencia ponerme a corto. Esto lo hago en base a unos tests muy normales, que estoy seguro de que también se utilizaban en la antigüedad. El viejo Daniel Drew, solía estrujar a los muchachos con mucha frecuencia, y les hizo pagar precios muy altos por las acciones de Erie que le vendieron a corto. A él le estrujo Commodore Vanderbilt en Erie, y cuando el viejo Drew le pidió misericordia Commodore creó el verso siguiente:

El que vende lo que no es de su posesión
debe volver a comprarlo, o ir a prisión.

Wall Street no recuerda mucho, acerca de un operador que fue uno de sus titanes durante más de una generación. Su expresión preferida, que pasó a la inmortalidad, era la frase "valor de riego."

Addison G. Jerome, era el rey reconocido del Tablero Público en la primavera de 1863. Según me dicen, sus pronósticos sobre el mercado, se consideraban tan buenos como dinero efectivo en el banco. Fue un gran operador y ganó millones. Era liberal, hasta el punto de llegar a la extravagancia y tuvo un gran seguimiento en Wall Street, hasta que Henry Keep, conocido como William el silencioso, le estrujó todos sus millones en el rincón de Oíd Southern. Keep, dicho sea de paso, era cuñado del Gobernador Roswell P. Flower.

En el pasado, casi todos los rincones consistían principalmente en no dejar que el otro supiera que tú estabas tratando de arrinconar el valor, un valor que él estaba queriendo vender a corto. Por lo tanto, esto estaba dirigido a los profesionales, porque el público general no le gusta posicionarse a corto. Las razones que motivaban a estos sabios profesionales a poner sus líneas a corto, eran las mismas que motivan a los operadores de hoy. Aparte de la venta por parte de políticos rompedores en el rincón de Harlem de Commodore, yo deduzco de todas las historias que he leído, que los operadores profesionales vendían el valor porque estaba demasiado alto; y ellos pensaban que estaba demasiado alto, porque nunca antes había estado tan alto; y eso hacía que fuera demasiado alto para comprarlo; y si era demasiado alto para comprar, también era demasiado alto para vender. Eso parece bastante moderno ¿no?

Ellos pensaban en el precio, ¡y Commodore pensaba en el valor! Así que, durante muchos años después, los viejos me cuentan que cuando la gente deseaba describir la pobreza, solían decir: "¡se puso a corto con Harlem!

Hace muchos años, estuve hablando con uno de los antiguos corredores de Jay Gould. Él me aseguraba que Mr. Goul era algo más que hombre extraño, Daniel Drew solía decir, refiriéndose a él," ¡Su toque es la muerte! pero él estaba muy por encima de todas las manipulaciones pasadas y presentes. Desde luego, debió haber sido un mago financiero para hacer lo que hizo; eso es indudable. Creo adivinar que tenía un don especial para adaptarse a las nuevas condiciones, y esto en un operador es algo muy valioso. Él variaba sus métodos de ataque y defensa sin vacilar, porque le preocupaba más la manipulación de la propiedad que la especulación con valores. Él manipulaba para la inversión, no para el giro de mercado. Comprendió rápidamente que el dinero estaba en la posesión de los ferrocarriles, y no en manipular sus acciones en el suelo de la bolsa. Él, por supuesto, utilizaba el mercado de valores. Pero sospecho que lo hacía porque era el modo más fácil y rápido de obtener dinero, y él necesitaba muchos millones, al igual que el viejo Collis P. Huntington, estaba siempre acelerado, porque necesitaba veinte o treinta millones más de lo que los bancos estaban dispuestos a prestarle. La visión sin dinero, significa ataques al corazón, con dinero, significa consecución de los fines; y eso significa poder; y el poder significa dinero; y el dinero significa consecución de los fines; y así sucesivamente, una y otra vez.

Por supuesto, la manipulación no era privilegio exclusivo de las grandes figuras de aquellos días. También los pequeños manipuladores daban a veces en la diana. Recuerdo que un viejo corredor, me contó una historia referente a los modos y a la moral de los primeros años 60. Dijo:

"El primer recuerdo consciente que tengo de Wall Street es mi primera visita al distrito financiero. Mi padre tenía algunos negocios allí, y por alguna razón, me llevó con él. Llegamos a Broadway y giramos en Wall Street. Caminamos por Wall Street, y justo cuando llegamos a Broad Streeet, o más bien, a Nassau Street, hacia la esquina donde se encuentra el edificio de la banca de Trust Company, vi una gran multitud de gente que seguía a dos hombres. El primero caminaba hacia el este, tratando de aparentar despreocupación. Le seguía el otro, un hombre con la cara sonrojada, que agitaba su sombrero furiosamente con una mano, mientras agitaba el otro puño en el aire. Gritaba:

"¡Shylock!¡ Shylock! ¿Cuál es el precio del dinero? ¡Shylock!¡Shylock!" podía ver cabezas asomándose a las ventanas. En aquellos tiempos no tenían rascacielos, pero estoy seguro de que la historia llegó al cielo. Mi padre preguntó qué estaba sucediendo, y alguien le contestó algo que no pude oír, estaba demasiado ocupado tratando de aferrarme a la mano de mi padre, para que la multitud no nos separara. La multitud era cada vez mayor, tal y como sucede siempre. Desde Nassau Street, Broad Street y desde todos los lugares venían hombres corriendo, con los ojos de expresión azorada. Cuando finalmente conseguimos salir del atasco, mi padre me explicó que el hombre que gritaba "Shylock "estaba así así. He olvidado su nombre, pero era el mayor operador de la ciudad, y se decía que había ganado y perdido más dinero que nadie en Wall Street, con la excepción de Jacob Little. Recuerdo el nombre de Jacob Little, porque pensé que era un nombre muy gracioso. El otro hombre, el tal Shylock, era una especie de armario candado lleno de dinero. Tampoco recuerdo su

nombre. Pero recuerdo que era alto, delgado y pálido. En esos días, los grupos solían cantar el dinero tomándolo prestado, o más bien reduciendo la cantidad disponible para los prestatarios de la bolsa. Lo tomaban prestado y obtenían un cheque certificado. No acostumbraban a retirar el dinero y utilizarlo. Esto, por supuesto, era un fraude. En mi opinión era una forma de manipulación. "

Estoy de acuerdo con el viejo amigo. Era una fase de manipulación, que no tenemos en la actualidad.

XX

Yo nunca hablé con ninguno de los grandes manipuladores de los que se habla todavía en Wall Street. No me refiero a los líderes; me refiero a los manipuladores. Todos ellos pertenecían a generaciones anteriores a la mía, aunque cuando vine a Nueva York, por primera vez, *James R. Keene, el más grande de todos,* estaba en la flor de la vida. Pero yo entonces era sólo un jovencito, preocupado tan solo por duplicar, en una oficina de corretaje de buena reputación, el éxito que había logrado en las "bucket shop" de mi ciudad natal. Y, además, en aquellos tiempos Keene estaba ocupado con las acciones de U.S. Steel, su pieza maestra de la manipulación, yo no tenía ningún tipo de experiencia en la manipulación, ningún conocimiento real de su valor o significado, y ninguna gran necesidad de obtener tal conocimiento. Si es que alguna vez pensé en ello, supongo que lo debí observar como una forma elegante de fraude, que llevaba a cabo trucos tan sucios como los que me habían jugado en las Bucket- shops. Tales pensamientos, estaban fundados en conjeturas y suposiciones; o en adivinanzas, pero no en ningún tipo de análisis inteligente.

Más de un hombre de los que le conocieron bien, me ha dicho que Keene era el operador más valiente y brillante de todos los que han trabajado en Wall Street. Y decir esto es decir mucho, porque ha habido bastantes grandes operadores. Sus nombres se han olvidado, pero fueron reyes en su día, ¡reyes por un día! La cinta les sacó de la oscuridad hacía la luz de la fama financiera, pero el papel de la cinta no fue suficientemente fuerte como para mantenerles en esa posición durante un tiempo suficiente, que les permitiera convertirse en personajes históricos. Keene fue, sin duda, el mejor manipulador de aquellos días, y el día en que reinó fue largo y excitante.

Capitalizó su conocimiento del juego, su experiencia como operador y su talento, cuando vendió sus servicios a los hermanos Havemayer, que querían que desarrollara un mercado para las acciones de Azúcar. En ese momento estaba en la bancarrota, de otro modo habría seguido operando a su modo; ¡era un verdadero apostador! Tuvo éxito con el azúcar; convirtió sus acciones en las favoritas, y esto hizo que se vendieran con gran facilidad. Tras esto, fue requerido una y otra vez, para que se hiciera cargo de consorcios. Me han dicho que estas operaciones de consorcio, nunca pidió ni aceptó una tarifa, sino que pagó sus acciones como cualquier otro miembro del consorcio. La dirección y conducción del valor en el mercado, estaba exclusivamente a su cargo. A menudo se hablaba de traición, en ambos lados. Su enemistad con el grupo Ryan fue la consecuencia de tales acusaciones. No es difícil que un manipulador se vea incomprendido por parte de sus asociados. Ellos no ven sus necesidades del mismo modo que él. Esto lo sé por experiencia propia.

Es una pena que Keene no dejara constancia de su mayor hazaña, el éxito en la manipulación de las acciones de U.S. Steel en 1901. Según mi información, nunca se entrevistó con J.P. Morgan para hablar de ello. La firma de Morgan operaba con, o a través de, Talbot J. Taylor & Co., en cuya oficina estableció Keene su cuartel central. Talbot Taylor era el hijo político de Keene. Me aseguran que la tarifa que recibía Keene por su trabajo consistía en el placer derivado del mismo. Es bien sabido que obtuvo millones operando en el mercado que él ayudo a poner al alza esa primavera. Él le dijo a un amigo mío que, en unas pocas semanas, vendió en el mercado abierto, para el sindicato de aseguradores, más de siete mil quinientas acciones. No está mal, si tenemos en cuenta dos cosas; Que se trataba de valores nuevos, que no habían sido probados todavía, que pertenecían a una corporación cuya capitalización era mayor que toda la deuda global de los Estados Unidos en aquellos tiempos; y segundo, que hombres como D.G. Reid, W.B. Leeds, los hermanos Moore, Henry Phipps, H.C. Frick y otros magnates del acero habían vendido también cientos de miles de acciones al público, al mismo tiempo y en el mismo mercado que Keen había ayudado a crear.

Por supuesto, las condiciones generales estaban a su favor. El éxito se hizo posible, no solo gracias al negocio en concreto, sino tambén al sentimiento y al ilimitado apoyo financiero. Lo que teníamos no era sólo un gran mercado al alza, sino un boom y un estado mental que no era muy probable que tuviéramos otra vez. El pánico de las acciones indigestas vino más tarde, cuando Steel, que Keene había hecho ascender hasta 55 en 1901, se vendió a 10 en 1903 y a 8 78 en 1904.

No podemos analizar las campañas especulativas de Keene. No disponemos de sus libros; no existe una constancia precisa y detallada de sus operaciones. Sería muy interesante, por ejemplo, ver como trabajó en "Amalgamated Copper". H. H. Rogers y William Rockefeller habían tratado de deshacerse de sus excedentes en el mercado, pero no lo consiguieron. Finalmente, pidieron a Keene que les pusieran sus líneas en el mercado, y él aceptó. No olvidemos que H. H. Rogers era el hombre de negocios más capaz en aquellos días en Wall Street y que William Ro- chefeller era el especulador más audaz de todo el grupo de Standard Oil. Prácticamente, tenían unos recursos ilimitados, así como un gran prestigio y muchos años de experiencia en el juego del mercado. Y, a pesar de todo, tuvieron que recurrir a Keene. Menciono esto para mostrar que algunas tareas sólo pueden ser llevadas a cabo por un especialista. He ahí un valor muy solicitado, apadrinado por los más grandes capitalistas de América, y sólo se pudo vender a costa de un gran sacrificio de dinero y prestigio. Rogers y Rockefeller fueron lo bastante inteligentes como para decidir que sólo Keene podía ayudarles.

Keene se puso a trabajar de inmediato. Tenía un mercado al alza en el que trabajar y vendió doscientas veinte mil acciones de Amalgama- ted a la par. Tras deshacerse de la línea de los del interior, el público siguió comprando y el precio subió en diez puntos. En realidad, los del interior se pusieron al alza con el mismo valor que habían vendido, cuando vieron el ímpetu con que lo estaba comprando el público. Hay una historia que dice que Rogers aconsejó a Keene ponerse a largo con Amalgamated. No es muy creíble que Rogers intentara descargarse a costa de Keene. Era tan listo como para saber que Keene no era ingenuo. Keene trabajó tal y como lo había hecho siempre, o sea, *llevando a cabo la gran venta en el camino de descenso posterior a la gran subida*. Por supuesto, sus movimientos de táctica estaban dirigidos por sus necesidades y por las corrientes menores que cambiaban de día en día.

En el mercado de valores, como en la guerra, es aconsejable tener siempre en cuenta la diferencia entre estrategia y táctica.

Uno de los hombres de confianza de Keene, uno de los mejores pescadores que conozco, me dijo el otro día que durante la campaña de Amalgamated, Keene se vio un día casi sin ninguna acción, o sea, sin ninguna de las acciones que se había visto obligado a tomar al tratar de elevar su precio; y al día siguiente volvió a comprar miles de acciones. El día después las vendió con un buen beneficio. Después dejaba el mercado completamente sólo, para ver cómo éste cuidaba de sí mismo, y para acostumbrarle a que lo hiciera. Cuando llegó el momento de poner la línea en el mercado, hizo lo que ya he dicho: la vendió en el descenso. El público que opera está siempre a la búsqueda de una recuperación y, además, está también el cubrimiento de los cortos.

Un hombre que estuvo muy cerca de Keene, durante la operación, me dijo que después de que Keene vendiera la línea de Rogers-Rocke- feller por una cantidad aproximada a los veinte o veinticinco millones de dólares en metálico, Rogers le envió un cheque por doscientos mil dólares. Esto recuerda a la esposa del millonario que dio a la empleada de la limpieza del Metropolitan Opera House, cincuenta céntimos de recompensa, por encontrar su collar de perlas de cien mil dólares. Keene les devolvió el cheque junto con una nota muy atenta en la que decía que él no era un corredor de bolsa, y que estaba satisfecho de haberles sido útil. Ellos se quedaron con el cheque, y le escribieron diciendo que estarían encantados de trabajar de nuevo con él. ¡Fue poco tiempo después de esto, cuando H. H. Rogers dio a Keene el amistoso consejo de comprar Amalgamated a 130!

¡Un brillante operador, James R. Keene! Su secretaria me dijo, que cuando el mercado iba a su favor Mr. Keene era de lo más irascible; y los que le conocieron dicen que este mal humor lo expresaba en frases irónicas, que permanecían grabadas durante mucho tiempo en la mente de los que le oían. Pero cuando iba perdiendo, su humor era inmejorable, un gran hombre de mundo, agradable, epigramático, interesante.

Tenía, en grado superlativo, las cualidades intelectuales asociadas en todas partes a los especuladores de éxito. Es obvio que nunca discutía con la cinta. Es cierto que no tenía miedo, pero nunca fue imprudente. Si descubría que estaba equivocado, rectificaba su posición en un abrir y cerrar de ojos. Desde aquel tiempo, ha habido tantos cambios en las normas del mercado de valores, tantas puestas en vigor de las viejas normas, tantos impuestos aplicables a las ventas de los valores, y a los beneficios obtenidos de los mismos, etc. que el juego parece diferente.

Los recursos que Keene podía utilizar con habilidad y éxito, no se podrían utilizar ya. Además, y de eso estamos seguros, la moralidad en Wall Street, se encuentra ahora en un plano más alto. De todos modos, creo que es justo afirmar que, en cualquier periodo de nuestra historia financiera, Keene habría sido un gran manipulador, porque era un gran operador de bolsa y conocía el juego de la especulación palmo a palmo. Obtuvo todos sus logros por las condiciones de aquel tiempo que le permitieron hacerlo. Habría tenido el mismo éxito en sus operaciones en 1922, que en 1901 o en 1879, cuando llegó por primera vez a Nueva York, desde California, y obtuvo nueve millones de dólares en dos años. Algunos hombres caminan mucho más deprisa que el resto de la gente. Casi siempre son los líderes, no importa lo que cambie el modo de andar de la gente.

De hecho, el cambio no es, de ningún modo, tan radical como uno se lo imagina. Las recompensas no son tan grandes, ya no existe el trabajo que podríamos considerar pionero, por lo tanto, tampoco existe la recompensa a dicho trabajo. Pero en algunos aspectos, la manipulación es mucho más fácil de lo que era; en otros aspectos es mucho más dura de lo que era en la época de Keene.

No hay ninguna duda de que la publicidad es un arte, y la manipulación es el arte de la publicidad a través de la cinta. La cinta debe contar la historia que el manipulador desea que lean sus lectores. Cuanto más cierta sea la historia, más convincente será, y cuanto más convincente sea, más desarrollará el arte de la publicidad. Por ejemplo, hoy en día un manipulador no solo tiene que hacer que un valor parezca fuerte, también tiene que hacer que sea fuerte. Por lo tanto, la manipulación debe estar basada en principios operativos seguros. Esto es lo que hizo que Keene fuera un maravilloso manipulador; era un operador consumado.

La palabra "manipulación" está empezando a sonar mal. Necesita un alias. Creo que no existe nada tan misterioso o trucado en lo referente al proceso mismo cuando tiene por objeto la venta de un valor en grandes cantidades, siempre y cuando, por supuesto, tales operaciones no vayan acompañadas de tergiversación. Creo que no hay ninguna duda respecto
al hecho de que un manipulador, necesariamente, busca a sus compradores entre los especuladores. Se dirige a aquellos hombres que intentan recuperar grandes cantidades de capital, y están dispuestos a correr más riesgos de los normales. No me da mucha lástima, aquel hombre que sabiendo esto, culpa a los demás de su fracaso en el intento de hacer dinero fácil. Es un tipo muy inteligente cuando gana. ¡Pero cuando pierde dinero, siempre son los otros los tramposos; los manipuladores! En tales momentos y viniendo de tales labios, la palabra connota el uso de cartas marcadas. Pero esto no es así.

Generalmente, el objeto de la manipulación es desarrollar la capacidad de mercado, o sea, la capacidad de deshacerse de un número considerable de acciones, a un determinado precio y en un determinado momento.

Por supuesto, un consorcio, debido a un giro en las condiciones generales del mercado, se puede sentir incapaz de vender, a menos de hacerlo con un sacrificio que puede no resultar nada gratificante. Entonces, pueden decidir emplear un profesional, con la creencia de que su habilidad y su experiencia le capacitan para dirigir una retirada a tiempo, en vez de sufrir una terrible derrota.

Observará que no hablo de la manipulación dirigida a obtener una considerable acumulación de acciones lo más baratas posible, como, por ejemplo, en la compra para el control, esto no ocurre muy a menudo hoy en día.

Cuando Jay Gould deseaba asegurar su control de Western Unión y decidió comprar un elevado número de acciones, Washington E. Connor, que no había sido visto en el parqué de la bolsa durante años, apareció en persona de modo repentino en el Poste de Western Unión. Comenzó a apostar por Western Unión. Los operadores se rieron, de *m* estupidez al creerle tan simple, y le vendieron con gran animación todas las acciones que él quería comprar. Era un truco demasiado simple, pensar que pudo hacer que el precio ascendiera actuando como si Mr. Gould quisiera comprar Western Unión. ¿Fue eso manipulación? Creo que solo puedo responder diciendo "¡No; y sí!

En la mayoría de los casos el objeto de la manipulación es, como ya dije, vender el valor al público, al mejor precio posible. No es sólo cuestión de vender, sino de distribuir. Obviamente, es mucho más conveniente que un valor esté en manos de mil personas, y no en manos de un sólo hombre, mucho más conveniente para el mercado. Así, un manipulador no debe considerar tan sólo la venta a un buen precio, sino también el carácter de la distribución.

No tiene ningún sentido tratar de que un precio suba hasta un nivel muy alto, si no se puede inducir al público a que lo compre más tarde. Siempre que los manipuladores inexpertos tratan de descargaren la cumbre y fracasan, los más expertos te dicen que puedes llevar a un caballo al agua, pero no le puedes hacer beber. ¡Originales diablillos! De hecho, es recomendable recordar una regla de manipulación, una regla que Keene y sus predecesores conocían muy bien. Es ésta: *Los valores se manipulan hasta el punto más alto posible, y después se venden al público en el descenso.*

Comencemos por el principio. Supongamos que hay alguien, un sindicato de seguros, o un consorcio, o uno individual, que tiene unos valores que desea vender al mejor precio posible. En la Bolsa de Nueva York se cotiza a un precio bastante bajo. El mejor lugar para venderlo debería ser el mercado abierto, y el mejor comprador debería ser el público en general. Las negociaciones para la venta están a cargo de un hombre. Él, o algún asociado, ha intentado vender sin éxito en Bolsa. Si es que no lo está ya, muy pronto estará suficientemente familiarizado con las operaciones del mercado de valores, como para comprender, que necesita más experiencia y aptitud para el trabajo de la que él posee. Conoce personalmente, o por referencias, a varios hombres que han tenido éxito en operaciones parecidas, y decide avalarse con su habilidad profesional. Busca a uno de ellos, tal y como buscaría a un médico si estuviera enfermo o a un ingeniero si necesitara ese tipo de experto.

Suponga que ha oído hablar de mí como de un hombre que conoce el juego. Bien, acepto que intente descubrir todo lo que pueda acerca de mí. Después, solicita una entrevista, y llegado el momento telefonea a mi oficina.

Por supuesto, lo más probable es que yo conozca el valor y lo que representa. Es mi deber saberlo. Vivo de eso. Mi visitante me dice lo que él y sus asociados desean hacer, y me pide que me haga cargo de la operación.

Entonces llega mi turno para hablar. Solicito toda la información que creo necesaria, para obtener un claro entendimiento de lo que se me pide. Esto y la lectura de las condiciones actuales, me ayudan a hacer una estimación de las probabilidades de éxito en la operación que se me ha propuesto.

Si mi información me inclina hacia un resultado favorable, acepto la proposición y le digo ahí y entonces cuáles serán los términos que requeriré por mis servicios. Si él, a su vez, acepta mis términos, los honorarios y las condiciones, me pongo a trabajar de inmediato.

Generalmente pregunto y recibo opciones sobre las acciones. Insisto en que las opciones graduadas son las más justas para todos los implicados. El precio de la opción comienza un poco por debajo del mercado reinante y luego sube; digamos, por ejemplo, que obtengo opciones sobre cien mil acciones y el valor se cotiza a 40. Comienzo con una opción para algunos miles de acciones a 35, otra a 37, otra a 40, otras a 45 y 50, y así hasta llegar a 75/80.

Si como resultado del trabajo profesional, mi manipulación, el precio sube, y si en el nivel más alto hay una buena demanda del valor, y puedo vender una buena cantidad de acciones, yo, por supuesto, materializo la opción. Estoy haciendo dinero; pero mis clientes también están haciendo dinero. Así es como debería de ser. Si ellos están pagando mi habilidad, deben obtener un valor por ello. Por supuesto, hay ocasiones en que un consorcio está a punto de sufrir una pérdida, pero esto no sucede muy a menudo, porque yo, generalmente, no me hago cargo de ningún trabajo a menos que vea, claramente, que se puede obtener una ganancia. Ese año no tuve tanta suerte en una o dos operaciones, y no obtuve ninguna ganancia. Hay algunas razones, pero ésa es otra historia que quizás cuente más tarde.

El primer paso, en un movimiento al alza de un valor, es anunciar el hecho de que existe un movimiento alcista en funcionamiento. Suena tonto ¿verdad? Bien, piense un momento. No es tan tonto como parece ¿a qué no? El modo más efectivo de anunciar lo que, en efecto, son tus honorables intenciones es hacer que el valor sea activo y fuerte. Después de todo lo que se ha dicho y hecho, *el mejor agente publicitario del mundo es el pronosticador, y el mejor medio publicitario la cinta.* No hace falta hacer literatura para mis clientes. No tengo que informar a la prensa diaria del valor de las acciones o revisar las revistas financieras en busca de noticias sobre las perspectivas de la empresa. Tampoco tengo que hacer un seguimiento. Consigo todas estas cosas tan altamente deseables, haciendo que el valor sea activo. *Cuando hay actividad, se da una sincronizada demanda de explicaciones;* y esto significa, por supuesto, que las razones necesarias para la publicación, se abastecen solas, sin ninguna ayuda por mi parte.

La actividad es lo que piden todos los operadores del parqué. Comprarán o venderán cualquier valor a cualquier nivel, si es que hay un mercado libre para ello. Llevarán a cabo operaciones en miles de acciones siempre y cuando vean actividad, y su capacidad global es considerable. Sucede que constituyen el primer grupo de compradores del manipulador. Te seguirán durante todo el ascenso y, por lo tanto, serán de gran ayuda en todas las etapas de la operación. Creo que James R. Keene solía utilizar a los operadores de sala más activos, porque con ello evitaba la manipulación, y porque además sabía que éstos eran los mejores expandidores de negocios y los mejores distribuidores de pronósticos.

A menudo les daba opciones verbales, sobre el mercado, para que ellos pudieran hacer algún trabajo provechoso antes de que él lo convirtiera en dinero en metálico. Hacía que obtuvieran ganancias. Para conseguir un seguimiento profesional, yo nunca he tenido que hacer nada más que conseguir que un valor fuera activo. Los operadores no piden más. Por supuesto, hay que recordar que estos profesionales del parqué de la Bolsa compran acciones con la intención de venderlas con una ganancia. No insisten demasiado en que sea una gran ganancia; pero debe ser una ganancia rápida.

Por las razones que ya he expuesto, hago que el valor se vuelva activo para llamar la atención de los especuladores. Lo compro, lo vendo y los operadores especulativos actúan en consecuencia. La presión de venta no tiende a ser muy fuerte, cuando un hombre tiene un stock almacenado de una forma tan especulativa como yo. Por lo tanto, la compra está por encima de la venta, y el público sigue al líder, que no es el manipulador, sino los operadores de la sala. El público entra en el juego como comprador. Respondo a esta altamente deseada demanda, o sea, vendo el valor de forma equilibrada. Si la demanda es lo que debiera ser, absorberá más cantidad de acciones de las que yo acumulé en las primeras etapas de la manipulación; y cuando esto pase, venderé el valor a corto, o sea, técnicamente. En otras palabras, vendo más acciones de las que realmente tengo. Para mí ésta es una técnica perfectamente segura, a que, en realidad, estoy vendiendo en contra de mis opciones.

Por supuesto, cuando la demanda del público se hace menos intensa, el valor deja de subir. Entonces espero.

Digamos, entonces, que el valor ha dejado de subir. Tenemos ante nosotros un día débil. El mercado, en su totalidad puede desarrollar una reacción, o algún operador avispado puede percibir que no hay ninguna orden de compra de mi valor, entonces lo vende, y sus compañeros le siguen. Por cualquiera que sea la razón, mi valor comienza a descender. Bien, entonces empiezo a comprarlo. Le doy el soporte que todo valor debe tener si es que está en buena relación con sus propios patrocinadores. Y, lo que, es más: soy capaz de soportarlo sin acumularlo, o sea, sin incrementar la cantidad que tendré que vender más adelante. Observe que hago todo esto sin que disminuyan mis recursos financieros. Por supuesto, lo que en realidad estoy haciendo es poner el valor a cubierto. El valor que vendí a corto a precios más altos cuando la demanda del público o de los operadores, o de ambos, me dio la oportunidad de hacerlo. Siempre es bueno dejar claro ante los operadores, y ante el público también, que la demanda del valor está descendiendo. Esto tiende a la temeraria venta a corto, por parte de los profesionales, y la liquidación de los asustados propietarios, que es la venta que se produce, generalmente, cuando un valor comienza a debilitarse de forma progresiva que es, a la vez, lo que el valor suele hacer cuando no tiene soporte. Estas compras de puesta a cubierto que llevo a cabo, constituyen lo que yo denomino proceso de estabilización.

A medida que el mercado se va ampliando, yo vendo acciones en el ascenso, pero nunca lo suficiente como para confirmar el ascenso. Es obvio que cuántas más acciones venda en un ascenso razonable y ordenado, más animaré a los especuladores conservadores, que son más numerosos que los temerarios operadores de la sala; y además tendré más capacidad de proporcionar soporte al valor durante los inevitables días débiles. Estando a corto en todo momento, estoy siempre en situación de proporcionar soporte al valor sin peligro para mí. Como norma, doy comienzo a la venta a un precio que me proporcione un beneficio. Pero en muchas ocasiones vendo sin obtener beneficio, simplemente para crear o incrementar lo que yo denomino mi poder de compra sin riesgo. Mi negocio no consiste tan solo en hacer que el precio suba o en vender un elevado número de acciones para un cliente, sino también en obtener dinero para mí mismo. Esa es la razón por la que yo nunca pido a mis clientes que financien mis operaciones. Mi tarifa está en relación con mi éxito.

Por supuesto, lo que he descrito no es una técnica invariable. Ni tengo ni me adhiero a un sistema inflexible. Modifico mis términos y mis condiciones de acuerdo a las circunstancias.

Cuando se desea distribuir un valor, se le debe manipular primero hasta el punto más alto posible y venderlo después. Repito esto porque es fundamental y porque aparentemente el público piensa que la compra se produce siempre en el punto más alto. Algunas veces un valor se puede quedar estancado, o sea; no sube. Este es el momento apropiado para vender. Naturalmente, el precio descenderá a causa de la venta mucho más de lo que deseas, pero siempre puedes hacer que vuelva a subir. Mientras el valor que esté manipulando siga ascendiendo, a causa de mi compra, estoy en la seguridad de que voy en el buen camino, y si hace falta lo compro con toda seguridad y utilizo mi propio dinero sin miedo, del mismo modo que compraría cualquier otro valor que actuara del mismo modo. Es la línea de menor resistencia. Seguramente recordará mis teorías acerca de esa línea. Bien, cuando la línea de precio de menor resistencia está ya establecida, yo la sigo. No porque esté manipulando este determinado valor en ese particular momento, sino porque soy operador de acciones en todo momento.

Cuando mi compra no hace que el valor suba dejo de comprarlo y comienzo a venderlo; y eso, exactamente, es lo que haría con ese mismo valor si no lo estuviera manipulando. Lo más esencial de la puesta en mercado de un valor, como ya sabe, se hace en el descenso. *Es totalmente asombroso, comprobar la cantidad de acciones de las que se puede un hombre deshacer en un descenso.*

Repito que, en ningún momento, durante la manipulación, olvido que soy un operador de valores. Después de todo, mis problemas como manipulador son los mismos que tengo como operador. Todo tipo de manipulación llega a su fin cuando un manipulador no puede hacer que un valor haga lo que él quiere. *Cuando el valor, que está manipulando, no actúa de la forma adecuada, déjelo. No discuta con la cinta. No se empeñe en recuperar los beneficios. Dejarlo mientras se puede es bueno, y barato.*

XXI

Soy muy consciente de que todas estas generalidades no son demasiado impresionantes. Las generalidades pocas veces impresionan a nadie. Seguramente tendré más éxito en mi relato si doy un ejemplo concreto. Contaré cómo hice que el precio de un valor subiera 30 puntos, acumulando tan solo siete mil acciones y desarrollando un mercado que habría podido absorber cualquier número de acciones.

Se trataba de Imperial Steel. El valor lo habían emitido personas de gran reputación, y había sido pronosticado como una valiosa propiedad. Alrededor del 30 por ciento del valor estaba entre el público general a través de varias casas de Wall Street, pero no había habido ningún tipo de actividad significativa después de la colocación. De vez en cuando alguien preguntaba acerca del valor y alguien del interior, miembro del sindicato asegurador, decía que las ganancias de la compañía eran mejores de lo que se había esperado y las perspectivas eran más que alentadoras. Esto era bastante cierto y muy bueno hasta que duró, pero no exactamente emocionante. No había ningún tipo de atracción especulativa, y desde el punto de vista del inversionista la estabilidad del precio y la permanencia del dividendo estaban todavía por demostrar. Era un valor que nunca se había comportado de modo sensacionalista. Era tan apaciguado, que nunca hubo ningún ascenso que corroborara los informes de los del interior. Pero, por otro lado, el precio tampoco descendía.

Imperial Steel permanecía ignorado, contento con ser uno de esos valores que no bajan porque nadie vende y que nadie vende porque a nadie le gusta ir a corto en un valor que no está bien distribuido; el vendedor está a merced de los del interior. Del mismo modo, no hay nada que induzca a comprar dicho valor. Por lo tanto, para el inversionista, Imperial Steel era una especulación. Para el especulador era un muerto, uno de esos que hace que te conviertas en especulador en contra de tu voluntad, por el simple hecho de entrar en trance, en el momento en que te pones a largo. Quien se vea obligado a arrastrar un cadáver, durante un año o más, pierde siempre algo más que el coste original del difunto; está seguro de que se verá atado a ello, cuando se cruce algo bueno en su camino.

Un día, el miembro principal del sindicato Imperial Steel, actuando para sí mismo y para sus asociados, vino a verme. Deseaban crear un mercado para el valor, del cual ellos pudieran controlar el 70% no distribuido. Querían que yo vendiera sus acciones a unos precios mejores de los que ellos obtendrían si trataban de venderlo en el mercado abierto. Querían saber en qué términos me haría cargo del trabajo.

Les dije que les avisaría en varios días. Después me puse a mirar el caso. Tenía expertos en los diversos departamentos de la compañía, industrial, comercial y financiero. Me dieron unos informes imparciales, sin ningún tipo de prejuicio. Yo no estaba a la busca de los puntos buenos y malos, sólo buscaba los hechos, la realidad, tal y como era.

Los informes mostraban que era una propiedad de gran valor. Las perspectivas justificarían las compras del valor al precio reinante en el mercado, si el inversionista esperara un poco. Bajo estas circunstancias un ascenso en el precio sería en realidad lo más común y lo más legítimo de todos los movimientos del mercado, a saber, el proceso de no tener en cuenta el futuro. Por lo tanto, no había razón para que no pudiera hacerme cargo de la manipulación alcista de Imperial Steel.

Les comuniqué la decisión que había tomado y ellos llamaron a mi oficina para ultimar detalles. Les dije cuáles eran mis condiciones. No quería dinero en metálico por mis servicios, sino opciones de compra en cíen mil acciones de Imperial Steel. El precio de las opciones de compra ascendió desde 70 hasta 100. Esto a algunas personas les puede parecer una tarifa demasiado alta. Pero quien piense así debería considerar que los del interior estaban seguros de que ellos no podrían vender cien mil acciones, ni siquiera cincuenta mil acciones a 70. No había mercado para el valor. Todos aquellos comentarios sobre maravillosas ganancias y excelentes perspectivas no habían producido compradores, al menos no en una cantidad digna. Además, yo no podía obtener mi tarifa en metálico sin que antes mis clientes ganaran algunos millones de dólares. Yo no pretendía conseguir una comisión de venta exorbitante, sino una tarifa contingente.

Sabiendo que las acciones tenían un valor real y que las condiciones generales del mercado eran alcistas y por lo tanto favorables a un avance en todos los valores buenos, supuse que las cosas me iban a salir bien. Mis clientes se animaron a causa de las opiniones que yo expresaba, aceptaron mis condiciones rápidamente, y la operación comenzó rodeada de sentimientos placenteros.

Procedí a protegerme en la medida de lo posible. El sindicato poseía, o controlaba, alrededor del 70 por ciento del valor a vender. Les pedí que depositaran su 70 por ciento bajo un contrato de depósito. No quería ser tierra de abono para los grandes accionistas. Si la mayoría de las acciones estaban inmovilizadas, todavía tenía un 30 por ciento del valor para considerar, pero ese era un riesgo que debía correr.

Los especuladores experimentados no esperan nunca verse involucrados en aventuras sin riesgos. De hecho, había la misma probabilidad de que todas las acciones, que no estaban bajo el contrato de depósito, fueran lanzadas al mercado de un solo golpe, que la de que todos los asegurados de una compañía de seguros de vida murieran a esa misma hora, ese mismo día. Existen tablas no impresas de riesgos en el mercado de valores, así como de la mortalidad humana.

Habiéndome protegido de algunos de los peligros evitables en una operación de bolsa de ese tipo, estaba preparado para comenzar mi campaña. El objetivo de ésta era hacer que mis opciones adquirieran valor. Para hacer esto debía hacer que el precio subiera y desarrollar un mercado en el que pudieran vender cien mil acciones, el valor en el que mantuve opciones.

Lo primero que tuve que hacer fue averiguar cuantas acciones podrían salir al mercado en un ascenso. Esto se hizo fácilmente a través de mis corredores, que no tenían ninguna dificultad en averiguar qué acciones estaban a la venta en, o por encima de, el mercado. No sé si los especialistas les dijeron qué órdenes tenían en sus libros o no. El precio nominal era 70, pero no podría haber vendido ni una sola acción a este precio. No tenía evidencia de que existiera, al menos, una moderada demanda a ese precio, o incluso un poco por debajo. Tenía que actuar en relación con lo que me habían averiguado mis corredores. Pero esto era suficiente para mostrarme que había muchas acciones en venta y muy pocos deseos de comprarlas.

Tan pronto como tuve una línea en estos puntos, yo tomé todas las acciones que estaban a la venta a 70, e incluso más alto. Cuando digo "yo" quiero decir mis corredores. Las ventas estaban por cuenta de algunos de los accionistas minoritarios, porque mis clientes, naturalmente, habían cancelado todas las ordenas de venta que podrían haber dado, antes de inmovilizar el valor.

No tuve que comprar muchas acciones. Lo que, es más, sabía que el avance adecuado traería otras órdenes de compra, y, por supuesto, también órdenes de venta.

No di a nadie pronósticos alcistas acerca de Imperial Steel. No necesitaba hacerlo. Mi trabajo consistía en buscar el modo de influir de forma directa en el sentimiento, a través del mejor tipo de publicidad. No digo que no debiera existir nunca la propaganda alcista. Es tan legítimo y tan deseable anunciar la calidad de un nuevo valor, como anunciar la calidad de la lana, el calzado o los automóviles. El público debe tener una información precisa y fidedigna. Lo que quiero decir es que la cinta había hecho todo lo que yo necesitaba para alcanzar mi propósito. Como ya he dicho antes, los periódicos de reputación siempre tratan de publicar explicaciones para los distintos movimientos. Son noticia. Sus lectores no sólo piden saber lo que ocurre en el mercado de valores, sino también por qué ocurre. Por lo tanto, antes de que el manipulador levante un dedo, los escritores financieros habrán imprimido toda la información y todos los comentarios que tengan a su alcance, y habrán analizado los informes sobre los beneficios, las condiciones y las perspectivas de la operación; en resumen, cualquier cosa que pueda dar un poco de luz de antemano. Siempre que un periodista, o un conocido, pregunta mi opinión acerca de un valor no vacilo en expresarla. No doy consejos ni pronósticos de forma voluntaria, pero en mis operaciones, no obtengo ninguna ganancia del hecho de mantenerlas en secreto. Al mismo tiempo, me doy cuenta de que el mejor de todos los pronosticadores es la cinta, el vendedor más persuasivo es la cinta.

Cuando hube absorbido todas las acciones que estaban a la venta, a 70, e incluso un poco por encima, alivié al mercado de esa presión, y naturalmente, esto hizo que la línea de menor resistencia de Imperial Steel, apareciera de forma clara para propósitos operativos. Era una línea manifiestamente alcista. En el momento en que los observadores operadores del parqué percibieron esto, supusieron que el valor iba a subir, no sabían hasta que nivel, pero sabían lo suficiente como para empezar a comprar. Yo respondí de modo inmediato a su demanda de Imperial Steel, creada tan solo por la clara tendencia alcista del valor, ¡el infalibre pronóstico alcista de la cinta! Vendí a los operadores las acciones que yo había comprado al principio a los cansados accionistas. Por supuesto, llevé a cabo esta venta de un modo juicioso, me contenté con hacer frente a la demanda. No quería forzar al valor para que entrara en el mercado, y tampoco quería que el ascenso fuera demasiado rápido. No hubiera sido un buen negocio vender la mitad de las mis cien mil acciones en esa etapa de la operación. Mi trabajo consistía en desarrollar un mercado en el que pudiera vender toda la línea.

Pero, aunque vendí todas las acciones que los operadores estaban ansiosos por comprar, el mercado estaba privado, temporalmente, de mi poder de compra, que había ejercido hasta ese momento firmemente. A su debido tiempo, las compras de los operadores cesaron y el precio dejó de ascender. Tan pronto como esto ocurrió comenzó la venta por parte de quienes estaban al alza o por parte de aquellos operadores cuyas razones para comprar desaparecieron en el instante en que se detuvo la tendencia alcista. Pero yo estaba preparado para esta venta, y en el descenso volví a comprar todas las acciones que había vendido a los operadores un par de puntos más arriba. Yo sabía que estas acciones se iban a vender a su vez, cuando se detuviera la tendencia bajista, y cuando el precio dejara de descender, dejarían de llegar las órdenes de venta.

Entonces comencé de nuevo otra vez. Tomé todas las acciones que estaban a la venta en el ascenso, no eran muchas, y el precio comenzó a ascender por segunda vez; desde un punto de partida por encima de 70. No olvide que en el descenso hay muchos accionistas que se arrepienten de no haber vendido las suyas, pero que no las venderán tres o cuatro puntos a partir del máximo. Este tipo de especuladores siempre se prometen a sí mismos venderlas si se produce una recuperación. Dan órdenes de venta en el ascenso, y después cambian de opinión cuando cambia la tendencia del precio del valor. Por supuesto, siempre hay alguna toma de ganancias por parte de algunos rápidos corredores a quienes les gusta jugar seguro y para quienes una ganancia es siempre una ganancia que se debe tomar.

Todo lo que tuve que hacer después fue repetir el proceso; comprando y vendiendo de forma alternativa; pero trabajando siempre hacia arriba.

Algunas veces, tras tomar todas las acciones a la venta, el precio se precipita hacia arriba bruscamente, dando lugar a lo que se podría denominar pequeñas ráfagas alcistas en el valor que se está manipulando. Es una excelente publicidad, porque hace que se hable de ello y porque atrae tanto a los operadores profesionales como a esa parte del público especulador al que le gusta la acción. Esto es lo que hice en Imperial Steel, y respondí a todas las demandas que se produjeron gracias a estas agitaciones. Mi venta siempre mantuvo el movimiento alcista dentro de los límites, tanto en extensión como en velocidad. Al comprar en el descenso y vender en el ascenso, estaba haciendo algo más que hacer que el precio subiera: Estaba desarrollando la "mercabilidad" de Imperial Steel.

Tras comenzar mis operaciones, no hubo nunca un momento en el que un hombre no pudiera comprar o vender el valor con toda libertad; quiero decir con esto; comprar o vender una cantidad razonable sin causar fluctuaciones demasiado violentas en el precio. Había desaparecido el miedo a quedarse seco en lo alto si compraba, o estrujado si vendía. La expansión gradual entre los profesionales y el público de la creencia en la permanencia en el mercado de Imperial Steel tuvo mucho que ver con la confianza que se creó en el movimiento; y por supuesto, la actividad puso también fin a otras muchas objeciones. El resultado fue que, tras comprar y vender muchos miles de acciones, conseguí que las acciones se vendieran a la par. A cien dólares la acción, todo el mundo quería comprar Imperial Steel. ¿Por qué no? Ahora todos sabían que era un buen valor; que había sido y seguía siendo una ganga. La prueba fue el ascenso. Un valor que podía moverse treinta puntos a partir de 70, podía moverse treinta más a partir del par. Este era el razonamiento de muchos.

Durante el tiempo en que hice que los precios subieran esos treinta puntos acumulé solamente siete mil acciones. El precio en esta línea era de una media de 85. Eso significaba un beneficio de quince puntos; pero por supuesto, el beneficio total, todavía en papel, era mucho más. Era un beneficio bastante seguro, ya que tenía un mercado que absorbería todo lo que yo quisiera vender. El valor se vendería a un precio más alto con una manipulación juiciosa y yo tenía opciones de compra graduadas en cien mil acciones comenzando en 70 y terminando en 100.

Las circunstancias evitaron que llevara a cabo ciertos planes que había ideado para convertir mis ganancias, en papel, en dinero en metálico. Había sido una buena manipulación, estrictamente legítima y merecidamente próspera. La propiedad de la compañía era valiosa y el precio máximo del valor no era muy alto. Uno de los miembros del sindicato original tuvo el deseo de obtener el control de la propiedad, un prominente banco con amplios recursos. Posiblemente, el control de una empresa próspera y en desarrollo como Imperial Steel Corporation es más valioso para una firma bancaria que para el inversionista individual. Esta firma me hizo una oferta de compra de todas mis acciones del valor. Esto significaba un importante beneficio para mí, y la acepté inmediatamente. Siempre que puedo, estoy dispuesto a vender de un golpe y con un buen beneficio. Estaba bastante satisfecho de lo que había conseguido con este negocio.

Antes de vender todas mis opciones de compra de las cien mil acciones, supe que estos banqueros habían empleado más expertos para llevar a cabo un análisis mucho más profundo de la propiedad. Sus informes fueron suficientes como para que me hicieran la oferta de compra. Me quedé varios miles de acciones del valor para invertir. Creo en ello.

No había nada en mi manipulación de Imperial Steel que no fuera normal y seguro. Mientras el precio siguió ascendiendo, a causa de mi compra, supe que estaba en lo cierto. Este valor nunca se estancó, tal y como hacen otros algunas veces. Cuando descubres que no responde adecuadamente a tu compra, ya no necesitas ningún otro pronóstico para vender. Sabes que si las acciones tienen un valor en el mercado de valores y las condiciones generales son correctas, siempre puedes volver a conseguirlas tras el descenso, aunque sea en treinta puntos. Pero no tuve que hacer nada así con Imperial Steel.

Cuando manipulo valores nunca pierdo de vista los principios básicos de operación. Quizás usted se pregunte por qué repito esto continuamente, o por qué pongo tanto énfasis en el hecho de que nunca discuto con la cinta o pierdo el control de mis nervios a causa del comportamiento del mercado. Usted debe pensar, ¿o no?, que los hombres inteligentes que han ganado millones con sus propios negocios y, además, han operado con éxito en el mercado de valores, deben ser conscientes de la sabiduría que entraña tomar parte en el juego de forma desapasionada. Pues bien, se sorprendería de la frecuencia con que muchos de nuestros más prósperos promotores se comportan como mujeres histéricas cuando el mercado no actúa del modo que ellos desean. Parece que se lo toman como una ofensa personal, de este modo, primero pierden los nervios, y luego comienzan a perder dinero.

Ha habido mucho cotilleo acerca de un desacuerdo entre John Prentiss y yo. La gente espera una dramática narración sobre una operación en Bolsa que tuvo malos resultados o alguna trampa que me costó, o le costó, millones; o algo parecido. Pues bien, no es así.

Prentiss y yo éramos amigos desde hacía muchos años. En algunas ocasiones él había dado alguna información que yo pude utilizar con beneficios, y yo le había dado a él algunos consejos, puede que los siguiera y puede que no, si lo hizo estoy seguro de que ahorró dinero.

Él era muy instrumental a la hora de organizar y promocionar la Petroleum Products Company. Tras un debut más o menos afortunado en el mercado, las condiciones generales cambiaron y el nuevo valor no se comportó tan bien como Prentiss y sus asociados esperaban. Cuando las condiciones generales volvieron a cambiar para mejor, Prentiss formó un consorcio y comenzó a operar en Pete Products.

No puedo decir nada acerca de su técnica. Él no me dijo en qué consistía y yo no se lo pregunté. Pero es obvio que a <u>pesar.</u> De su experiencia en Wall Street y su indudable inteligencia, fuera lo que fuera aquello que hizo, resultó ser de poco valor, y el consorcio no tardó mucho tiempo en descubrir que no podían deshacerse de muchas acciones. Debió haberlo intentado todo, porque el manager de un consorcio no pide nunca ser sustituido por alguien de fuera a menos que se sienta incapaz de conseguir su cometido, y esa es la última cosa que el hombre medio admitiría.

De todos modos, se dirigió a mí y tras algunos amistosos preliminares me dijo que quería que me hiciera cargo del mercado de Pete Products y que me deshiciera de las acciones del consorcio, que sumaban una cantidad ligeramente superior a cien mil acciones. El valor se estaba vendiendo a un precio que oscilaba entre 102 y 103.
El caso me pareció un tanto dudoso y decliné su proposición dándole las gracias. Pero él insistió y yo acepté. Llevó el asunto hasta el terreno personal, así que, al final, consentí. A mí, desde un punto de vista constitucional, no me gusta identificarme con empresas en cuyo éxito no sienta confianza, pero también pienso que un hombre debe algo a sus amigos y conocidos. Dije que haría lo posible, pero le dije también que no me sentía muy entusiasmado y enumeré todos los factores adversos a los que tendría que hacer frente. Pero todo lo que Prentiss contestó fue que él no me pedía que garantizara al consorcio millones en beneficios. Él estaba seguro de que, si yo me hacía cargo del asunto, conseguiría lo suficiente como para satisfacer al consorcio de forma razonable.

Pues bien, ahí estaba, comprometido a hacer algo en contra de mi propio juicio. Descubrí, tal y como me temía, un estado de cosas bastante lamentables, debido, en gran medida, a los propios errores de Prentiss cuando manipuló el valor. Pero el principal factor en contra era el tiempo. Yo estaba convencido de que nos estábamos acercando rápidamente al final de una tendencia alcista y por lo tanto la mejora del mercado, que tanto había animado a Prentiss, resultaría ser tan solo una corta recuperación. Yo temía que el mercado se volviera definitivamente bajista antes de que yo pudiera llevar a cabo lo que tenía entre manos. Sin embargo, había dado mi promesa y decidí esforzarme al máximo para conseguirlo.

Comencé a subir el precio. Tuve un éxito moderado. Creo que lo subí hasta 107 o algo parecido, lo que no estaba mal, incluso pude vender algunas acciones a un buen balance. No fue mucho, pero estaba satisfecho de no haber aumentado las acciones del consorcio. Había mucha gente fuera del consorcio que estaban esperando un pequeño ascenso para deshacerse de sus acciones, y para ellos yo venía como un regalo del cielo. Si las condiciones generales hubieran sido mucho mejores, yo habría tenido todavía bastante más éxito. Fue mala suerte que no me hubieran avisado antes. Sentí que, en ese momento, lo único que podía hacer ya, era salir con una pérdida, para el consorcio, que resultara lo más pequeña posible.

Mandé llamar a Prentiss y le comuniqué mis puntos de vista. Pero él empezó a poner objeciones. Después le expliqué la razón por la que había tomado esa posición. Le dije: " Prentiss, puedo sentir con toda claridad el pulso del mercado. No hay ningún tipo de seguimiento de vuestro valor. No es nada difícil ver cuál ha sido la reacción del público ante mi manipulación. Escucha: Cuando hemos hecho todo lo posible para que Pete Products sea lo más atractivo posible para el público y le das todo el soporte que necesita y, a pesar de todo, lo único que encuentras es que el público lo deja de lado, puedes estar seguro de que algo va mal, no con el valor, sino con el mercado. No sirve de nada tratar de forzar las cosas. Si lo haces, lo más probable es que pierdas. El manager de un consorcio debe estar dispuesto a comprar su propio valor cuando tiene compañía. Pero cuando es el único comprador del mercado, sería un burro si lo hiciera. Por cada cinco mil acciones que yo compro, el público debería estar dispuesto a, o debería ser capaz de, comprar cinco mil más. Pero yo, desde luego, no voy a hacer toda esa compra. Si lo hiciera, todo lo que conseguiría sería empaparme con un montón de acciones a largo que no quiero. Sólo se puede hacer una cosa, y es vender. Y el único modo de vender, es vendiendo."

"¿Quieres decir venderlo por lo que puedas conseguir?" preguntó Prentiss.

"¡Exacto!" Dije. Pude ver que se estaba preparando para hacer objeciones. "Si es que consigo vender las acciones del consorcio, debes ir haciéndote a la idea de que el precio romperá el par y ... "

"¡Oh, no!¡Nunca! gritó. Te debes haber imaginado que quería unirme a algún club de suicidas.

"Prentiss," le dije, "es un principio cardinal de la manipulación de valores, subir un precio para vender el valor. Pero no puedes vender todo de un golpe y de antemano. No puedes. Las grandes ventas se hacen en el descenso desde la cima. No puedo subir tu valor hasta 125 o 130. Me gustaría, pero no se puede hacer. Así que tendrás que comenzar a vender desde este nivel. En mi opinión, todos los valores están bajando, y Petroleum Products no va a ser una excepción. Es mejor que descienda ahora con la venta por parte del consorcio, antes de que descienda el mes próximo a causa de la venta por parte de algún otro. Pues seguro que descenderá de todos modos.

Le dije de nuevo que a mi juicio nada del mundo evitaría que Pete Products se rompiera en quince o veinte puntos, porque todo el mercado llevaba esa dirección, y le dije, una vez más, que era absurdo esperar que su valor fuera una excepción. Pero de nuevo, toda mi charla no sirvió para nada. Él insistía en que soportara el valor.

Aquí estaba un inteligente hombre de negocios, uno de los promotores de más éxito de aquel entonces, alguien que había hecho millones en Wall Street sabía mucho más que el ciudadano medio acerca del juego de la especulación, insistiendo en dar soporte a un valor en un incipiente mercado a la baja. Era su valor, eso es seguro, pero a pesar de todo era un mal negocio. Tanto más si tenemos en cuenta que iba en contra de lo evidente y yo comencé a discutir de nuevo con él. Pero no servía de nada. Él insistía en dar órdenes de soporte.

Por supuesto, cuando el mercado general se debilitó y comenzó el descenso, Pete Products fue con el resto. En vez de vender, yo compré acciones para el consorcio, por órdenes de Prentiss.

La única explicación es que Prentiss no creía que el mercado a la baja estuviera justo encima de nosotros. Yo estaba seguro de que el mercado al alza había terminado. Había verificado esto a través de tests, no sólo en Pete Products, sino también en otros valores. No esperé a que el mercado a la baja anunciara su segura llegada antes de empezar a vender. Por supuesto, no vendí ni una sola acción de Pete Products, aunque estaba a corto con otros valores.

El consorcio de Pete Products, tal y como esperaba, se vio colgado con todas las acciones que tenían, y con todas las que tuvieron que tomar en su inútil esfuerzo de subir el precio. Al final liquidaron, pero con unas cifras mucho más bajas de las que hubieran obtenido si Prentiss me hubiera dejado vender cuándo y cómo yo deseaba. No podía ser de otro modo. Pero Prentiss todavía piensa que él tenía razón, o al menos eso es lo que dice. Yo creo que él piensa que la razón, por la que le di aquel consejo, era que yo estaba a corto con otros valores y el mercado general estaba subiendo. Por supuesto, esto implica que la ruptura de Pete Products, que hubiera resultado de la venta de las acciones del consorcio a cualquier precio, habría sido de ayuda para mi posición bajista en otros valores.

Eso son sólo tonterías. Yo no estaba a la baja porque estuviera a corto en algunos valores. Yo estaba a la baja porque así es como yo analicé la situación, y sólo vendí los valores a corto, después de volverme bajista. Nunca hay mucho dinero implicado en hacer cosas dirigidas a mal puerto; no en el mercado de valores. Mi plan de venta de las acciones del consorcio estaba basado en lo que la experiencia, de veinte años, me había dicho que era factible y, por lo tanto, sabio. Prentiss debería haberse comportado como un verdadero operador y haber visto el asunto de forma tan clara como yo. Pero ya era demasiado tarde para intentar hacer algo.

Supongo que Prentiss comparte su error con miles de personas que piensan que un manipulador puede hacer cualquier cosa. Pues bien, no es así. Lo mejor que hizo Keene fue su manipulación de U. S. Steel y ascender en la primavera de 1901. Él tuvo éxito, no sólo porque era inteligente e ingenioso, ni tampoco porque tuviera a sus espaldas un sindicato formado por los hombres más ricos del país. Tuvo éxito, en parte, debido a esas razones, pero, principalmente, porque el mercado general y el estado mental del público eran los correctos.

No es bueno que un hombre actué en contra de las enseñanzas de la experiencia y el sentido común. Pero los tontos de Wall Street no son siempre los de fuera. El agravio de Prentiss hacia mí es justo lo que acabo de narrar. Él está resentido porque no realicé la manipulación como yo quería, sino como él me lo pidió.

No hay misterio, solapado o trucado, acerca de la manipulación designada a vender un valor de un golpe, a menos que tales operaciones vayan acompañadas de tergiversaciones.

La manipulación segura, debe estar basada en los principios operativos seguros. La gente hace mucho énfasis en antiguas prácticas, tales como las ventas de lavado. Pero puedo asegurar que la mera mecánica de la decepción tiene poca importancia.

La diferencia entre la manipulación en el mercado de valores y la venta "sobre el mostrador" de acciones y obligaciones está en el carácter de la clientela más que en el carácter de la atracción. J. P. Morgan & Company vende una emisión de obligaciones al público, o sea, a los inversionistas. Un manipulador se deshace de un elevado número de acciones para el público, o sea, los especuladores. Un inversionista busca seguridad, la permanencia del interés que recibe por la cantidad que invierte. El especulador busca la ganancia rápida.

El manipulador tiene su principal mercado entre los especuladores, que están dispuestos a correr grandes riesgos, siempre y cuando tengan posibilidades de obtener una gran ganancia sobre su capital. Yo, personalmente, nunca he creído en el juego a ciegas. Puedo apostarlo todo y puedo comprar cien acciones. Pero en cualquier caso debo tener una razón para hacer cualquiera de las dos cosas.

Recuerdo, perfectamente, cómo me introduje en el juego de *h* manipulación, o sea, en la puesta en el mercado de los valores de los demás. Me gusta recordarlo porque muestra maravillosamente la actitud profesional hacia las operaciones en el mercado de valores. Sucedió después de mi "regreso", o sea, después de que mi operación con Bethlehem Steel en 1915, me pusiera en camino hacia la recuperación financiera.

Operé con mucha firmeza y tuve muy buena suerte. Nunca he buscado la publicidad en prensa, pero tampoco me he apartado de mi camino para esconderme de ella. Al mismo tiempo, ya se sabe que el Wall Street profesional exagera tanto los éxitos como los fracasos de cualquier operador en activo; y, por supuesto, los periódicos lo oyen e imprimen tales rumores. He estado en la bancarrota tantas veces, según los cotilleos, o he ganado tantos millones, según las mismas autoridades, que mi única reacción ante tales informes es preguntarme cómo y dónde han podido nacer. ¡Y cómo han crecido!

Mis amigos corredores, venían uno tras otro con la misma historia, un poco más cambiada cada vez, mejorada, más circunstancialmente.

Todo este prefacio, es para narrar cómo me hice cargo, por primera vez, de la manipulación de un valor para otras personas. El truco estuvo en las historias que contaban los periódicos acerca de cómo pagué por completo todas las deudas que tenía.

Los periódicos dieron tanto énfasis a mis apuestas y a mis beneficios que en Wall Street se hablaba de mí. Ya habían pasado aquellos días cuando un operador que llevara una línea de doscientos dólares podía dominar el mercado. Pero, como ya se sabe, el público siempre desea hallar sucesores a los antiguos líderes. Fue la reputación de Mr. Keene como hábil operador de acciones, ganador de un millón de dólares con su propia operación, lo que hizo que los promotores y los bancos acudieran a él para vender grandes cantidades de acciones. En poco tiempo, sus servicios, como manipulador, estuvieron en demanda debido a las historias que Wall Street había oído de sus anteriores éxitos como operador.

Pero Keene se había ido, había pasado a ese cielo en el que él una vez dijo que no se quedaría a menos que Sysonby estuviera allí esperándole. Otros dos o tres hombres que hicieron la historia de Wall Street, durante unos cuantos meses, habían caído en la obscuridad de la inactividad prolongada. Me refiero, en particular, a ciertas personas que en 1901 vinieron del oeste a Wall Street y que tras hacer muchos millones

con las acciones de Steel, se quedaron en Wall Street. En realidad, eran superpromotores, y no operadores de los de la clase de Keene. Pero eran extremadamente capaces, extremadamente ricos y extremadamente prósperos con las acciones que ellos y sus amigos controlaban. En realidad, no eran grandes manipuladores, como Keene o Governor Flower. Sin embargo, Wall Street encontró en ellos un perfecto campo de cultivo para los rumores y cotilleos y, desde luego, tuvieron un seguimiento entre los profesionales y las casas de comisión. Cuando ellos dejaron de operar activamente, Wall Street se encontró sin manipuladores; al menos, nadie sobre quien se pudiera leer en los periódicos.

Usted recordará el gran mercado al alza que comenzó cuando la Bolsa reanudó los negocios en 1915. A medida que el mercado se extendía y las compras de los aliados en este país alcanzaban los billones, nos encontramos ante un boom. En lo relativo a la manipulación, a nadie le fue necesario levantar un dedo por crear un ilimitado mercado para la novia de la guerra. Miles de hombres hicieron millones capitalizando contratos o promesas de contratos. Se convirtieron en promotores de éxito, bien con la ayuda de amistosos banqueros o bien sacando adelante la compañía en el mercado del "freno". El público compraba cualquier cosa que tuviera buena publicidad.

Cuando la prosperidad y el florecimiento hicieron que desapareciera el boom, algunos de estos promotores se encontraron con la necesidad de pedir ayuda a los expertos en la venta de valores. Cuando el público se encuentra colgado con toda clase de acciones, algunas de ellas compradas a precios altos, no es tarea fácil deshacerse de valores que no han sido probados. *Tras un boom, el público está seguro de que nada va a subir. No es que los compradores se hayan vuelto más exigentes, sino que la compra ciega ha tocado a su fin. Lo que ha cambiado es el estado mental. Ni siquiera es necesario que los precios bajen para que la gente empiece a sentirse pesimista. Es suficiente con que el mercado se apague un poco, y permanezca así durante un tiempo.*

En todos los booms, las compañías se forman, principalmente, sino exclusivamente, para aprovechar el apetito del público de toda clase de valores. También hay promociones atrasadas. La razón por la que los promotores cometen éste error, es que como seres humanos no están dispuestos a ver el final del boom. Además, es un buen negocio arriesgarse cuando el posible beneficio es suficientemente grande. *La cima no está nunca a la vista, cuando la visión está viciada por la esperanza.* El hombre medio ve aquel valor que nadie quería a doce o catorce dólares, como sube repentinamente hasta treinta, que seguramente es el máximo, y alcanza los cincuenta dólares. Ese es el final del ascenso. Después llega hasta sesenta, hasta setenta; hasta setenta y cinco. Entonces es ya evidente, que ese valor que hace sólo unas semanas se estaba vendiendo a menos de quince, no puede seguir subiendo. Pero sigue subiendo hasta ochenta, hasta ochenta y cinco. Entonces, el hombre medio, que nunca piensa en los valores, sino en los precios, y que no está controlado por sus acciones, sino por sus miedos, toma el camino más fácil, deja de pensar que hay un límite para el ascenso. Esa es la razón por la que aquellos " de fuera" que son suficientemente sabios como para no comprar en la cima, se deciden a no tomar beneficios. En los booms, las grandes ganancias las obtiene primero el público, en papel. Y se quedan en papel.

XXII

Un día, Jim Barnes, que no sólo era uno de mis más importantes corredores, sino también un amigo íntimo, me llamó. Me dijo que quería que le hiciera un gran favor. Él nunca había hablado antes de aquel modo, y así le pedí que me dijera de qué favor se trataba, esperando que fuera algo que yo pudiese hacer, porque estaba dispuesto a complacerle. Entonces me dijo que su firma estaba interesada en un determinado valor; de hecho, ellos habían sido los principales promotores de la compañía y habían emplazado la mayor parte de las acciones. Habían surgido unas circunstancias que les obligaban de modo imperativo, a poner en el mercado una emisión bastante grande. Jim quería que me hiciera cargo de ponerle en el mercado esta emisión. El valor era Consolidated Stove.

Yo no quería tener nada que ver con ello por varias razones. Pero Barnes; a quien le debía algunos favores, insistió en el asunto llevándolo al terreno del favor personal, que era algo que ya por sí solo, anulaba todas mis objeciones. Era un buen muchacho, un amigo, y su firma, estaba muy involucrada, así que, al final, consentí en hacer todo lo que pudiera.

Siempre me ha parecido que el punto de diferencia más pintoresco, entre el boom de la guerra y otros booms, era la parte jugada por un nuevo tipo en los asuntos de Bolsa, el chico banquero.

El boom era estupendo y sus orígenes y causas obvias para todo el mundo. Pero al mismo tiempo, los más grandes bancos y compañías de fideicomiso del país hicieron todo lo posible para ayudar a convertirse en millonarios, en una noche, a promotores y fabricantes de municiones de todo tipo y condición. El asunto tomó tales derroteros que todo lo que uno tenía que hacer era decir que tenía un amigo que era amigo de un miembro de una de las comisiones aliadas, y, de inmediato, le ofrecerían todo el capital necesario para sacar adelante los contratos que no había asegurado todavía. Solía oír historias increíbles acerca de conserjes que se convertían en presidentes de compañías, y que hacían negocios de millones de dólares con dinero prestado por las compañías de fideicomiso, historias de contratos que dejaban una enorme huella de beneficios a medida que pasaban de unas manos a otras. El oro de Europa caía a chorros en este país, y los bancos debían encontrar el mejor modo de confiscarlo.

El modo de llevar a cabo los negocios, debía haber sido visto con desconfianza por parte de los viejos, pero no había muchos por allí. La moda de presidentes bancarios de pelo gris estaba muy bien para los tiempos de calma, pero la juventud era la principal cualificación en estos tiempos enérgicos. Realmente, los bancos obtuvieron enormes beneficios.

Jim Barnes y sus asociados, aprovechando la amistad y confianza del joven presidente del Marshall National Bank, decidieron consolidar tres famosas compañías de calefacción y vender las acciones de la nueva compañía a un público que llevaba meses comprando cualquier cosa con forma de certificado de acción.

Un problema era que los negocios de calefacción eran tan prósperos que las tres compañías estaban ganando dividendos con sus propios valores, por primera vez en la historia. Sus principales accionistas no querían deshacerse del control. Había un buen mercado para sus valores en el "Curb"; habían vendido las acciones que les interesaba vender, y estaban contentos de las cosas tal y como estaban. Su capitalización individual era demasiado pequeña como para justificar grandes movimientos de mercado, y ahí es donde entraba la firma de Jim Barnes.

Destacaba el hecho de que la compañía consolidada debía ser suficientemente grande como para cotizarse en Bolsa, en donde las nuevas acciones tendrían un valor superior al de las antiguas. En Wall Street, es una vieja estratagema cambiar el color de los certificados para darles más valor. Digamos que, en la guerra, un valor se empieza a vender con dificultad. Pues bien, cuadruplicando el valor, puedes hacer que las nuevas acciones se vendan a 30 o 35. Esto es el equivalente a 120 o 140 del antiguo valor, una cifra que de otro modo nunca se podría haber alcanzado.

Parece que Barnes y sus asociados lograron inducir a algunos de sus amigos a que mantuvieran de modo especulativo algunas emisiones de Gray Stove Company, una gran empresa, para llegar a la consolidación en base a cuatro acciones de Consolidated por cada acción de Gray. Después la Midland y la Western, siguieron a su hermana mayor y aparecieron con una base de acción por acción. Las suyas se cotizaban en Curb alrededor de 25 o 30, y las de Gray, que eran mucho más conocidas y pagaban dividendos, estaban alrededor de 125.

Para conseguir el dinero para comprar a aquellos accionistas que insistían en la venta en metálico, y también para proporcionar capital adicional para gastos de mejora y promoción, se hizo necesario obtener unos cuantos millones. Las cosas estaban así y Barnes vio al presidente de su banco, quién amablemente prestó a su sindicato tres millones y medio de dólares. Lo colateral era cien mil acciones de una corporación recién organizada. El sindicato aseguró a su presidente, o al menos eso es lo que me dijeron, que el precio no estaría por debajo de 50. Había un gran valor por medio, así que la operación sería, presumiblemente, muy beneficiosa.

El primer error de los promotores fue la cuestión de tiempo. El mercado había alcanzado el punto de saturación de nuevas emisiones, y ellos deberían haberlo visto. Pero incluso entonces, y después de todo, podían haber obtenido un beneficio razonable sino hubieran tratado de duplicar las irracionales ganancias que otros promotores habían conseguido en la cima del boom.

Ahora no me gustaría que se quedara con la noción de que Jim y sus asociados eran unos muchachos tontos e inexpertos. Eran hombres sabios. Todos ellos estaban familiarizados con los métodos de Wall Street y algunos de ellos tenían excepcionales éxitos como operadores de acciones. Pero sobrevaloraron la capacidad de compra del público. Después de todo, esa capacidad era algo que ellos habrían podido determinar con solo examinar los tests. En donde más erraron, fue en el hecho de esperar que el mercado al alza durara más tiempo de lo que en realidad duró. Supongo que la razón fue que estos mismos hombres se encontraron con un éxito tan grande y tan rápido que no dudaron en finalizar su operación antes de que finalizara el mercado alcista. Eran todos muy conocidos y tenían un seguimiento considerable entre los operadores profesionales y las oficinas de corretaje.

La operación tuvo una gran publicidad. Los periódicos les dedicaron grandes espacios en sus páginas. Las empresas más viejas se identificaban con la industria de la calefacción de América y su producto fue dado a conocer por todo el mundo. Era una patriótica amalgama y en los diarios había un montón de literatura acerca de las conquistas del mundo. Los mercados de Asia, África y Sudamérica eran tan buenos como seguros.

Los directores de la compañía eran todos hombres cuyos nombres eran familiares para todos los lectores de las páginas financieras. El trabajo publicitario estuvo tan bien llevado y las promesas de algunos del interior sobre lo que iba a hacer el precio eran tan definidas y convincentes que se creó una gran demanda para el nuevo valor. El resultado fue que se cerraron los libros y se descubrió que el valor que se había ofrecido al público a cincuenta dólares la acción, había sido subscrito con un excedente del 25%.

¡Imagínese! Lo más que los promotores debían haber esperado era lograr vender el nuevo valor a ese precio tras semanas de trabajo y tras subir el precio a 75 o más, para poder obtener una media de 50. Esto significaba un avance de cerca del 100% en los antiguos precios de los valores de las compañías constituyentes. Esta era la crisis, y no se enfrentaron a ella como deberían haberlo hecho. Esto demuestra que todos los negocios tienen sus propias necesidades. La sabiduría general es menos valiosa que la específica. Los promotores, encantados con la sobre-subscripción, llegaron a la conclusión de que el público estaba preparado para pagar cualquier precio por cualquier número de acciones. Y en realidad fueron bastante estúpidos a la hora de adjudicar las acciones. Los promotores, tras decidirse a sacar el máximo partido del asunto, deberían haberse decidido también a hacerlo de forma inteligente.

Por supuesto, lo que deberían haber hecho era asignar el valor al completo. Esto les habría puesto a corto en un 25 % de la cantidad total ofrecida al público para la suscripción, y esto, por supuesto, les habría permitido soportar el valor cuando hubiera sido necesario sin ningún coste para ellos. Sin ningún tipo de esfuerzo por su parte se hubieran encontrado en la fuerte posición estratégica en la que yo siempre intento estar cuando estoy manipulando un valor. Podrían haber evitado que el precio descendiera, y de ese modo inspirar confianza en la estabilidad del nuevo valor y en el sindicato que lo respaldaba. Debían haber recordado que su trabajo no finalizaba con el hecho de vender las acciones ofrecidas al público. Eso era sólo una parte de todo lo que tenían que poner en el mercado.

Ellos creyeron haber tenido éxito, pero no pasó mucho tiempo antes de que los graves errores cometidos con sus dos capitales se hicieran aparentes. El público no compró más acciones, porque todo el mercado había desarrollado tendencias descendentes. A los de dentro se les encogió el ombligo y dejaron de proporcionar soporte a Consolidated Stove; y si los de dentro no compran su propio valor en las reacciones, ¿quién lo va a hacer? La ausencia de soporte del interior, se acepta generalmente como un buen pronóstico bajista.

No hay necesidad de entrar en detalles estadísticos. El precio de Consolidated Stove fluctuaba con el resto del mercado, pero nunca estuvo por encima de las cotizaciones iniciales de mercado, que eran solo una fracción por encima de 50. Al final, Barnes y sus amigos tuvieron que convertirse en compradores para poder mantenerlo por encima de 40. El hecho de no haber soportado ese valor en el comienzo de su carrera en el mercado era algo de lo que arrepentirse. Pero no haber vendido todas las acciones que el público había subscrito era mucho peor.

De todos modos, el valor se estaba cotizando muy flojamente en la bolsa de Nueva York y su precio siguió bajando hasta detenerse en 37. Y se detuvo ahí porque Jim Barnes y sus asociados tuvieron que mantenerlo ahí porque su banco les había concedido un préstamo de treinta y cinco dólares por acción, en un total de cien mil acciones. Si el banco tratara de liquidar su préstamo, no hace falta decir a qué precio se rompería el valor público que estaba deseando comprarlo a 50, perdía su interés cuando se cotizaba a 37, y probablemente tampoco lo habrían querido a 27.

A medida que pasaba el tiempo, los excedentes bancarios en materia de extensión de créditos, daba que pensar a la gente. El día del "chico banquero" había tocado a su fin. El negocio bancario parecía estar al borde de caer en el conservadurismo. A los amigos íntimos se les pedía ahora que pagaran sus préstamos, como si nunca hubieran jugado al golf con el presidente.

j

Los prestamistas no necesitaban amenazar, y los prestatarios no pedían más tiempo. La situación era de lo más incómoda para ambas partes. Por ejemplo, el banco con el que hizo negocios mi amigo Jim Barnes, adoptaba todavía una amable actitud, pero era un caso de "Por amor de Dios, o nos veremos todos metidos en un terrible lío."

El carácter del lío y sus explosivas posibilidades fueron suficientes para que Jim Barnes viniera a pedirme que le vendiera cien mil acciones a un precio suficiente como para pagar el préstamo otorgado por el banco de tres millones y medio de dólares. Ahora Jim no esperaba obtener beneficio con ese valor. Estarían satisfechos con que el sindicato tuviera sólo una pequeña pérdida.

Parecía una causa perdida. El mercado no era ni activo ni fuerte, aunque a veces se produjeran recuperaciones, cuando todo el mundo se reanimaba e intentaba creer que la oscilación alcista estaba a punto de reanudar su camino.

La respuesta que di a Barnes fue que yo analizaría el mercado y le comunicaría bajo qué condiciones me haría cargo del trabajo. Bien, lo analicé. No analicé el último informe anual de la Compañía. Mis estudios se limitaban a la fase del problema relativo al mercado de valores. No iba a tratar de conseguir una mejora en las ganancias o en las perspectivas del valor, iba a deshacerme de aquellas acciones en el mercado abierto. Todo lo que tenía en consideración era lo que debiera, podía o pudiera ayudarme o darme alguna pista en esta tarea.

Descubrí que dos personas estaban manteniendo demasiadas acciones, o sea, demasiadas acciones desde el punto de vista de la seguridad y demasiadas también desde el punto de vista de la comodidad. Clifton P. Kane & Co., banqueros y corredores, tenían setenta mil acciones. Eran amigos íntimos de Barnes y habían sido de gran influencia a la hora de efectuar la consolidación, ya que durante años habían hecho una especialidad de los valores stove. Habían permitido que sus clientes tuvieran lo mejor. El ex-senador Samuel Gordon, que era accionista especial de la firma de su sobrino, Gordon Bros., era el propietario de un segundo lote de setenta mil acciones de Consolidated Stove; y el famoso Joshua Wolff tenía sesenta mil acciones. Esto hacía un total de doscientas mil acciones de Consolidated Stove, controladas por un grupo de profesionales de Wall Street. Ellos no necesitaban que ninguna persona amable viniera a decirles cuando debían vender sus acciones. Sabía que si yo hacía algo en la línea de la manipulación calculada para atraer a un público comprador, o sea, si hacía algo para conseguir que el valor fuera fuerte y activo, Kane y Gordon se dedicarían a deshacerse de las acciones, y no en dosis homeopáticas. La visión de sus doscientas mil acciones cayendo como las aguas del Niágara en el mercado, no era, en absoluto, cautivadora. No hay que olvidar que la "crema" estaba ajena al movimiento alcista y que a través de mis operaciones no se conseguiría una gran demanda, aunque estas operaciones se llevaran a cabo de forma habilidosa. Jim Barnes no tenía ilusiones acerca del trabajo que él estaba dejando a mi favor. Me había dado un valor estancado, para que lo vendiera en un mercado al alza que está a punto de exhalar su último suspiro. Por supuesto, en los periódicos no se hablaba del final del mercado al alza, pero yo lo sabía, y Jim Barnes lo sabía, y apuesto a que el Banco también lo sabía.

A pesar de todo, había dado mi palabra a Jim, así que mandé llamar a Kane, Gordon y Wolff. Sus doscientas mil acciones eran la espada de Damocles. Pensé que me gustaría substituir una cadena de acero por un cabello. El camino más fácil, según mi criterio, era algún tipo de acuerdo recíproco. Si ellos me ayudaban de modo pasivo, manteniendo las acciones mientras yo le vendía al banco cien mil acciones, yo les ayudaría activamente tratando de desarrollar un mercado en el que todos pudiéramos hacer la descarga. Tal y como estaban las cosas ellos no podían vender ni la décima parte de sus acciones sin hacer que

Consolidated Stove se abriera del todo, y eso lo sabían tan bien que nunca se les ocurrió intentarlo. Todo lo que pedía de ellos era un juicio a la hora de vender y un inteligente desinterés para no ser egoísta de forma poco inteligente. Ni en Wall Street, ni en ningún otro lugar, es recomendable ser demasiado ingenuo. Yo deseaba convencerles que una descarga prematura, o mal considerada, impediría la total descarga. El tiempo pasaba.

Yo tenía la esperanza de que mi proposición les atrajera, porque eran hombres experimentados en Wall Street y no tenían ilusiones acerca de la actual demanda de Consolidated Stove. Clifton P. Kane era el presidente de una próspera casa de comisión que tenía sucursales en once cuidades y cientos de clientes. En el pasado, su firma había actuado como manager de más de un consorcio.

El senador Gordon, que tenía setenta mil acciones, era un hombre excesivamente rico. Su nombre era muy conocido entre los lectores de la prensa metropolitana, ya que había sido demandado por incumplimiento de palabra, por una señorita de dieciséis años, cuya profesión consistía en hacer la manicura, y que poseía un abrigo de visón y ciento treinta y dos cartas del demandado. Él había ayudado a sus sobrinos a comenzar con sus negocios como corredores y era socio especial de la firma. Había estado en docenas de consorcios. Había heredado un gran interés en la Midland Stove Company y poseía cien mil acciones de Consolidated Stove . Tenía suficiente como para dejar de lado los pronósticos alcistas de Jim Barnes, y había conseguido una cantidad, en metálico, de treinta mil acciones antes de que se le terminara el mercado. Más tarde, dijo a un amigo que hubiera vendido más, si los demás grandes accionistas, que eran viejos e íntimos amigos, le hubieran pedido que no lo hiciera, pero como esto no ocurrió, él se detuvo. Además, como ya dije, el mercado no era el apropiado para la venta.

El tercer hombre era Joshua Wolff. Probablemente, él era el más conocido de todos los operadores. Durante veinte años, la gente le había conocido como uno de los que arriesgan todo en el parqué. A la hora de mantener y ofrecer acciones, pocos le igualaban, para él, diez mil o veinte mil acciones significaban lo mismo que doscientas o trescientas. Antes de llegar a Nueva York, yo había oído hablar de él como un gran apostador. Él estaba operando con un grupo de personas que jugaban sin límite, tanto en las carreras como en el mercado de valores.

A menudo, se le acusó de no ser nada más que un simple jugador, pero él tenía una verdadera habilidad y una actitud fuertemente desarrollada para el juego especulativo. Al mismo tiempo, la fama de su indiferencia en temas intelectuales, le convirtió en el héroe de un número interminable de anécdotas. Una de las anécdotas más conocida era la que contaba que Joshua era un invitado de lo que él denominaba cena de peces gordos, y ante un descuido del anfitrión, varios de los otros invitados comenzaron a discutir de literatura antes de que se les pudiera detener.

Una muchacha que estaba sentada a su lado y no le había oído utilizar la boca para nada, excepto para masticar propósitos, se volvió hacía él, y con aspecto ansioso y deseando escuchar la opinión del gran financiero, le preguntó, "Oh, Mr. Wolff, ¿qué opina usted de Balzac?"

Josh, de modo muy educado, dejó de masticar, tragó y respondió, " ¡nunca operé con sus acciones!"

Estos eran los tres grandes accionistas de Consolidated Stove.

Cuando vinieron a verme les dije que, si formaban un sindicato para obtener algún dinero en metálico y me daban una opción de compra de su valor un poco por encima del mercado, yo haría todo lo que estuviera en mi mano para crear un mercado. Ellos me preguntaron, rápidamente, cuánto dinero sería necesario.

Les contesté, "Hace ya mucho tiempo que tienen este valor, y no han conseguido hacer nada con él. Entre los tres, tienen doscientas mil acciones y saben muy bien que no tienen la más mínima posibilidad de deshacerse de ellas, a menos que consigan crearlas un mercado. Tiene que ser un mercado que absorba todo lo que tenéis que darle, y sería inteligente tener suficiente dinero en metálico como para pagar cualquier acción que sea necesario comprar al principio. No sirve de nada comenzar y tener que parar después por falta de dinero. Sugiero que formen un sindicato y reúnan seis millones en metálico. Después den al sindicato una opción de compra de sus doscientas mil acciones a 40 se inmovilicen todas sus acciones. Si todo va bien, ustedes se desharán de su cachorro muerto y el sindicato obtendrá algún dinero."

Como ya había dicho antes, había habido toda clase de rumores acerca de mis ganancias en el mercado de valores. Supongo que eso ayudó, ya que nada tiene más éxito que el propio éxito. De todos modos, no tuve que perderme en grandes explicaciones con estos muchachos. Ellos sabían perfectamente, hasta donde llegarían si trataban de jugar con una sola baza. Pensaban que mi plan era bueno. Cuando se marcharon dijeron que formarían el sindicato inmediatamente.

No tuvieron muchos problemas para inducir a muchos de sus amigos a que se unieran a ellos. Supongo que hablaron con más seguridad y firmeza que yo, sobre las ganancias del sindicato. Según todo lo que he oído, ellos realmente creían en en ello, así que no se puede decir que sus pronósticos fueran inconscientes. De todos modos, el sindicato se formó en un par de días. Kane, Gordon y Wolff dieron opciones de compra de doscientas mil acciones a 40 e hicieron lo posible para inmovilizar las acciones, de forma que ninguna de ellas pudiera salir al mercado, si yo hacía que el precio subiera. Me tenía que proteger. En más de una ocasión, planes verdaderamente prometedores, han dado resultados muy distintos a los que se esperaban, debido a una falta de confianza entre los miembros del consorcio o del grupo. En Wall Street, los perros se comen a los perros, sin ningún tipo de prejuicio. A la hora de sacar la segunda emisión de American Steel y Wire Company, los del interior se acusaron entre sí de incumplimiento de palabra y de tratar de vender. Entre John W. Gates y sus amigos, y Seligmans y sus bancos asociados, había habido un acuerdo entre caballeros. Pues, bien, en una oficina de corretaje, oí a alguien recitar este verso, que según decían estaba compuesto por John W. Gates:

La tarántula saltó sobre la espalda del ciempiés y rio satisfecha con júbilo cruel "Envenenaré a este asesino, hijo delfusil si no me envenena antes, él a mí.

Quiero dejar claro que, no ha sido mi intención sugerir que, a ninguno de mis amigos de Wall Street, se les ocurriera hacerme el juego sucio en una operación. Pero basándome en los principios generales, es muy recomendable estar preparado para cualquier tipo de contingencia. Es sólo sentido común.

Después de que Wolff, Kane y Gordon me dijeran que ya habían formado un sindicato para reunir los seis millones en metálico, yo ya no tenía nada que hacer, excepto esperar a que llegara el dinero. Había incitado la necesidad vital de la precipitación. Sin embargo, el dinero venía en adarmes. Creo que hicieron falta cuatro o cinco entregas. No sé cuál fue la razón, pero recuerdo que envié un S.O.S a Wolff, Kane y Gordon.

Esa tarde obtuve algunos cheques que sumaban una cantidad de alrededor de cuatro millones de dólares y la promesa de que recibiría el dinero restante en uno o dos días. Daba la impresión de que el sindicato podía hacer algo antes de que finalizara el mercado al alza. No iba a ser fácil, y cuanto antes empezara a trabajar, mejor sería. El público no estaba muy ilusionado con los nuevos movimientos del mercado en valores inactivos. Pero con cuatro millones en metálico, se podía llevar a cabo una gran operación para elevar el interés en cualquier valor. Era suficiente con absorber todas las posibles ofertas. Si el tiempo urgía, tal y como dije, no tenía ningún sentido esperar a que llegaran los otros dos millones. Cuanto antes llegara el valor a 50, mejor para el sindicato. Eso era obvio.

A la mañana siguiente, en la apertura, me sorprendió ver que en Consolidated Stove, se estaban llevando a cabo operaciones inusualmente fuertes. Como ya he dicho antes, hacía ya meses que el valor estaba estancado. El precio se había detenido en 37, Jim Barnes se había cuidado de que no descendiera por debajo de 35, a través del gran préstamo bancario. Pero en lo relativo al ascenso, era más fácil ver al Peñón de Gibraltar moverse en el estrecho, que ver a Consolidated Stove subir en la cinta.

Pues bien, aquella mañana la demanda del valor fue bastante alta y el precio subió hasta 39. En la primera hora de operaciones, las transacciones fueron más fuertes que durante todo el medio año anterior. Fue la sensación del día, y afectó a todo el mercado de forma alcista. Después, he oído decir que, en las salas de clientes, de las casas de comisión, no se oía hablar de otra cosa.

Yo no sabía lo que significaba, pero el ver que Consolidated Stove empezaba a recuperarse, no hirió mis sentimientos en absoluto. Generalmente, no me hace falta preguntar acerca de ningún movimiento inusual de ningún valor, porque mis amigos del parqué, corredores que hacen negocios para mí, así como algunos amigos personales que tengo entre los operadores de la sala, me mantienen informado. Ellos suponen que a mí me gustaría saberlo, y me telefonean para contarme cualquier noticia o rumor que recogen.

Ese día, todo lo que yo oía es que se estaba produciendo una inconfundible compra interior en Consolidated Stove. No había ningún lavado. Todo era genuino. Los compradores tomaron todas las ofertas, desde 37 a 39, y cuando se les importunaba para preguntarles las razones o se les rogaba que ofrecieran algún pronóstico, se negaban rotundamente. Esto hizo que los operadores avispados y observadores llegaran a la conclusión de que estaba sucediendo algo; algo gordo.

Cuando un valor sube a causa de la compra por parte de los del interior, quienes se niegan a animar a todo el mundo a seguirles, el pronosticador comienza a preguntarse, en voz alta, cuándo saldrá a la luz la nota oficial.

Yo no hice nada. Observé, me hice preguntas y seguí la pista de las transacciones. Pero al día siguiente la compra no fue solo más grande en volumen, sino que tenía también un carácter más agresivo. Las órdenes de venta, que estaban desde hacía meses en los libros de los especialistas por encima de 37, se absorbieron sin ninguna dificultad, y no hubo órdenes de venta suficientes para verificar el ascenso. Naturalmente, el precio subió. Pasó por encima de 40. Tocó el 42.

En el momento en que tocó esa cifra, sentí que estaba justificado empezar a vender el valor que el banco mantenía como colateral.

Por supuesto, me figuré que el precio descendería con mi venta, pero si la media de toda mi línea era 37, no habría cometido ningún error. Yo sabía cuál era el verdadero valor de las acciones, y había llegado a algunas conclusiones sobre la capacidad de venta en los meses de inactividad. Pues bien, les fui vendiendo acciones con cuidado hasta que me deshice de treinta mil. ¡Y el ascenso seguía su camino!

Esa tarde me dijeron el motivo de aquella subida tan oportuna, pero tan mítica. Parece ser que, tras el cierre de la noche anterior y antes de la apertura de la mañana siguiente, los operadores del parqué habían recibido un pronóstico que afirmaba que yo estaba muy al alza con Consolidated Stove y que iba a hacer que el precio subiera de forma acelerada en quince o veinte puntos sin ninguna reacción, según mi costumbre, o sea, mi costumbre según la gente que nunca guarda mis libros. El pronosticador en persona, no era otro que Joshua Wolff. Fue su propia compra la que inició el ascenso del día anterior. Los compinches que tenía entre los operadores del parqué, estaban deseosos de seguir sus consejos, ya que él sabía demasiado, como para dar consejos erróneos a sus amigos.

De hecho, la presión del valor en el mercado no era tan fuerte como se había temido. Considere que yo había inmovilizado trescientas mil acciones y comprenderá que los antiguos temores tenían su fundamento. Hacer que el valor subiera, había resultado ser un trabajo mucho más fácil de lo que yo había previsto.

Después de todo, Governor Flower tenía razón. Siempre que se le acusaba de manipular las especialidades de su firma, tales como Chicago Gas, Federal Steel, o B.R,T., él solía decir;" El único modo que conozco de hacer que suba un valor, es comprarlo. "Ese era también el único modo que conocían los operadores, y el precio había respondido.

El día siguiente, antes del desayuno, leí en los periódicos de la mañana, lo que estaban leyendo cientos y cientos de personas y lo que indudablemente se comunicó a través de las líneas telegráficas a cientos de sucursales y oficinas de fuera de la ciudad, y era que Larry Livingston estaba a punto de realizar operaciones alcistas activas en Consolidated Stove. Los detalles adicionales diferían. Una versión decía que yo había formado un consorcio con los del interior e iba a castigar el gran volumen de ventas a corto. Otra versión hacía referencia a dividendos en un futuro cercano.

Otra versión recordaba al mundo, que lo que yo hacía con las acciones, con las que estaba al alza, era algo para recordar. Otra versión acusaba a la compañía de reunir sus acciones con la intención de permitir una acumulación por parte de los del interior. Y todas las versiones estaban de acuerdo en que el ascenso no había comenzado de un modo justo.

Para cuando llegué a la oficina y leí el correo antes de que abriera el mercado, supe, a ciencia cierta, que Wall Street estaba inundado de pronósticos al rojo vivo, para comprar Consolidated Stove de inmediato. Mi teléfono no paraba de sonar, y el conserje que respondía a las llamadas oyó la misma pregunta, formulada de una manera o de otra, más de cien veces durante aquella mañana: ¿Era verdad que Consolidated Stove estaba subiendo? Debo decir que Joshua Wolff, Kane y Gordon, y posiblemente Jim Barnes, hicieron un buen trabajo, en lo relativo a los pronósticos.

Yo no tenía ni idea de que estaba teniendo tal seguimiento. Esa mañana las órdenes de compra llegaron desde todo el país, órdenes de compra de cientos de acciones, que hace tan solo tres días, nadie quería a ningún precio. Y no olvide que, de hecho, todo lo que el público tuvo que leer fue la reputación que me dieron los periódicos, como apostador de gran éxito; algo que tengo que agradecer a más de uno o dos reporteros.

Bien, al tercer día del ascenso, vendí Consolidated Stove; y al cuarto día, y al quinto; y lo primero que supe es que había vendido para Jim Barnes las cien mil acciones del valor que el Marshall National Bank mantenía como colateral en el préstamo de tres millones y medio de dólares que estaba por liquidar. Si la manipulación de éxito, es aquella en la se consigue lo que se pretendía, al coste más bajo para el manipulador, la Consolidated Stove es, sin ningún género de dudas, la operación de más éxito de toda mi carrera en Wall Street. En ningún momento tuve que tomar ninguna acción. No tuve que comprar al principio para poder vender más tarde con más facilidad. No llevé el precio hasta el punto más alto posible para comenzar entonces la verdadera venta. Ni siquiera tuve que efectuar la venta principal en el descenso, sino en el ascenso. Era un verdadero sueño del paraíso encontrar un poder de compra adecuado para ti, sin que tú hayas movido un dedo para conseguirlo, particularmente cuando se tiene prisa. Una vez, oí decir a un amigo de Governor Flower que en una de las grandes operaciones del líder alcista a cuenta de un consorcio en B.R.T. el consorcio vendió cincuenta y cinco mil acciones de un valor con una gran ganancia, pero Flower & Co. consiguió comisiones en más de doscientas cincuenta mil acciones y W.P.Hamilton dice que para distribuir doscientas veinte mil acciones de Amalgamated Copper, James R. Keene debió haber operado en, al menos, setecientas mil acciones del valor durante la manipulación. ¡Menuda comisión! Piense en ello, y considere después que las únicas comisiones que tuve que pagar fueron las comisiones sobre las cien mil acciones que vendí para Jim Barnes. Yo a eso lo llamo ahorro.

Había vendido lo acordado para mi amigo Jim, el dinero que el sindicato había acordado reunir no había sido enviado todavía, y yo no sentía ningún deseo de volver a comprar ninguna de las acciones que había vendido, así que decidí que sería una buena idea salir y tomarme unas vacaciones cortas. No lo recuerdo exactamente. Pero recuerdo muy bien que dejé el valor solo y no paso mucho tiempo antes de que el precio comenzara a aflojar. Un día, cuando todo el mercado estaba bastante débil, algún alcista desanimado quiso deshacerse de sus acciones de Consolidated Stove apresuradamente, y con sus ofertas el valor se rompió por debajo del precio de la opción, que era de 40. Nadie parecía querer acciones. Como ya he dicho anteriormente, no estaba al alza en la situación general y eso hizo que me sintiera más satisfecho que nunca por el milagro que me había permitido deshacerme de cien mil acciones sin tener que hacer que el precio subiera veinte o treinta puntos en una sola semana, tal y como habían profetizado los innumerables pronosticadores.

Al no encontrar soporte, el precio tomó la costumbre de descender de forma regular hasta que un día se rompió y llegó a 32. Esa fue la cotización más baja que se registró, tal y como usted recordará, Jim Barnes y el sindicato original habían estabilizado el precio en 37, para que el banco no pusiera en el mercado sus cien mil acciones.

Ese día estaba yo en mi oficina estudiando la cinta tranquilamente, cuando me anunciaron a Joshua Wolff. Dije que le vería. Él entró apresuradamente. No era un hombre muy fornido, pero tenía un aspecto grandioso, impetuoso, tal y como descubrí inmediatamente.

Vino corriendo hasta el lugar en el que yo me encontraba, al lado del pronosticador y gritó, "¡Hey! ¿Qué demonios pasa?"

"Siéntese, Mr. Wolff," le dije cortésmente y me senté para inducirle a hablar con calma.

"¡No quiero ninguna silla! ¡Quiero saber lo que significa!" gritó con el tono más alto de su voz.

"¿Qué significa?"

"¿Qué demonios le está haciendo?"

"¿Qué le estoy haciendo a qué?

" ¡A ese valor! ¡A ese valor!"

"¿Qué valor?" le pregunté. Pero eso solo hizo que se pusiera rojo, porque gritó, "¡Consolidated Stove! ¿Qué es lo que le está haciendo?"

"¡Nada! Absolutamente nada. ¿Qué es lo que sucede?" dije.

Entonces me miró intensamente durante cinco segundos antes de explotar: "¡Mire el precio! ¡Mírelo!"

Ciertamente, estaba muy enojado. Así que me levanté y miré la cinta.

Dije, "El precio es ahora 311/4."

"¡Sí! treinta y uno y un cuarto.

"Ya sé que tiene setenta mil acciones. Hace mucho que las tiene, porque cuando al principio compró sus Gray Stove..."

Pero no me dejó terminar. Dijo, "Pero compré muchas más. ¡Algunas de ellas me costaron incluso 40! ¡Y todavía las tengo!

Me estaba mirando de un modo tan hostil que dije," yo no le dije que las comprara."

"¿Qué usted no qué?"

"Yo no le dije que se cargara hasta los topes de esas acciones."

"Yo no digo que usted lo hiciera. Pero usted iba a ascenderlas ..."

"¿Por qué iba a hacerlo? interrumpí.

Me miró, la cólera le impedía hablar. Cuando se encontró de nuevo, dijo, "usted iba a hacer que subieran. Tenía el dinero para comprarlas."

"Sí. Pero no compré ni una," le dije.

Esa fue la gota que colmó el vaso.

"¿No compró ni una acción, y tenía más de cuatro millones en metálico con que comprar? ¿No compró ni una?"

"¡Ni una!" repetí.

Para entonces estaba ya tan loco de ira qué ni siquiera era capaz de hablar.

Finalmente, se las arregló para decir, "¿Cómo llama usted a esta clase de juego?"

Interiormente, él me estaba acusando de todo tipo de crímenes. Pude ver una larga lista de horribles crímenes en sus ojos. Esto me hizo decirle: "Wolff, lo que realmente me quiere preguntar, es por qué no le compré por encima de 50 las acciones que usted compró por debajo de 40. ¿No es eso?"

"No, no es eso. Usted tenía una opción en 40 y cuatro millones en metálico para hacer que subiera el precio. "

"Sí, pero no he tocado el dinero, y el sindicato no ha perdido un solo céntimo con mis operaciones."

"Mire, Livingston..." comenzó a decir.

Pero no le dejé decir nada más.

"Escúcheme usted a mí, Wolff. Usted sabía que las doscientas mil acciones que usted, Gordon y Kane tenían en el mercado estaban paralizadas, y que no habría muchas acciones flotantes o indecisas si yo subía el precio, algo que tenía que hacer por dos razones: La primera crear un mercado para el valor; y la segunda obtener un beneficio de la opción en 40. Pero ustedes no estaban satisfechos con conseguir 40 por las sesenta mil acciones que llevan meses arrastrando con dificultad o con sus participaciones en los beneficios del sindicato, si es que hubiera alguna; así que decidieron tomar un montón de acciones por debajo de 40, para descargármelas a mí cuando yo subiera el precio con el dinero del sindicato, algo que ustedes estaban seguros de que yo iba a hacer, ustedes comprarían antes que yo, y se desharían de las acciones antes que yo; con toda seguridad yo iba a ser el que recibiera la descarga. Supongo que ustedes se figurarían que yo iba a subir el precio hasta 60. Era tan obvio que probablemente compraron diez mil acciones con el sólo propósito de la venta, y para asegurarse de que alguien sostenía la bolsa, si es que yo no lo hacía, dieron pronósticos a todo el mundo dentro de los Estados Unidos, Canadá y México sin pensar en las dificultades que esto me aportaba. Todos sus amigos sabían lo que yo me proponía hacer. Entre sus compras y las mías, ustedes se frotarían las manos. Pues bien, los amigos íntimos a quienes ustedes dieron el pronóstico, lo pasaron a sus respectivos amigos después de comprar sus respectivas líneas, y así sucesivamente hasta llegar a un quinto o sexto estrato de recibidores de pronóstico, así que, si finalmente yo me decidía a hacer alguna compra, me encontraría con que tenía por delante a varios cientos de especuladores avispados. Fue algo muy amistoso por su parte Wolff. No se puede imaginar la sorpresa que me llevé cuando Consolidated Stove comenzó a subir antes de que yo pensara en comprar una sola acción; ni tampoco se imagina lo agradecido que me sentí cuando el sindicato vendió cien mil acciones alrededor de 40 a la gente que me iba a vender esas mismas acciones a 50 o 60. Así que, ya ve, seguramente fui un idiota al no utilizar los cuatro millones, ¿verdad? El dinero en metálico se me facilitó para comprar acciones, si era necesario. Y ya vv, no lo creí necesario."

Joshua llevaba en Wall Street el tiempo necesario como para no dejar que la ira interfiriera en sus negocios. Según me oía hablar, se iba tranquilizando, y cuando terminé de hablar me dijo con un amistoso tono de voz, "Bueno Larry, viejo amigo, ¿qué vamos a hacer ahora?"

"Haga lo que le plazca."

"Vamos, no sea así. ¿Qué hubiera hecho usted de estar en nuestro
lugar?"

"De estar en su lugar," dije solemnemente, "¿sabe lo que hubiera hecho?"

"¿Qué?"

" ¡Habría vendido!" le dije. Me miró un momento, y sin mediar otra palabra se dio la vuelta y salió de mi oficina. Nunca ha vuelto.

Poco tiempo después, llamó el Senador Gordon. También él estuvo bastante malhumorado y me culpó de sus problemas. Después Kane se unió también al coro. Se olvidaron de que su valor era invendible cuando formaron el sindicato. Lo único que recordaban es que yo no vendí sus acciones cuando tuve los millones del sindicato y las acciones eran activas, en 44, y ahora, las acciones estaban en 30 y tan turbias como el agua de fregar los platos. Según ellos, yo debería haber vendido y conseguido un buen beneficio. Pero, por supuesto, llegado el momento se calmaron. El sindicato estaba sin un céntimo, y el problema principal seguía estando ahí: vender sus acciones. Uno o dos días más tarde, volvieron y me pidieron que les ayudara. Gordon estuvo particularmente insistente y al final hice que pusieran las acciones del consorcio en 25 m. La tarifa por mis servicios sería la mitad de la cantidad que yo consiguiera, siempre que estuviera por encima de esa cifra. La última venta se había hecho alrededor de 30.

Ahí estaba yo de nuevo con su valor para liquidar. Dadas las condiciones generales del mercado y, especialmente, el comportamiento de Consolidated Stove, sólo había un modo de hacerlo, y consistía, por supuesto, en vender en el descenso, sin antes intentar subir el precio y desde luego hubiera conseguido una gran cantidad de acciones en el ascenso. Pero en el descenso podría alcanzar a esos compradores que siempre discuten que un valor es barato cuando se vende quince o veinte puntos por debajo de la cima del movimiento, particularmente cuando esta cima es un dato de la historia reciente. Entonces, según su opinión, se producirá una recuperación. Tras ver como Consolidated Stove se vendía en cerca de 44, tenía muy buen aspecto por debajo de 30.

Funcionó como siempre. Los cazadores de gangas lo compraron en un volumen suficiente, que me permitió liquidar las acciones del consorcio. Pero, ¿cree usted que Gordon, Wolff o Kane sintieron alguna gratitud? Ni por asomo. Todavía están resentidos conmigo, o al menos eso es lo que me dicen sus amigos. A menudo cuentan a la gente lo que les hice. No pueden perdonarme por no hacer que el precio subiera, a mi costa, tal y como ellos esperaban.

De hecho, nunca habría sido capaz de vender las cien mil acciones del banco si Wolff y el resto no hubieran dado a todo el mundo aquellos pronósticos. Si yo hubiera trabajado como siempre, o sea, de un modo lógico y natural, hubiera tenido que aceptar cualquier precio. Ya he dicho que nos adentramos en un mercado descendente. El único modo de vender en un mercado de esas características, no es vender temerariamente, sino haciendo caso omiso del precio. No hay otro modo posible, pero supongo que ellos no lo creen. Ellos todavía están enfurecidos. Yo no. Enfadarse no lleva a ninguna parte. Más de una vez he pensado que el especulador que pierde el dominio de sí mismo, está muerto. En este caso sus enfados no tuvieron efectos. Pero le diré algo curioso. Un día Mrs. Livingston fue a una modista que le habían recomendado mucho. La mujer era competente, responsable y tenía una agradable personalidad. En la tercera o cuarta visita, cuando la modista se sintió menos extraña y tuvo más confianza le dijo a Mrs. Livingston: "Espero que Mr. Livingston suba Consolidated Stove pronto. Nosotros tenemos algunas acciones que compramos porque nos dijeron que las iba a subir, y siempre hemos oído que él tiene mucho éxito en todas sus operaciones."

No es nada agradable pensar que personas inocentes puedan perder dinero siguiendo un pronóstico de ese tipo. Quizás ahora entienda por qué yo nunca doy pronósticos. La modista me hizo sentir que, en cuestión de agravios, yo era quien debía sentir rencor hacia Wolff.

XXIII

La especulación con valores nunca desaparecerá. No es nada deseable. No es algo que se pueda revisar dando consejos sobre los peligros que encierra. No se puede evitar que la gente haga malos pronósticos, sea cual sea su habilidad o su experiencia. Los planes más cuidadosamente preparados pueden llegar a mal puerto cuando sucede lo inesperado, o incluso lo inesperable. El desastre puede venir a causa de una convulsión de la naturaleza, del tiempo atmosférico, de tu propio egoísmo o de tu propia vanidad; del miedo o de la esperanza incontrolada. Pero aparte de lo que uno podría denominar, enemigos naturales, un especulador debe luchar contra ciertas prácticas o abusos de los que uno no se puede defender ni normal ni comercialmente.

Cuando miro hacia atrás y considero cuales eran las prácticas comunes hace veinticinco años cuando vine a Wall Street por primera vez, tengo que admitir que se han producido muchos cambios a mejor. Las antiguas bucket shops han desaparecido, aunque las casas de "corretaje" prosperan todavía a costa de hombres y mujeres que insisten en tomar parte en el juego y hacerse ricos. La Bolsa de Valores está haciendo un excelente trabajo, no solo persiguiendo a los estafadores, sino haciendo énfasis en la importancia de que sus miembros se adhieran a sus normas. Hoy en día, están en vigor muchas regulaciones y restricciones, pero todavía hay lugar para las mejoras. El conservadurismo más arraigado de Wall Street no es tan culpable de insensibilidad ética, como de la persistencia de ciertos abusos.

La especulación con valores ha sido siempre difícil y beneficiosa, pero tiende a serlo cada día más. No hace mucho tiempo, un verdadero operador podía tener un buen conocimiento a nivel de trabajo de prácticamente todos los valores de la lista. En 1901, cuando J. P. Morgan creó la United

States Steel Corporation, que era tan solo una consolidación de consolidaciones menores, la mayoría de las cuales tenían menos de dos años, la Bolsa de Valores tenía 275 valores en su lista y cerca de 100 estaban fuera de ella; y aquí se incluían un montón de valores que uno no debía conocer por necesidad, porque eran valores muy pequeños, o inactivos, ya que eran valores minoritarios o garantizados y por lo tanto carecían de atracción especulativa. De hecho, una gran mayoría eran valores en los que no se había hecho ninguna operación durante años. En la actualidad hay alrededor de 900 valores en la lista regular, y los mercados activos operan con unos 600 valores. Lo que, es más, los antiguos grupos, o clases de valores, eran muy fáciles de seguir. No solo había menos, sino que además la capitulación era más pequeña y las noticias que debía seguir el operador no cubrían un campo tan amplio. Pero el hombre de hoy en día opera en todo; casi todas las industrias del mundo están representadas. Mantenerse informado requiere mucho más tiempo y trabajo y en ese sentido la especulación se ha convertido en una tarea mucho más difícil para aquellos que operan inteligentemente.

Hay muchos miles de personas que compran y venden valores especulativamente, pero el número de los que especulan con beneficios es pequeño. En cierto modo, el público está siempre "en" el mercado, por lo tanto, se puede decir que el público siempre sufre pérdidas. Los enemigos mortales del especulador son: la ignorancia, la codicia, el miedo y la esperanza. Ni todos los libros del mundo, ni todas las normas de todas las Bolsas de Valores que existen sobre la tierra, pueden eliminar a estos enemigos del ser humano. Los accidentes que dan al traste con planes concebidos cuidadosamente, están también más allá de la regulación que puedan llevar a cabo economistas de sangre fría o filántropos de corazón caliente. Queda otra fuente de pérdidas que consiste en proporcionar información errónea de forma deliberada, en donde se podían citar algunos pronósticos. Este enemigo es el más insidioso y peligroso, ya que puede llegar al operador disfrazado y camuflado de muy diversas formas.

El hombre medio, que opera desde fuera, opera basándose en pronósticos o en rumores, escritos o impresos, directos o implicados.

Uno no se puede defender de los pronósticos ordinarios. Por ejemplo, un amigo de toda la vida desea con toda sinceridad hacerle rico diciéndole lo que él ha hecho, comprar o vender algún valor. Su intención es buena. Pero si el pronóstico sale mal ¿qué vas a hacer? Por otro lado, el público está protegido en contra de los pronosticadores profesionales, o estafadores, del mismo modo que está protegido en contra de los timos o del alcohol metílico. Pero el público no tiene ningún tipo de compensación o protección en contra de los típicos rumores de Wall Street. Operadores de acciones, manipuladores, consorcios y recursos individuales, llevan a cabo todo tipo de tretas que les sirven de ayuda a la hora de deshacerse de sus excedentes al mejor precio posible. La puesta en circulación de consejos alcistas por parte de los periódicos, y de los pronosticadores, es la más perniciosa de todas.

Observe papeletas de las agencias de noticias financieras de cualquier día y se sorprenderá de ver el elevado número de afirmaciones de una implicada naturaleza semioficial que publican. La autoridad es algún "líder del interior" o un "prominente director" o un "alto oficial" o alguien con "autoridad" que se supone que conoce el tema del que está hablando. Aquí tengo las papeletas de hoy. Elijo una de ellas al azar. Escuche esto: "Un banquero líder dice que todavía es muy pronto para esperar que descienda el mercado".

¿En realidad dijo un banquero líder tal cosa? y si lo hizo, ¿por qué lo hizo? ¿Por qué no permite que se publique su nombre? ¿Es porque teme que la gente le crea si lo hace?

He aquí otra papeleta acerca de una compañía cuyo valor ha estado muy activo esta semana. Esta vez el hombre que hace la afirmación es un "prominente director". Ahora bien, ¿cuál, si es que en realidad lo es, de los doce directores de la compañía es el que hace la afirmación? Es obvio que permaneciendo en el anonimato no se puede culpar a nadie del daño que pudiera hacer esa afirmación.

Aparte del inteligente estudio de la especulación en todos los campos, el operador de acciones debe tener en consideración ciertos hechos relacionados con el juego en Wall Street. Además de intentar determinar el modo de hacer dinero, se debe evitar también perder dinero. Es tan importante saber lo que no se tiene que hacer como lo que sí se debe hacer. Por lo tanto, es recomendable recordar que algunos tipos de manipulación entran en prácticamente todos los avances en valores individuales y que tales avances están dirigidos por los del interior con el único objeto de vender al mejor precio posible. Sin embargo, el cliente de un corredor de bolsa medio cree ser un hombre de negocios de Missouri si insiste en que le digan por qué sube un determinado valor. Naturalmente, el manipulador "explica" el avance de un modo calculado para facilitar la distribución. Estoy firmemente convencido de que las pérdidas del público se reducirían enormemente si no se permitiera la publicación de afirmaciones anónimas de naturaleza alcista. Me refiero a las publicaciones calculadas para hacer que el público comprara o mantuviera los valores.

La gran mayoría de los artículos alcistas impresos basándose en la autoridad de personas del interior, o directores anónimos, ofrecen al público unas impresiones poco fidedignas. El público pierde muchos millones de dólares cada año aceptando tales afirmaciones como semioficiales y por lo tanto, válidas.

Digamos, por ejemplo, que una compañía ha pasado por un periodo de depresión en la línea particular de sus negocios. El valor está inactivo. La cotización representa la creencia general, y seguramente precisa de su valor actual. Si el valor fuera demasiado barato, en ese nivel, alguien lo sabría, lo compraría, y el valor subiría. Si alguien lo vendiera el precio descendería. Pero como no ocurre ninguna de estas dos cosas, nadie habla de ello y nadie hace nada.

Depende, en gran parte, de la línea de negocio de la compañía. ¿Quiénes la conocerán mejor, los del interior o el público? Puede apostar a que no es el público. ¿Qué sucede después? Si la mejora continua las ganancias aumentan y la compañía estará en posición de reanudar el pago de dividendos; o pagar dividendos más altos. O sea, incrementará el valor de las acciones.

Supongamos que la mejora continua. En este caso, los managers ¿hacen público este hecho? ¿Se lo dice el presidente a los accionistas? ¿Hay algún director filantrópico que saque a la luz un estamento firmado para beneficio de esa parte del público que lee las páginas financieras de los periódicos y las papeletas de las agencias de noticias? ¿Hay alguna modesta persona del interior que siguiendo la política del anonimato saque a la luz un estamento firmado afirmando que el futuro de la compañía es de lo más prometedor? Esta vez no. Nadie dice una palabra y ningún periódico imprime ningún estamento para dar pronósticos.

Esta información tan valiosa se mantiene cuidadosamente apartada del público mientras que las ahora "prominentes personas del interior" van al mercado y compran todas las acciones baratas que quepan en sus manos. A medida que esta compra tan "bien- informada" y poco ostentosa continúa, el valor aumenta. Los reporteros financieros, sabiendo que los del interior deben conocer la razón de esta subida, empiezan a hacer preguntas. Las anónimas personas del interior declaran de forma unánime que no tienen ninguna noticia que ofrecer. Algunas veces, afirman incluso que no están particularmente interesados en las extravagancias del mercado de valores o en las acciones de los especuladores.

El ascenso continúa, y llega el feliz día en que ya tienen todas las acciones que quieren o que pueden. Entonces se comienzan a oír en Wall Street todo tipo de rumores alcistas. Los pronosticadores dicen a los operadores "de buena tinta" que la compañía ha dado la vuelta a la esquina definitivamente. El mismo modesto director que no quería utilizar su nombre cuando dijo que no había garantía para el ascenso del valor, dice ahora que los accionistas tienen muchos motivos para sentirse satisfechos ante la futura perspectiva de la compañía.

Animado por el diluvio de comentarios alcistas, el público comienza a comprar acciones. Estas compras hacen que el precio se eleve todavía más. Llegado el momento, las predicciones de los anónimos directores se hacen realidad y la compañía vuelve a repartir dividendos; o incrementa su tasa. Con esto se multiplican las noticias alcistas. Ya no son solo mucho más numerosas que nunca, sino mucho más entusiastas. Un "director líder" a quien, repentinamente, se le pide que haga un estamento de las condiciones, informa al mundo de que la mejora sigue creciendo. Tras mucho insistir, una agencia de noticias consigue, finalmente, que una "prominente persona del interior" confiese que las ganancias son nada menos que fenomenales. Un "famoso banquero "que esté relacionado de forma comercial con la compañía, dice que la expansión en el volumen de ventas no tiene precedentes en la historia de las operaciones financieras. Esto seguiría durante meses y meses. Un "miembro del comité de finanzas," en un manifiesto de doble filo, expresa su asombro por el asombro del público ante la subida del valor. Lo único asombroso es la moderación del valor en la línea de ascenso. Cualquiera que analice el informe anual puede ver fácilmente que el valor real de las acciones es muy superior al de su precio en el mercado. Pero en ningún caso se facilita el nombre del comunicativo filántropo.

Mientras las ganancias sigan siendo buenas y los del interior no perciben ninguna señal de cambio en la prosperidad de la compañía, se sientan sobre las acciones que compraron a bajo precio. No hay nada que haga descender los precios, así que, ¿para qué vender? Pero, ¿qué ocurre en el momento en el que se produce un cambio a peor en los negocios de la compañía? ¿Hacen entonces algún tipo de declaración? En absoluto. La tendencia va ahora hacia abajo. Ahora venden en silencio, tal y como compraron, sin ningún sonido de trompetas. Con esta venta, el valor, naturalmente, desciende. Entonces el público comienza a recibir las típicas "explicaciones." Un "líder del interior" afirma que todo va bien y que el descenso es tan solo el resultado de la venta por parte de los bajistas que están tratando de afectar el mercado general. Si un buen día, después de que el valor lleve ya tiempo descendiendo, se produce una ruptura brusca, la demanda de "razones" o "explicaciones" se hace clamorosa. A menos que alguien diga algo, el público temerá lo peor. Así que, en consecuencia, los periódicos pronosticadores publicarán ahora algo así: " Cuando pedimos a un prominente director de la compañía que nos explicara la debilidad del valor, contestó que la única conclusión a la que podía llegar era que el descenso estaba causado por una corriente bajista. Las condiciones fundamentales permanecían invariables. Los negocios de la compañía van ahora mejor que nunca y, a no ser que entretanto suceda algo totalmente imprevisto, es muy probable que en la próxima sesión del consejo se aumenten los dividendos. La parte bajista del mercado se ha vuelto muy agresiva y la debilidad del valor era un claro ataque dirigido a hacer caer los valores mantenidos. Los periódicos pronosticadores, deseando estar a la altura, probablemente afirmaran estar "bien informados" de que la mayoría de las acciones compradas en el día del descenso, fue tomada por intereses del interior y que los bajistas comprenderán que se han metido en una trampa. Llegará el día del juicio final.

Además de las pérdidas que sufre el público por la creencia en esas afirmaciones alcistas y la compra de valores, están las pérdidas que se producen cuando se logra convencerles para que vendan. Lo mejor que se puede hacer para hacer que la gente compre lo que las "prominentes personas del interior" quieren vender es evitar que la gente venda el

mismo valor cuando el del interior no quiere ni soportarlo ni acumularlo. ¿Qué es lo que el público va a creer tras leer las declaraciones de un "prominente director"? ¿Qué puede pensar el público medio? Pues, por supuesto, creerá que el valor no debería haber bajado; que se vio forzado a descender a causa de la venta bajista y que en cuanto los bajistas se detengan, los del interior se las ingeniarán para lograr un avance punitivo durante el cual los cortos se verán obligados a cubrirse a un alto precio. Esto es lo que el público creerá, porque esto es exactamente lo que sucedería si el ascenso hubiera sido realmente causado por un ataque bajista.

El valor en cuestión, a pesar de las amenazas o promesas de que se produzca un tremendo estrujamiento de los bajistas posicionados a corto, no se recupera. Sigue descendiendo. No lo puede evitar. Los del interior han alimentado al mercado con una cantidad de acciones, que éste no puede digerir.

Y este valor del interior que han vendido los "prominentes directores" y los "líderes del interior" se convierte en un balón de fútbol para los operadores profesionales. Sigue descendiendo. Parece que nunca alcanzará el suelo.

Los del interior, sabiendo que las condiciones de la operación afectaran adversamente los futuros beneficios de la compañía, no se atreven a soportarlo hasta que se produzca un giro en los negocios de la compañía. Después se producirá la compra y el silencio interior.

He llevado a cabo muchas operaciones y me he mantenido muy bien informado en todo lo relativo al mercado de valores durante muchos años, y puedo decir que no recuerdo ningún caso en el que un ataque bajista haya sido la causa de que un valor descendiera de forma extensa. Lo que se denominó ataque bajista no era más que una venta basada en un conocimiento preciso de las condiciones reales. Pero no sería correcto decir que el valor descendió con la venta interior ni con la falta de compra interior.

Todo el mundo se apresuraría a vender y ya se sabe lo que ocurre cuando todo el mundo vende y nadie compra.

El público debe comprender esta cuestión con profundidad: Que la razón real de un prolongado descenso no es nunca un ataque bajista. Cuando un valor desciende durante mucho tiempo, puede estar seguro de que algo va mal con él, bien con el mercado que tiene, o bien la compañía. Si el descenso fuera injustificado, muy pronto el valor se vendería por debajo de su valor real y esto proporcionaría una compra que detendría el descenso. De hecho, el único momento en que en una posición bajista puede obtener grandes beneficios vendiendo un valor, es cuando ese valor está demasiado alto. Y puede apostar hasta lo último con la seguridad de que los del interior no proclamarán al mundo este hecho.

Por supuesto, el ejemplo clásico es New Haven. Todo el mundo sabe ahora, lo que entonces solo sabían unos pocos. El valor se vendió a 255 y fue la primera inversión en ferrocarriles de New England. Las personas de esa parte del país, medían su respetabilidad y su standing en la comunidad según las acciones que tuviera de ese valor. Si alguien hubiera dicho que la compañía iba camino de la insolvencia, no se le hubiera mandado a la cárcel por decirlo. Le hubieran llevado a un manicomio con todos los lunáticos. Pero cuando Mr. Morgan dio el cargo a un agresivo presidente y comenzó el fracaso, no estaba muy claro que la nueva política aterrizara en donde lo hizo. Pero cuando Consolidated Road empezó a cargar una tras otras, con todas las propiedades, a precios realmente inflados, unos cuantos buenos observadores comenzaron a dudar de la sabiduría de la política de *Mellen*. Se compró un sistema de vagones por dos millones que se vendió a New Haven por 10.000.000$; por lo cual uno o dos hombres temerarios cometieron "lesa majestad" diciendo que la administración estaba actuando de forma temeraria. Sugerir que ni siquiera New Haven podía permitirse tales extravagancias era como impugnar la gran fuerza emergente del peñón de Gibraltar.

Por supuesto, los primeros en ver las rupturas fueron los del interior. Se hicieron conscientes de las verdaderas condiciones de la compañía y redujeron sus acciones del valor. Con la venta, así como con la falta de soporte, el precio de las acciones comenzó a descender. Como siempre, se hacían preguntas y se pedían explicaciones; y como siempre, las típicas explicaciones no tardaban en llegar. Las "prominencias del interior" que no ocurría nada anormal, y que el descenso era consecuencia de la temeraria venta bajista. Así que los "inversionistas" de New England mantuvieron sus acciones de New York, New Haven & Hartford . ¿Por qué motivo no iban a hacerlo? ¿No habían dicho los del interior que no pasaba nada malo? ¿no habían declarado que la causa era la venta bajista? ¿no se seguían declarando y pagando dividendos?

Mientras tanto, el prometido aplastamiento de los bajistas seguía sin llegar, pero sí llegaban nuevos informes bajistas. La venta interior se hizo más urgente y menos disimulada. Sin embargo, algunos personajes públicos eran denunciados como intermediarios agiotistas y se hacía demagogia en demanda de una explicación válida para el deplorable descenso que significaba una pérdida espantosa para todas aquellas personas de New England que habían querido una inversión segura y un firme pago de dividendos.

Esa histórica ruptura desde 255$ hasta 12$ nunca fue y nunca pudo ser un impulso bajista. Las operaciones bajistas, ni la iniciaron ni la mantuvieron. Los del interior vendieron, y vendieron a precios más altos de los que se hubieran podido permitir si hubieran dicho la verdad o si hubieran permitido que esta se supiera. No importaba que el precio fuera 250 o 200 o 150 o 100 o 50 o 25, a pesar de todo era muy alto para ese valor, y los del interior lo sabían, pero el público no. El público podría considerar de forma ventajosa las desventajas bajo las cuales actúa, cuando trata de ganar dinero comprando y vendiendo el valor de una compañía, de cuyos asuntos, solo unos pocos hombres están en posición de conocer la verdad.

Los valores que han sufrido más graves rupturas en los pasados 20 años, no descendieron a causa de un impulso bajista. Pero la aceptación de esta explicación es el responsable de la pérdida por parte del público, de millones y millones de dólares. Evitó la venta por parte de aquellas personas que habrían liquidado si no hubieran esperado que el precio volviera a subir tras el ataque bajista. Solía oír acusaciones contra Keene. Antes habían acusado ya a Charley Woerishoffer o Addison Cammack. Mas tarde la excusa fui yo.

Recuerdo el caso de Intervale Oil. Existía un consorcio que había subido el precio y había encontrado compradores por adelantado. Los manipuladores subieron el precio hasta 50. Entonces el consorcio vendió y se produjo una ruptura. A esto le siguió la normal demanda de explicaciones. ¿Por qué estaba Interval tan débil? El número de personas que hizo esta pregunta fue suficientemente elevado como para hacer que la respuesta se convirtiera en noticia. Uno de los periódicos financieros se puso en contacto con los corredores que más conocían los asuntos de Intervale Oil, y que por lo tanto debían estar también muy bien informados sobre el descenso. ¿Qué dijeron estos corredores, miembros del consorcio alcista, cuando la agencia de noticias les preguntó por una razón que se pudiera imprimir y publicar en todo el país? Pues bien, ¡dijeron que Larry Livingston estaba atacando el mercado!

Y eso no fue todo. Añadieron que me iban a "coger". Pero por supuesto, el consorcio siguió vendiendo acciones de Intervale. El valor se detuvo en 12$ la acción, podrían haberla vendido a 10 o incluso menos, y todavía el precio medio de venta hubiera estado por encima del coste.

Los del interior fueron muy astutos e hicieron un buen negocio al vender en el descenso. Pero el asunto era diferente para los del exterior que habían pagado 30 o 40. Según lo que se publicó aquellos días, los del exterior mantuvieron a la espera de que Larry Livingston recibiera el castigo que se le venía encima a manos de los indignados componentes del consorcio interior.

En un mercado al alza, y particularmente en los booms, el público al principio obtiene unas ganancias que pierde más tarde por el mero hecho de permanecer demasiado tiempo en el mercado al alza. Estos rumores de "ataques bajistas" les ayudan a quedarse más tiempo. El público debería ser consciente de las explicaciones que dan solo lo que los anónimos componentes del grupo interior quieren que el público crea.

XXIV

El público siempre quiere que le informen. Eso es lo que hace del ofrecimiento y recepción de pronósticos una práctica universal. Es lógico que los corredores den a sus clientes consejos sobre la operación a través de las cartas comerciales, o directamente a través del medio oral. Pero los corredores no deberían explayarse demasiado en explicaciones sobre las condiciones actuales, porque el curso del mercado está siempre de seis a nueve meses por delante de las condiciones actuales. Los beneficios de hoy no justifican el hecho de que los corredores aconsejen a sus clientes que compren acciones, a menos que exista la seguridad de que en seis o nueve meses, a partir de hoy, la perspectiva del negocio garantizará la creencia de que se mantendrá la tasa de beneficios. Si mirando hacia adelante, se puede ver, de forma razonablemente clara, que las condiciones que se están desarrollando cambiarán el poder actual, puede que desaparezca el argumento sobre el bajo precio de las acciones. El operador debe mirar hacia adelante, pero al corredor le interesa obtener comisiones ahora; de ahí la ineludible falacia de las cartas de mercado de tipo medio. Los corredores viven de las comisiones que obtienen del público, y por eso tratarán de inducir al público para que compren valores sobre los cuales han recibido órdenes de venta de los del grupo interior o de los manipuladores.

No es extraño que uno de los del interior se dirija al presidente o dirigente de la oficina de corretaje y le diga: "Me gustaría que me creara un mercado en el que pudiera deshacerme de 50.000 acciones de mi valor."

El corredor pide más detalles. Supongamos que la cotización de ese valor es 50. El del interior le dice: "Le daré opciones de compra en 5000 acciones a 45 y 5000 acciones por cada punto que suban las cincuenta mil acciones. Le daré también una opción de venta en 50.000 acciones en el mercado. "

Esto para el corredor es dinero fácil si tiene un buen seguimiento y, por supuesto, éste es el tipo de corredor que el del interior necesita. Una oficina que tenga línea directa con sucursales y conexiones con diversas partes del país puede obtener un gran seguimiento en una operación de este tipo. Recuerde que, en cualquier caso, y gracias a las opciones de venta, el corredor nunca corre ningún riesgo. Si puede conseguir un seguimiento por parte de su público, será capaz de deshacerse de toda la línea con un gran beneficio, además de sus comisiones.

Tengo en mente las hazañas de alguien "del interior" que es muy conocido en Wall Street. Tenía la costumbre de llamar al director del departamento de clientes de una gran firma de corretaje. Algunas veces llegaba incluso más lejos y llamaba a uno de los principales socios de la firma. Entonces decía algo así:

"Qué pasa viejo, quiero mostrarte que aprecio lo que has hecho por mí en diversas ocasiones. Te voy a dar una oportunidad de ganar un buen dinero. Vamos a formar una nueva compañía para absorber el activo de una de nuestras compañías y vamos a tomar posesión de ese valor con una gran ventaja sobre la cotización actual. Te voy a mandar 500 acciones de Bantam Shops a 65$. El valor de referencia se cotiza ahora a 72."

Este personaje del interior tan agradecido, dice la misma cosa a una docena de directores de algunas importantes oficinas de corretaje. Estos destinatarios del premio están en Wall Street, así que ¿qué es lo que van a hacer cuando consigan ese valor que les ha dado ya un beneficio? Por supuesto, aconsejar a todos los hombres y mujeres que tengan a su alcance para que compren ese valor. El amable donante sabía esto. Ellos le ayudarían a crear un mercado en el que el amable personaje del interior pueda vender sus bienes al pobre público a precios altos.

Existen otras tretas de venta de valores que deberían ser excluidas. Las Bolsas no deberían permitir que se operara en valores cotizados que se ofrecen al público bajo el plan de pago parcial. El hecho de que el precio se cotice oficialmente es un tipo de sanción para cualquier valor. Lo que, es más, la evidencia oficial de un mercado libre, y a veces la diferencia en los precios, es todo el incentivo que se necesita.

Otro recurso de venta que cuesta al público no pensante muchos millones de dólares y que no envía a nadie a prisión porque es perfectamente legal, es el incremento del valor capital, a causa de las exigencias del mercado. El proceso no es nada complicado, sólo consiste en cambiar el color de los certificados de las acciones.

El fraude por el cual se dan 2, 4 o incluso 10 acciones del nuevo valor a cambio del antiguo, está inspirado por el deseo de hacer que una antigua mercancía se venda con facilidad. El antiguo precio era 1$ por paquete de depósito y era difícil de mover. A 25 centavos el cuarto puede funcionar mejor; e incluso a 27 o 30 centavos.

¿Por qué no se pregunta el público la razón por la que ahora el valor es tan fácil de comprar? De nuevo estamos ante el caso de la operación del filántropo, pero al operador avispado no se le engaña a la hora de comprar duros a dos pesetas. Eso es todo lo que hay que tener en cuenta. El público deja de lado este punto, y pierde millones de dólares al año.

La ley castiga a cualquiera que origine o haga circular rumores con la intención de influir de modo negativo en el crédito o en los negocios de personas físicas o jurídicas, o sea, de cualquier rumor que intente reducir el valor de las acciones haciendo que el público venda. En un principio, la principal intención pudo haber sido reducir el peligro de pánico castigando a cualquiera que dudara en voz alta de la solvencia de los bancos en tiempos duros.

Por supuesto, sirve también para proteger al público en general en contra de la venta de un valor por debajo de su valor real. En otras palabras, la ley de la tierra castiga al difusor de artículos bajistas de esa naturaleza.

¿De qué modo está protegido el público contra el peligro de compra de un valor por encima de su valor real? ¿Quién castiga al difusor de los injustificados artículos alcistas? Nadie; y sin embargo el público pierde más dinero comprando valores a causa de un anónimo consejo interior cuando el precio es muy alto, que vendiendo valores por debajo de su valor a consecuencia de un consejo bajista durante los denominados "ataques".

Si existiera una ley que castigara a los mentirosos alcistas, del mismo modo que castiga a los bajistas, creo que el público ahorraría millones.

Naturalmente, los promotores, manipuladores y otros beneficiarios del optimismo anónimo le dirán que cualquiera que opera basándose en rumores y declaraciones no firmadas, sólo se debe culpar a si mismo de las consecuencias. Según este razonamiento, se podría decir también que todo aquel que fuera tan tonto como para convertirse en un adicto a las drogas no tiene derecho a la protección.

La Bolsa de Valores debería ayudar. Tiene un interés vital proteger al público contra las prácticas injustas. Si un hombre que está en situación de conocer el tema del que habla, desea hacer que el público acepte sus declaraciones, o incluso sus opiniones, hagámosle firmar con su nombre. Los hechos de firmar los artículos alcistas no harían que éstos fueran ciertos.

Pero conseguiría que "los del interior" y los "directores" tuvieran más cuidado.

El público debe tener siempre en mente los principios elementales de la operación en acciones. Cuando un valor sube, no hace falta ninguna explicación elaborada sobre la subida de ese valor. Para que un valor suba, hace falta una compra continua. Mientras esto sea así, con solo pequeñas y naturales reacciones de vez en cuando, no entrañará ningún riesgo. Pero si tras un largo y firme ascenso el valor gira y comienza a descender gradualmente, con solo pequeñas recuperaciones ocasionales, es obvio que la línea de menor resistencia ha cambiado de dirección, y ahora ya no se dirige hacia arriba, sino hacia abajo. En tal caso ¿es necesario pedir explicaciones? Probablemente, existen muy buenas razones para que descienda, pero estas razones las conocen sólo unas cuantas personas y se las guardan para sí mismos, y sino lo que hacen es decir al público que el valor es barato. La naturaleza del juego es de unas características tales, que el público debería comprender que la verdad no va a venir de boca de quienes la conocen.

De hecho, muchas de las denominadas declaraciones atribuidas a los "del interior" no tienen ninguna base. Algunas veces, ni siquiera se pide a los del interior que hagan declaraciones, anónimas o firmadas. Estas historias las inventan algunas personas que tienen un gran interés en el mercado. En una determinada etapa del ascenso del precio de mercado de una acción, los grandes componentes del grupo interior no tienen impedimento para pedir ayuda al elemento profesional antes de operar con el valor. Quizás los del interior digan alguna vez cuál es el momento apropiado para comprar, pero puede apostar a que nunca dirán cuál es el momento apropiado para vender. Esto pone al gran profesional en la misma situación que el público, sólo necesita un mercado lo suficientemente grande para salir. En este momento es cuando se publica la "información" menos fidedigna. Por supuesto, hay algunos componentes "del interior" en los que no se puede confiar en ninguna etapa del juego. Como norma, los hombres que están en la cúspide de una gran corporación pueden actuar en el mercado en base a su conocimiento del interior, pero ellos no dicen mentiras. Lo que hacen es no decir nada, porque han descubierto que algunas veces el silencio es oro.

He dicho muchas veces, y no quiero repetirlo demasiado, que los años de experiencia como operador de acciones me ha convencido de que nadie puede vencer al mercado de un modo continuo y consistente, aunque sí puede ganar dinero con valores individuales en ciertas ocasiones. Sea cual sea la experiencia que tenga un operador, la posibilidad de perder dinero en las operaciones está siempre presente, porque no se puede operar con una seguridad del 100%. Los profesionales de Wall Street saben que actuar en base a pronósticos "del interior" tratarán aun hombre peor que el hambre, la peste, la falta de grano, los reajustes políticos o lo que se podían denominar accidentes normales. No hay ninguna carretera de asfalto que lleve al éxito en Wall Street o en ningún otro lado. Así que, ¿por qué nos empeñamos en bloquear el tráfico?

LIBROS RECOMENDADOS

- Piense y Hágase Rico, Napoleón Hill

- El Sistema Para Alcanzar El Éxito Que Nunca Falla, W. Clement Stone

- La Ciencia de Hacerse Rico, Wallace D. Wattles

- El Hombre Mas Rico de Babilonia, George S. Clason

- El Secreto Mas Raro, Earl Nightingale

- El Arte de la Guerra, Sun Tzu

- Cómo Gané $2,000,000 en la Bolsa, Nicolas Darvas

- Como un Hombre Piensa Asi es Su Vida, James Allen

- El Poder De La Mente Subconsciente, Dr. Joseph Murphy

- La Llave Maestra, Charles F. Haanel

- Como hablar bien en publico e influir en los hombres de negocios, Dale Carnegie

- El Hombre mas Feliz de Jerusalem por Uri Trajtmann

- Esto Funciona! por R.H. Jarrett

Contacto: info@snowballpublishing.com